基于动态能力理论的
零售企业渠道行为研究

叶翀◎著

图书在版编目（CIP）数据

基于动态能力理论的零售企业渠道行为研究 / 叶翀著. -- 北京 : 九州出版社, 2020.12
ISBN 978-7-5108-9901-0

Ⅰ. ①基… Ⅱ. ①叶… Ⅲ. ①零售企业－购销渠道－研究 Ⅳ. ①F713.32

中国版本图书馆CIP数据核字(2020)第233810号

基于动态能力理论的零售企业渠道行为研究

作　　者　叶翀　著
责任编辑　刘嘉
出版发行　九州出版社
地　　址　北京市西城区阜外大街甲35号(100037)
发行电话　(010) 68992190/3/5/6
网　　址　www.jiuzhoupress.com
印　　刷　天津雅泽印刷有限公司
开　　本　787 毫米 × 1092 毫米　16 开
印　　张　20.5
字　　数　309千字
版　　次　2021 年 7 月 第 1 版
印　　次　2021 年 7 月 第 1 次印刷
书　　号　ISBN 978-7-5108-9901-0
定　　价　82.00 元

前　言

对于零售企业而言，渠道是缩短供需距离、降低流通成本和增加商品价值的关键所在。在多渠道并存的零售发展模式下，消费者无需“专一”于某个单一渠道，而是根据自身需求，在实体店、PC 端、智能手机端等渠道之间自由切换。最为明显的变化是，线上渠道已打破零售企业原有渠道的稳定性，对线下渠道造成巨大的冲击。“新零售”“无边界零售”“智慧零售”等概念纷纷登上舞台，丰富的购物方式、多样的购物平台和个性的消费需求对零售企业来说既是机遇也是挑战。零售企业降低生产成本的做法已然进入瓶颈，完善直接面向消费者的营销渠道成为必经之路，渠道决策与整合等行为逐渐成为成本控制的前沿和重塑核心竞争力的起点。此外，零售企业所面对的环境不确定性日益繁杂，为了适应市场环境企业越发注重动态能力的提升。正是着眼于上述研究背景，本书导入动态能力理论以研究零售企业的渠道行为。

传统的资源基础理论无法解释在动态环境中竞争资源占优的企业为何由盛转衰，动态能力理论成为探索零售企业渠道行为的突破口。零售企业的渠道行为正向全渠道发展，目的是所有渠道紧密协作达到整体效益最大化，为企业发展提供持续竞争力。将渠道行为放在动态能力视角下进行，要求企业在渠道管理时动态地考虑市场环境及企业间竞争、潜在机会和威胁等，将渠道行为从项目形式演化为持续性的日常作业。本书的前半部基于动态能力与渠道行为理论整理零售企业渠道行为的影响因素，并针对渠道整合等行为构建评价体系，进而探讨与验证动态能力、渠道行为和企业绩效的关系。快速兴起的线上渠道瓜分了部分零售市场，而且消费社交化的趋势愈加明显，本书的后半部聚焦于线上渠道的网络口碑与虚拟社区交互对消费者购买意愿的影响，从协作能力与反应能力的视角为零售企业的线上渠道行为提供理论支持。

零售管理在我国学界属于营销管理研究中较为冷门的领域，之所以敢出此言，因为学术期刊 *Journal of Retailing* 的影响力在营销学科中虽高居前三，但在国内高校的权威期刊目录中几乎难觅其踪。著者的恩师白石善章教授于 2016 年仙逝，生前曾多次感叹渠道管理研究止步不前，作为 Marketing 研究的重要组成部分，自 1968 年神户商科大学风吕勉教授的大作《マーケティング・チャネル行動論》（市场渠道行动论）诞生以来，理论创新方面鲜有可与之比肩的学术著作问世。而且，渠道管理的研究原本多围绕制造业展开，选择“零售企业的渠道行为”这个主题可谓难上加难，现有的研究积累相对单薄。

该成果源于福建省社会科学基金项目“新阶段福建省零售企业渠道整合策略研究”（No. FJ2016B117），得到国家社会科学基金项目（No. 19FJYB043）的支持。著者与团队成员不断在组会、在线上讨论，从整体架构、理论基础到研究方法，跨越考文垂、香港、福州，历经两年多的共同努力打造了此项研究成果。本书能够出版得益于方方面面的鼎力相助。建野坚诚教授对中国留学生倍加关照，是著者进入流通学世界的引路人，逐字逐句指导硕士论文的情景历历在目；作为白石善章教授的关门弟子，因平素怠于学业，致电温厚的导师时总是诚惶诚恐，谨将此书敬奉两位已故恩师。博士阶段荒川祐吉教授、田村正纪教授、向山雅夫教授、川端基夫教授、佐藤善信教授、田中道雄教授、东伸一教授等名师的谆谆教诲至今铭记在心。在 Pacific Rim 株式会社工作的 5 年，尊为人生导师的竹川靖彦社长指导著者亲身参与零售企业的渠道管理，这些经验体会永生难忘。与柳纯教授、鸟羽达郎教授、李敬泉教授、陈时俊教授等诸位师兄弟的交流给著者很多启发。回国后于公于私关怀备至的王健教授、林善浪教授等著名学者是著者上下求索的标杆。还要感谢一见如故、严格督促著者完善本书的杨仲麟兄，以及为了这本专著并肩奋斗的郭瑜婷、陈奕晗、张晨亮、倪惠圆、王泰杭、童曦、陈璐、魏健、赵朝阳等研究生、本科生。最后，将此书献给我的父母、妻儿，温暖的家庭是著者努力学习工作的坚强后盾。

目录
contents

第一章　引　言

第一节　研究背景与意义

一、研究背景

网络零售的崛起得益于互联网以及信息技术的完善与发展。据中国互联网信息中心（CNNIC）发表的第 44 次《中国互联网发展状况统计报告》显示，截至 2019 年 6 月，我国网络购物用户数量达到 6.39 亿，占网民总人数的 74.8%，我国网络购物市场用户的基数较大。然而，国家统计局 2015—2019 年全国网络零售额及同比增速（如图 1－1）的数据却表明，我国网络交易额虽然逐年上升，但是同比增速逐步趋缓。从整体上看，在网络零售市场发展初期，网络购物市场的扩张主要借助于人口红利，即通过网络购物用户规模的迅速增长获得快速发展。

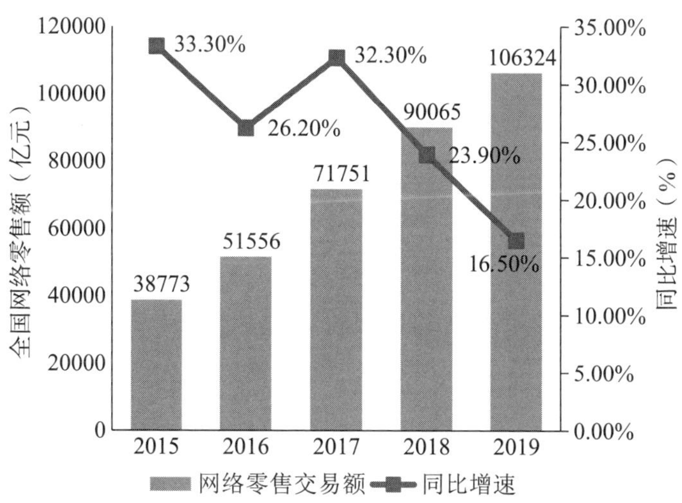

数据来源：国家统计局

图 1－1　2015—2019 年全国网络零售额及同比增速

互联网时代的降临拉开了消费升级的序幕，消费者掌握的信息渠道更为多样，同时居民可支配收入也在节节攀升。互联网的蓬勃发展为人们提供了一种全新的生活方式，人们足不出户就能与他人沟通交流，还能进行网络购物、线上医疗、在线教育等日常活动。随着移动支付平台等互联网技术持续更新迭代，国民消费方式也更为多元化，因此消费者对消费渠道的选择也更为随机。此外，各种配套服务设施的不断出现和完善使得市场的动态性和交易渠道变得更加宽泛。截至2019年，我国的手机网购用户高达6.22亿人，占手机网民总人数的73.4%（如图1-2所示）。

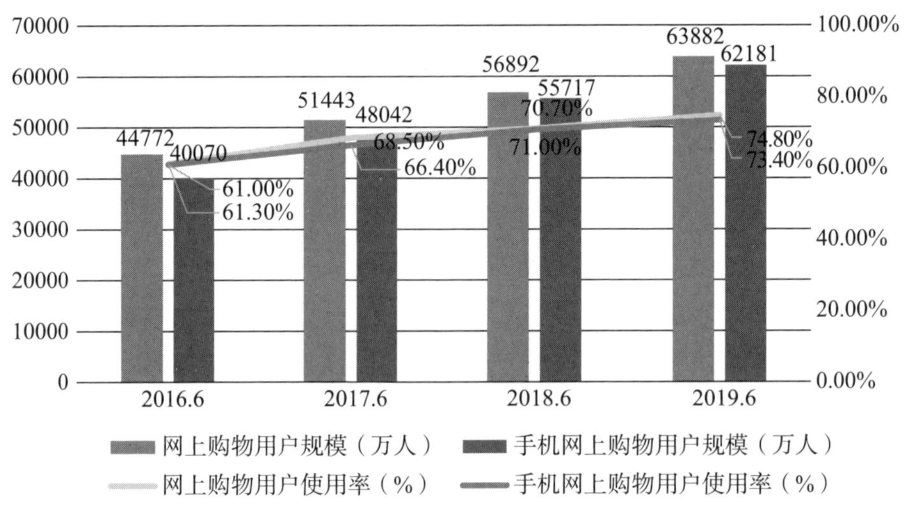

图1-2　2016—2019年网络购物/手机网络购物用户规模及使用率

互联网为零售业乃至流通业的变革与升级提供了崭新的平台，网购平台异军突起。随着网络零售占社会消费品零售总额比重的提升，网络零售对国家经济的积极推动作用也日益凸显，基于此，有关部门也陆续推出了一系列引导电子商务持续合理发展的政策与指导意见，如在2015年推出了《“互联网+流通”行动计划》，推动互联网和零售产业融合；又于2017年出台了《商务部关于进一步推进国家电子商务示范基地建设工作的指导意见》，提出推动示范基地建设和电子商务发展的工作任务。这两者都在鼓励互联网和零售的结合，并激发消费潜能，促进零售业的改革升级。部分零售企业逐步建立和形成了网络营销渠道，线上营销渠道的建立能帮助零售商建立、挖掘并获得潜在客户，低成本地进行宣传，从而强化品牌形象，培育全新且忠诚的客户，获得更大的利润。但随着市场的发展，用户规模达到一定量级，新用户增长趋缓，人口红利效应逐渐减弱，基于现有用户的精细化运作管理，包括用户平台使用频次的增加及购买意愿的提升，将成为推动网络零售市场进一步发展的主要动力。

作为商品交换的通道，渠道是缩短供需距离、降低流通成本和增加商品价值的关键。自改革开放以来，中国企业经历了产品主权时代、渠道主权时代以及品牌和渠道双驱动时代。当今时代，我们正处在一种全新的多渠道并存的零售发展模式下，消费者不会局限于某种单一的渠道，而是会根据自身需求，在实体店、PC 端、移动端等渠道间自由切换。纷繁多样的购物方式、形形色色的购物平台和个性多元的消费需求对企业来说既是机遇也是挑战。互联网时代，消费者接收到的信息甚至比企业更为多样和透明，这意味着企业营销的有效性将较过去有所下降，和消费者建立关系的难度将不断提高。

线上渠道的建立必将打破零售企业原有渠道的稳定性，对线下零售渠道也将造成一定的冲击。传统营销渠道与现代营销渠道间巨大的经营差距将极大地影响线下渠道的获利能力。如人人乐平台与京东到家的合作使其线上订单数大增，但对线下店的发展却造成了较大的威胁，两年内关闭的线下门店达 34 家。然而，即使在这种情况下，实体零售店也逐渐发掘出了自己的优势所在。互联网经济的发展进一步扩大了线上零售渠道的市场，线上渠道利用其低搜索成本、低流通成本和高便利性的优势吸引了一大批消费群体并瓜分了原有的零售市场。借助网络优势，消费者享受到极大的便利，但零售企业也逐渐发现互联网线上零售的发展受到产品不确定性高和信息极度不对称的制约。两个渠道各自优势的互补性和差异性让其有各自存在的意义和合作的可能。在看到这一特点后，零售企业也开始重新考虑零售渠道的策略选择问题。但在渠道整合的过程中，两个渠道不同的产品策略和价格策略还是会导致渠道之间互相竞争，引发渠道冲突。因此，明确营销渠道定位也是很关键的一环。但事实上，企业对于线上渠道的开拓目的——作为线下渠道的补充、与线下渠道并重或是重点发展线上平台难以给出明确的界定。

面对不断变化的市场环境，零售企业在渠道协调与管理中必然会面临许多挑战与困境，单方面考虑线上渠道或线下渠道都会引起成本的大幅度变动。同时，就整个渠道供应链而言，从供应商到消费者等上下游的环节主体，彼此间都存在互相影响的关系，任何环节出现问题，都会波及渠道的其他部分，进而影响供应链的整合。因此，如何协同线上线下的多渠道零售企业并探索全渠道的优化路径，也是零售企业发展的当务之急。

从图1－3可以看出，虽然我国零售企业的发展总体呈放缓的趋势，但网上零售市场持续增长。因此，面对信息时代的各种挑战，渠道整合的影响因素研究对提升零售企业的绩效以及竞争力具有重要的价值。企业追求利润最大化，除了扩大收入以外就是要做好对成本的控制。零售企业通过开拓线上渠道赢得新用户、增加收入的同时，也应注意将线上线下的渠道进行整合，协调好线上线下双渠道之间的关系，分别发挥其竞争优势，从而提高流通效率，在降低渠道协调成本的同时发挥企业资源的最大效能。现代零售业在生产方面降低成本的做法已经触碰到天花板，因此企业不断将成本压缩的触角向供应链的前端延伸，尤其以完善零售企业直接面向消费者的营销渠道为主，供应链的前端逐渐成为成本控制的“前沿”和企业重塑核心竞争力的“起点”。但业务的开拓和整合关系到营销渠道内外部多种要素，会极大地影响企业的经营情况，所以探究零售企业的渠道策略尤其重要。

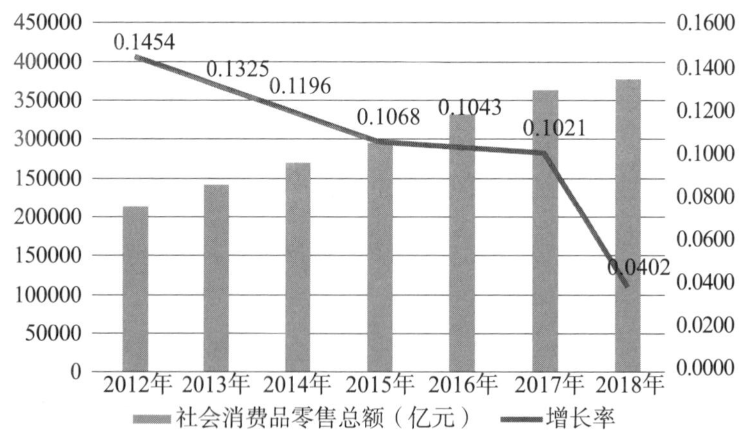

数据来源：国家统计局

图1－3　2012—2018年中国社会消费品零售总额及增长率

另一方面，随着互联网的迅速发展，市场环境中的需求越来越多元，消费渠道和消费方式也变得更加丰富起来。据第 43 次《中国互联网络发展状况统计报告》，到 2018 年 12 月，我国网民数量达到 8.29 亿，网络普及率为 59.6%，手机网民规模达 8.17 亿，其中 4.63 亿网民在实体消费时会选用移动手机支付（如图 1－4 所示）。所以零售企业必须整合渠道，以应对消费者多样化的需求。

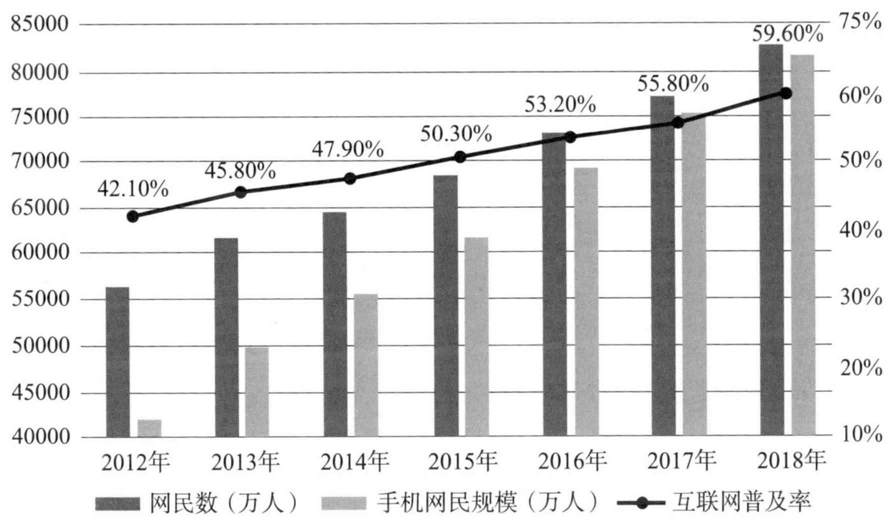

资料来源：第 43 次《中国互联网络发展状况统计报告》

图 1－4　2012—2018 年中国网民数量、手机网民规模及互联网普及率

生活节奏日益加快促使消费者的购买行为向快捷便利转变，新崛起的网络零售满足了消费者这一购买需求，发展迅速。与此同时，线上渠道开始蚕食传统的线下零售市场，传统零售企业面临着线下销售渠道增长动力不足的问题。电子商务研究中心的数据显示，2010—2018 年，我国社会消费品零售总额从 15.7 万亿元增长到 38.1 万亿元，年均增速为 4.5%；线上零售渠道的零售额从 0.5 万亿元增长到 3.8 万亿元，年均增速为 26.6%；网络零售对社会零售额贡献率更是从 3.3% 增长到 23.6%。从社会消费品零售总额、网络零售额和网络零售对社会零售总额的贡献率的增长趋势可知，电商在抢占了一部分线下渠道市场的同时，也在很大程度上推动了国内经济的增长，刺激了内需（如图 1－5 所示）。

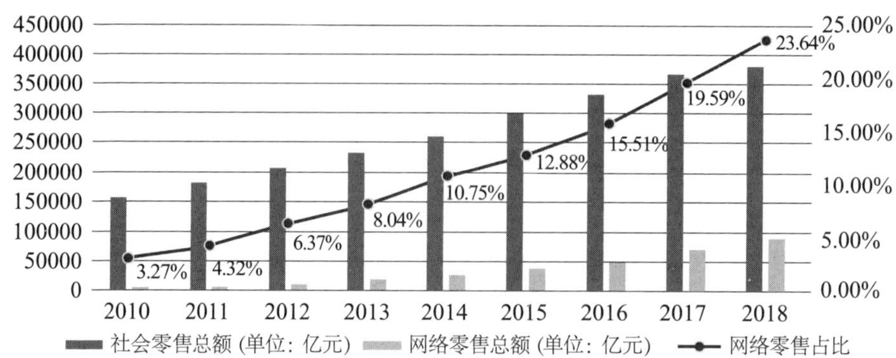

数据来源：《2019 年中国电子商务研究中心》

图 1－5 2010—2018 年中国社会消费品零售总额与网络零售额及网络零售占比

《2016 中国零售市场发展研究报告》显示，我国线上零售额在全球零售市场的渗透率呈快速增长趋势。2015 年，我国线上零售额已经占据全球线上零售总额的 35%，对全球网络零售增长贡献度为 46%，对于世界而言，这充分体现了中国是最具有价值和前景的网络零售市场。

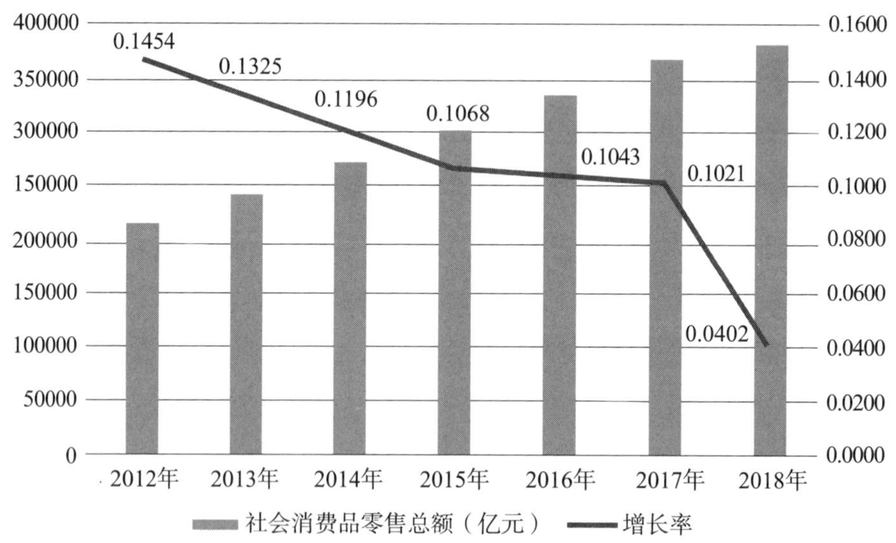

资料来源：国家统计局

图 1－6　2012—2018 年中国社会消费品零售总额及增长率

同时，随着经济社会的不断发展，零售业态也在不断地发生变化，而那些具有突破性、建设性的变革就被称为零售业态的创新。历史上零售业态的发展历程有百货商店、超级市场、便利店、购物中心等，本研究的课题则聚焦于最新的零售业态——网络零售与线下零售相结合的背景之下。

传统零售业主要由实体零售业态构成，我国的第一家百货商店是由俄国资本家于1900年在黑龙江省哈尔滨市投资建立的秋林公司。但是在计划经济时期，百货商店只在国内少数大中型城市存在，直到改革开放新时期，市场经济开始活跃，百货商店才逐渐普及。20世纪90年代前后，我国经济活力大大增强，居民人均可支配收入增加、购买力增强，消费从满足基本物质生活向享受型转变。这一变化也推动着百货商店的进步，使得百货商店的设施设备、服务态度、产品种类都不断趋于完善，这个时期也被称为我国百货商店的黄金时代。放眼世界，同样在20世纪90年代，贝佐斯建立了亚马逊公司，主营图书，成为世界上第一家网络零售公司。2000年以来，网络零售逐渐进入我国，阿里、京东、唯品会等网络电商逐渐在我国的网络零售市场崛起，传统的零售业因此受到巨大冲击。网络零售是在互联网经济下零售产业的产物，主要有B2C和C2C两种模式。

现在是网络零售的高速发展期，不论是阿里巴巴举行的“双11”购物节，还是京东举办的“6·18”购物节，都极大地促进了网络零售业的进步，但也进一步占据了实体零售业的市场份额。如何协调传统零售业和网络零售业的关系，并将二者有机地结合起来，成为我国零售业亟待解决的问题。在这种情况下，一种新的零售业态——“网零共体”出现了。“网零共体”既不是单纯的发展网络零售，也不是片面的坚持传统零售，而是通过整合信息渠道和商品流通渠道，使得二者共同为市场经济服务。由于实体零售业与网络零售业在信息渠道和商品流通渠道上完全不同——实体零售业通过供应商—生产商—分销商—零售商—消费者传递信息与商品，而网络零售业则通过互联网传递信息，通过物流传递商品，所以整合二者的商品渠道和信息渠道就显得尤为重要。

阿里巴巴提出的“新零售”作为一种零售新模式，能够实现线上服务、线下体验以及现代物流的深度融合。对于新零售的渠道整合，本研究主要针对大型连锁商超的生鲜商品流通渠道进行整合，并优化其相应的配送模式。现有生鲜商品的线下零售渠道中，传统渠道仍占有较大比例，并未形成其他规模化、整体化的线下渠道。商超生鲜的线上零售渠道更是处于“试水阶段”，尚有较大的市场份额未被占领。本研究也将针对商超生鲜的双渠道融合及配送模式优化展开探讨。

二、研究意义

（一）理论意义

1. 基于动态能力研究渠道行为与企业绩效的关系

动态能力并不能对企业绩效进行直接提升，而是对其起间接作用，在市场环境的发展与进化中逐渐显露，主要体现在技术革新或随经济周期变动的市场动态性等方面。因此，环境不确定性越高，企业为了适应环境就要越注重动态能力的提升，本研究在第五章中分析了环境因素和企业绩效之间的关系，并且随着时间的变化，由于企业的动态能力更加强大，符合企业特定阶段的特殊能力（Particular Capabilities）也会随之演变形成，从而进一步影响绩效。

2. 基于动态能力的渠道决策与整合

将渠道行为放在动态能力视角下进行研究，要求企业用动态的观点在渠道整合时考虑零售市场环境及企业间的竞争、潜在机会和威胁等，即将渠道整合从项目形式演化为持续性的日常作业，有利于企业识别不同渠道的利用水平与发展潜力，进而快速及时地依据企业内外环境变化规划出渠道整合需制定的策略、培养的能力，并付诸实施，使企业在每个阶段都有足够的竞争优势。

大部分研究渠道整合影响因素的文献都是以资源基础理论为主的，本研究从动态能力的视角重新审视渠道整合问题，整理了渠道整合与动态能力的相关文献，为渠道整合影响因素的研究提供了新思路，对以后的学者也具有一定的借鉴意义。本研究通过对影响因素的探索性因子分类和内部结构模型分析，利用结构方程来探讨渠道整合本身与零售企业动态能力和企业绩效之间的关系，从而使相关研究者可以深层次地理解渠道整合的内涵，这也为相关理论的研究提供了一个新思路。在人们消费观念的转变下，网络购物成为热潮，本研究在第六章从网络和实体零售渠道的差异性和互补性入手，分析消费者消费渠道选择对零售商渠道策略选择的影响，为零售商提供零售渠道整合决策的理论依据。

3. 网络口碑对消费者购买意愿的影响

随着网络市场的蓬勃发展，市场上的各大电商公司纷纷布局生鲜零售行业。国内生鲜电商市场交易规模从 2013 年的 126.7 亿元增长到 2017 年的 1391 亿元只用了短短 4 年时间。因此，国内外学者开始关注生鲜电商零售领域的发展。消费观念和购物方式的转变使得选择生鲜零售 App 来购买日常所需生鲜商品的消费者数量不断攀升。在完成购物后，用户也愿意将自己的购物体验和对生鲜商品的评价发布到 App 中，从而帮助其他消费者选购生鲜商品。数据显示，大多数消费者会在购买商品之前查阅商品的网络口碑，以做出恰当的购买决策。由此可以看出，网络口碑在消费者的购物过程中扮演着重要角色。目前，国内外对于网络口碑的研究主要聚焦在网络口碑传播动机、口碑发送者与接收者之间的联系、网络口碑对购买意愿的影响以及口碑再传播意愿等方面，并且已经建立了较为完整的理论体系。但是从网络口碑的视角去研究其对消费者的生鲜商品网购意愿的研究还十分匮乏。本研究第七章将网络口碑的相关研究扩展至线上生鲜零售行业，聚焦与人们日常生活息息相关的生鲜商品的网络口碑，研究其对购买意愿的影响，进一步探讨了生鲜零售 App 用户对网络口碑的反应，填补了当前关于生鲜零售 App 中商品网络口碑对消费者购买意愿影响研究的不足。在未来的研究中，需要不断完善网络口碑在生鲜电商领域的相关研究，补充以往的网络口碑对生鲜零售 App 用户购买意愿的影响模型，这将有助于深化商贸流通研究，填补当前国内相关研究领域的空缺。

4. 网络交互对消费者购买意愿的影响

在互联网环境中，对影响网络购买意愿的研究已经越来越多，但就本研究第八章所设置的外部刺激因素——网络交互的研究暂时较少。虽然越来越多的研究者逐渐意识到虚拟社区中的交互会对消费者的购买意愿产生影响，但是实际形成的研究成果还比较少。本研究在第八章将社区用户之间的网络交互作为影响消费者网购意愿的外部刺激因素，同时利用信息传播模型划分网络交互的主要维度，并根据技术接受模型，进一步演化出关于零售平台中虚拟社区交互对于消费者网络购买意愿的影响关系模型。这可以在一定程度上扩展技术支持的模型的应用范围，为解释消费者网络购物行为提供新的认识和新的思路，并进一步明确了零售平台中虚拟社区的网络交互对消费者网络购买意愿的影响关系与具体路径，完善了相关的理论框架体系，具有一定的学术价值。

（二）实际意义

1. 基于动态能力研究渠道行为与企业绩效的关系

在不同的竞争战略中，动态能力对绩效会产生不同的作用：在合作策略中，动态能力下的资源内部配置会相应地影响财务和管理绩效；在竞争策略中，动态能力会影响财务绩效，而内部位置优势及路径关系会影响企业管理的效率。因此，基于动态能力的视角来研究企业绩效对零售企业的绩效管理具有重大意义。动态能力并不是直接对企业绩效进行提升的，必须通过战略和能力的持续发展，当能力发展与战略发展趋于协同时，就会给企业绩效带来巨大的成长空间。在本研究中，渠道整合作为一种企业的战略也推动着动态能力的发展，从而进一步提升企业绩效，在第五章中将会探讨企业绩效与动态能力及渠道整合之间的关系。

2. 基于动态能力的渠道决策与整合

首先，对于零售企业而言，考虑最多的就是单一渠道和线上线下双渠道的整合问题。全渠道零售应运而生。所谓全渠道零售，指的是在互联网时代，零售企业通过整合各种渠道与顾客进行互动，让客户可以不受时空限制，在购物的不同环节自由地选择对其最有利的服务渠道，享受到无缝化的购买体验，便捷地满足顾客的综合需求。但在现阶段，关于零售商的渠道选择问题仍缺乏相应的理论依据，因此本研究从网络和实体零售渠道的差异性和互补性入手，分析消费者消费渠道选择对零售商渠道策略选择的影响，为零售商提供零售渠道整合决策的理论依据。

其次，自 Teece 和 Pisan 于 1994 年提出动态能力理论（Dynamic Capability Perspative，DCP）以来，中外学界关于动态能力理论的概念与意义众说纷纭，本研究将对动态能力理论进行进一步探讨，并将其应用于我国现行新零售背景下对于商品流通渠道的整合之中。此外，本研究还将对新零售背景下的商品配送模式进行探讨，并找到了理论上的解决方案。

最后，随着信息技术的发展，零售企业营销渠道的变化日新月异，零售商对营销渠道策略选择的思考前所未有的积极，传统零售业已经向多渠道模式进行转型，零售渠道整合作为一种动态的商业模式，需要了解渠道整合具体受哪些方面影响，但目前对于零售企业渠道策略选择的文献还不够充分。本研究在第六章中基于交易成本理论探究不同渠道策略对提升零售企业获利空间或优化整体市场需求环境的影响，并根据结论提出具体对策和建议，对于零售企业关于渠道整合的决策具有一定的现实意义。同时，本研究还通过模型分析了渠道策略选择对流通效率提升和内需扩大的机制，对于政府推动零售业的变革和转型升级及拉动内需也会起到一定的作用，这也具备一定的现实意义。

3. 网络口碑对消费者购买意愿的影响

随着商贸流通的不断发展，在网络支付便捷化和生活节奏加快的双重作用下，外卖平台、生鲜 App、团购 App 等渠道成为许多学生和白领阶层消费时的首选。当前，生鲜零售 App 是消费者购买生鲜商品的主要渠道之一，也是企业进行大数据分析、构建消费者画像的关键信息来源。因此，需要加大对于生鲜零售 App 中商品的网络口碑的研究投入，探究不同影响因素对购买意愿的影响程度，从而在优化以及持续发展方面发挥实际效用。本研究第七章在查阅国内外大量文献的基础上，以生鲜零售 App 用户为研究对象，从网络口碑的视角，通过大量数据调研，将网络口碑划分为发送者特征、信息特征和接收者特征三个方面，从不同角度来识别消费者网购生鲜商品的意愿。本研究的结果具有一定的实际参考价值。从个体消费者层面，本研究能够指导消费者如何在生鲜零售 App 中识别有价值、有意义的口碑信息，并以此来辅助自身选购新鲜、高品质的生鲜商品。从生鲜零售企业层面，该研究能够提高企业对于网络口碑的重视程度。从网络口碑入手，制定有效的运营策略，帮助企业在消费者心中树立积极正面的企业形象。从社会层面，网络口碑能够比较真实地反映生鲜零售业的现状和所存在的问题，有关部门能够通过网络口碑了解生鲜零售企业的商品和服务情况，从而制定出科学、规范的宏观政策以支持商贸流通管理与优化，保障经济和社会的正常运行。

本研究希望借助对生鲜零售 App 的调研，结合理论依据与市场上生鲜零售 App 的现状，建立一个相对完善的网络口碑测评体系，对生鲜零售 App 用户购买生鲜商品时影响其购买意愿的网络口碑进行评估，并为生鲜零售企业线上 App 的运营提供建议。

4. 网络交互对消费者购买意愿的影响

如果说互联网的普及给网络零售带来了机会，那么虚拟社区则为网络零售注入了新的活力。虚拟社区中的信息不仅可以成为平台的引流利器，而且也可以为消费者和零售企业带来价值。在此背景下，研究零售平台中虚拟社区交互对网络购买意愿的影响，不论在理论研究的补充方面，还是现实生活的应用方面，都有着一定的意义。本研究第八章以零售平台中的虚拟社区为应用背景，社区内的成员通过主动性的交流与分享，传递着各类信息。研究从信息的来源——网络交互入手，分析其对网络购买意愿的影响，对网络消费者、网络零售商以及社区经营者都具有一定的参考价值。具体来说，从网络消费者的角度来看，虚拟社区作为网络零售的新元素，兼具社交性与娱乐性，可以有效地提升消费者的网络购物体验。也只有在社区建设与发展更加完善的情况下，消费者才能更快地获取更多的有效信息，提升网络购物效率。从网络零售商的角度来看，社区内的信息传递着最真实的用户反馈。鼓励用户之间的网络交互，不仅可以增强消费者的购买意愿，增加商品营收，同时也可以利用社区扩大商品的影响力，无形之中推广产品。从社区经营者的角度来看，以网络交互维度研究其对网络购买意愿的影响，有利于社区经营者更好地理解社区内部网络交互的影响机制，从而更具针对性地进行平台的运营与管理，扩大平台的影响力，增加平台的活力。

第二节　研究方法与内容

目前国内绝大多数的研究都基于资源基础理论，无法解释在动态环境中竞争资源优势较大的企业为什么会存在衰落的现象。因此，运用动态能力理论来探索零售企业的渠道行为就成了渠道整合研究领域较为重要的新突破口。动态能力理论于20世纪90年代随市场环境变化的特点应运而生。在市场环境瞬息万变和高度竞争的今天，动态能力通过动态的观点将零售企业现有的经营能力扩展延伸、优化改善、整合重构，使零售企业形成更适合当前环境的经营能力，在每个阶段拥有足够的竞争优势。零售企业的市场感知、发展潜力、响应能力、学习能力、信息共享、合作伙伴关系、职能分配、研发能力、企业规模、潜在竞争者、利用水平、战略因素等都会影响企业渠道管理的效率。本研究通过归纳和整理上述诸多影响因素，将其集约为协作能力、反应能力、风控能力、资源多样性这四个主要因子，运用基于正态模糊的解释结构模型，构建零售企业渠道决策、整合等行为的影响因素内部结构模型。随后，运用结构方程模型探讨与验证动态能力、渠道行为和企业绩效的关系，整合线上线下渠道。因为导致零售渠道变革的因素是交易成本的降低和交换价值的提高，因此基于交易成本论，本研究提出了影响零售企业线上线下渠道整合的因素，并建立理论模型分析零售企业单一渠道竞争和渠道整合两种渠道模式的影响。快速兴起的线上零售瓜分了部分零售市场，使得线下渠道受到较大的冲击，但线上零售的发展亦进入瓶颈期。如今，二者逐渐形成一种平衡，从对立走向结合。网购持续发展的同时，实体店也逐渐完善。线上购物侧重打造方便快捷的购物体验，实体店消费则强调餐饮、购物、休闲、娱乐一体化的无缝综合体验，甚至从某种程度上讲，消费者对“逛”式体验的追求、对休闲与社交的需求都进一步推动着线下消费的迅速回暖。

进入21世纪，中国消费者正在从商品消费转向体验消费。通过购物得到的不仅仅是商品，更是购买了一种体验。售前的商家信息推送、售中的服务体验、售后的维修护理等，形成了购物体验的全过程，任何一个环节的不足都可能令一次购买体验得到差评。同时，消费社交化的趋势在近年来愈加明显，购物已然成为社交生活的副产品。BCG和腾讯共同发布的《2020中国“社交零售”白皮书》提及，社交零售主要指零售商通过线上社交生态来影响消费者购买决策的营销和销售方式。并且随着社交时代的蓬勃发展，中国社交零售的渗透率高达71%。年轻和高收入人群作为线上社交的活跃群体成了“社交购物”的领跑者。而在这一趋势中，愈加细分的社交圈层、社交分享的力量最具影响力。兴趣圈对消费者的购买能够产生极为可观的影响力，多数消费者表示更愿意相信和购买兴趣圈中推荐的产品，即使价格较高也往往可以接受。虚拟社区具有凝聚情感、塑造认同的作用，目前各大零售平台也有意识地借助虚拟社区来促进用户之间的交互，提高用户黏性，促进商业价值的转换，同时满足消费者人际交往与休闲娱乐的需求。比如目前比较成熟的淘宝社区（洋淘）、小红书社区、得物社区，以及 2019 年 9 月底京东上线的“晒一晒”社区。虚拟社区内部信息质量高、成员之间同质性强、互动性强，容易产生一定的情感依赖。但网络购物可能由于面临信息不对称和道德风险等问题，会增加网络消费交易的不确定性，从而对消费者的购买意愿产生负向的影响。在此情况下，如何利用社区内成员之间的交流互动提升消费者信任，增加平台内零售额，帮助零售平台进一步完善与发展就显得尤为重要。

零售渠道的反应能力、协作能力和风控能力作为动态能力，是零售企业渠道整合的重要支撑，而零售企业的内部资源是企业能够增强动态能力的有力保障。本研究的后半部聚焦于线上渠道的网络口碑与虚拟社区交互对消费者购买意愿的影响，从协作能力与反应能力的视角为零售企业的线上渠道行为提供理论支持。渠道的协作能力是指零售企业渠道之间的协同能力，只有维持各个环节和渠道的一致性，才能保证渠道整合的顺利进行。随着互联网与电子商务的迅速发展，实体零售企业为增强竞争力纷纷开通线上渠道，而电商零售企业也尝试开拓线下渠道来获得更广阔的市场。在发展为多渠道后，零售企业将产品、服务通过两条及以上的渠道转移给顾客，各渠道独立经营业务，面向不同的客群。渠道广度的增加往往会带来大量的机会与收益，但也使企业面临着经营管理难度加大、渠道间冲突加剧等问题。为合理利用多个渠道、避免冲突、实现协同效应，关于渠道整合的研究兴起，跨渠道零售、全渠道零售概念相继被提出。跨渠道零售是企业用多条拼接的渠道提供商品、服务，各渠道只承担部分功能，强调渠道协同和部分整合。跨渠道整合可以提升顾客的忠诚度，刺激销售增长。全渠道零售是跨渠道的升级，以顾客为中心协调所有渠道的流程和技术进行全面整合，为顾客提供无缝、一致和更为可靠的服务，通过各渠道与顾客实时交流并满足客群需求，实现不同渠道间的互相引流。当前零售企业渠道整合的主要目标是指引零售企业向全渠道零售发展，使铺设的所有渠道紧密协作达到整体效益最大化，为企业发展提供持续竞争力。良好有效的渠道整合能使各渠道有效协调、避免冲突、使整体效益最大化，推动企业发展；不合理的渠道整合则可能造成企业的衰退。梅西百货（Macy's）投入大量资源构建线上渠道，但电商业务发展缓慢（其网店于2018年因经营不善退出大陆市场）；而线下业务由于线上分流和资源投入少，销售额持续下滑，连续多年关店裁员，其市值从2015年至今已蒸发190余亿美元。渠道整合的好坏与零售企业的生存发展息息相关，因此构建渠道整合评价体系指导零售企业正确高效地开展渠道整合活动是十分必要的。

战略管理学家安索夫指出：企业要适应环境，一个很重要的方面就是要能够对自身所处的环境以及未来的变化趋势有所认识，特别是对环境中不确定事件的分析和应付能力尤为重要。渠道的反应能力就是企业面对行业潜在竞争者、消费者偏好等变化时做出战略调整的能力，及时对营销渠道策略进行调整才能进一步推动企业绩效。举例来说，渠道的设计和再造是为了对客户的需求做出更快和更准确的反应，而渠道整合则是通过整合渠道资源，为各个渠道成员提供更高的价值，获取更高的渠道效率。面对竞争日益激烈的市场，零售企业也应学会及时发现和识别资质优异的客户群，挖掘客户的需求，实现差异化管理，同时，强调促销过程是一个与客户保持双向沟通的过程，以便建立快速反应机制，应对市场变化，做出快速反应，并提供定制营销服务来实现企业的最大化收益。

零售企业的资源能力如企业的规模、股权划分、财务分配、研发能力等都是企业的重要基础，想要在动态的环境中培养特定的动态能力来对渠道进行整合，就需要企业的资源能力作为支撑；渠道的反应能力、协作能力、风控能力在资源基础的支持下，可以应对消费者的决策变化以及环境不确定等各种情况，从而使企业及时地调整渠道整合策略。因此，在渠道的内部能力作为基础的前提下，渠道的动态能力越强的企业，渠道的整合能力也越强。

当今零售市场环境瞬息万变、竞争激烈，零售企业拥有更多机会的同时也要面对更严峻的挑战。以往渠道整合多以项目形式开展，完成项目即停止整合进程。而将渠道行为放在动态能力视角下进行，则要求企业用动态的观念在渠道管理时考虑零售市场环境及企业间的竞争、潜在机会和威胁等，即将渠道行为从项目形式演化为持续性的日常作业。这有利于企业识别不同渠道的利用水平与发展潜力，快速及时地依据企业内外环境变化规划出渠道整合所需制定的策略和培养的能力并付诸实施，让企业在每个阶段都具有足够的竞争优势。

本研究的技术路线图基于文献整理、初步分析的结果和相关的资料，以提出问题、分析问题、解决问题为主线，构成整体的研究思路。具体技术路线图如图1－7所示。

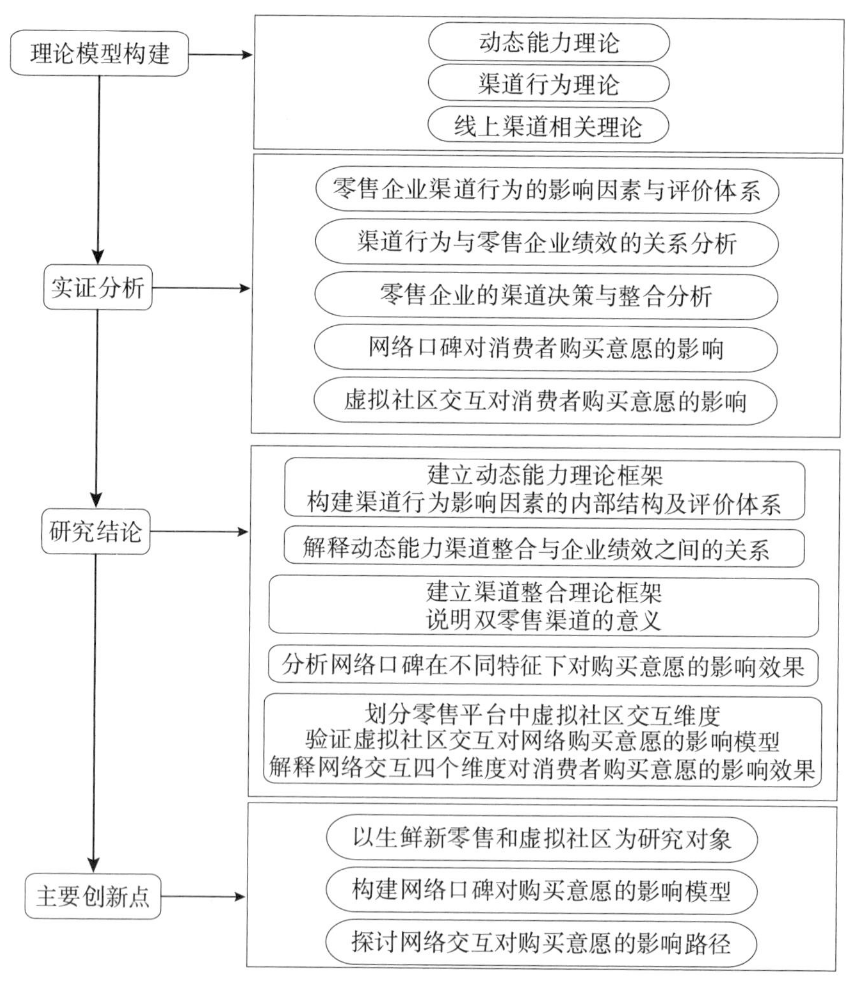

图1－7　本研究技术路线图

第二章　文献综述

第一节　动态能力理论相关研究

一、动态能力理论的发展

在过往研究中对于企业竞争优势的论断里，国内外学者经历了一个由内而外再由外向内的过程。早期研究企业竞争优势来源的学者主要有产业组织学派（企业竞争优势的来源主要是恰当的产业定位）和资源理论学派（战略设计的目的是企业特有的资源和能力），但是随着企业内外部竞争环境的不断变化，创新会在短时间内替代企业的产业定位和特有资源，动态能力理论的优势逐渐显露，开始被国内外专家学者接受。

动态能力理论的研究在早期的经济学、管理学论文中已略有涉猎，但研究大多比较零散，没有提出专有名称，也没有形成较完整的体系。1994 年，Teece and Pisano 首次提出了动态能力。经过几年的深入研究，Teece，Pisano and Shuen（1997）主要从整合角度研究了动态能力理论，并将其划分为三个互相作用的因素：过程（Processes），位势（Positions），路径（Paths）。其中，过程包含了学习、重置和转化；位势代表企业特定的资产（如：技术、金融、声誉资产等）；路径则主要指企业在经营发展过程中形成的运营模式或惯例。在这篇论文发表之后，诸多学者才开始从不同的角度研究动态能力。Eisenhardt and Martin（2000）主要从企业资源运用角度解释动态能力，认为动态能力是企业运用管理手段，整合、重构现有资源，获取新资源，淘汰落后资源，让企业的资源配置得到优化，提升综合竞争力，从而使企业适应市场环境变化，或是使企业通过自身变化引起市场环境改变。Zollo and Winter（2002）研究知识进化周期（Knowledge Evolution

Cycle）和动态能力间的关系，认为动态能力来源于学习机制（Learning Mmechanisms）。动态能力在学习机制的作用下能够促进企业及时发现并更正错误、经常性地考虑现行流程规范和政策的优化，以此提高企业的效率和综合竞争力。

以上是动态能力研究初期最具影响力的三种观点。这些观点勾勒了动态能力的大致轮廓，为动态能力未来的研究打好了基础。通过整合国内外各个学派的理论，可以看出对动态能力的概念认可程度较高的主要有以下几种：（1）Teece（1997）认为动态能力是企业整合、建立和再配置内外部资源和能力的能力；（2）董俊武等（2006）认为动态能力是指企业保持或者改变其作为竞争优势基础能力的能力；（3）徐万里等（2009）认为动态能力是不断地调整与提升运营能力的能力；（4）Eisenhardt（2000）认为动态能力是可以确认的明确的常规惯例或者流程动态能力，包括整合资源的动态能力、重新配置资源的动态能力及获取和让渡资源有关的动态能力。

二、动态能力的理论框架

近年来，对动态能力理论的研究愈发深入，提出了动态能力被广泛应用于企业经营管理的策略。部分研究开始思考如何构建动态能力的理论框架。Teece（2007）将动态能力划分为感知能力、把握机会能力、整合重构能力。Wang and Ahmed（2007）将动态能力分为吸收能力、适应能力和创新能力。Pavlou and Sawy（2011）对先前的动态能力文献进行总结，得出动态能力模型由感知能力、学习能力、整合能力、协作能力四个维度组成。在 Pavlou and Sawy 研究的基础上，Rengkung（2018）基于系统动力学构建了更为详细的动态能力因果循环模型，深入研究并重新配置了动态能力的四个维度，描述了动态能力各要素在因果关系中表现的强化回路和调节回路。基于对国外动态能力理论研究的总结，感知能力、学习能力、整合能力、协作能力、创新能力这五个维度是学者们进行动态能力理论研究时最常提及且认可度较高的几个维度。

感知能力是动态能力研究中较早提出并研究的一个维度，为人们所广泛接受的非常重要的类似于“机会认知”的概念（Baronand Ensley，2006）。感知能力是观察环境、评估市场的能力，能够发现、理解和追求市场环境中的机会，此外还要对市场的潜在威胁及时感知（Teece et al.，1997；Pavlou and Sawy，2011；Barreto，2010）。良好的感知能力对于企业是重要的，Teece et al.（1997）认为利用感知能力的企业能够确定变动的市场需求并实施必要的调整。企业在运用感知能力时的主要路径为：首先在调查市场环境后编写情报，识别市场中的机会（Teece，2007）；然后在企业各部门传播市场情报，让企业内所有人员参与，这样能确保知识和信息流向发挥其最大的价值（Reitzig and Maciejovsky，2015）；最后解读市场情报，并据此制定计划，把握市场机会（Teece，2007）。

学习能力主要是对新知识和技能的学习。在企业通过感知能力确定了市场机会后，需要学习新的知识和技能来改进现有的经营能力（Teece，2007）。在学习新知识和技能的同时，也要注重知识技能与企业现状的结合（Pavlou and Sawy，2011）。学习能力也应当包含企业自我优化与纠错的能力，企业长期经营期间，在学习机制的作用下，能够积累经验，实现知识清晰传递和知识编纂，从而促进企业经常性地思考内部经营管理如何优化，及时发现并更正企业当前的错漏（Zollo and Winter，2002）。Weerawardena（2015）将上述两种学习能力融会贯通，定义为网络学习能力和内部聚焦学习能力，并且总结先前的研究，提出了以市场为中心的学习能力，即以公司客户和竞争对手为学习对象获得知识技术。学习能力的路径为获取知识、吸收知识、转化知识、利用知识（Zahra，2002）。后来的研究中增加了衡量学习结果的环节，因为拥有相同学习机会的公司可能会有不同的学习结果。将衡量学习结果作为考核机制，能够确保学习能力高效运行（Laaksonen and Peltoniemi，2018）。

Teece（2007）认为，知识的整合是动态能力的基础。整合能力指整合内外管理、技术资源，从而使企业获取和长期保持竞争优势。需要整合资源培训员工、发展企业技术以及优化运作流程（Akwei，2007）。整合过程需要同步任务、资源和活动，将新知识同集体意义构建（Collective sense - making）一起嵌入经营能力中（Pavlou and Sawy，2011）。许多研究认为，整合能力能够提升企业的重构能力，因为重构能力要求现有的经营能力拥有集体逻辑和共享的交互模式

（Okhuysen and Eisenhardt，2002），所以有赖于整合新的资源和资产（Galunic and Eisenhardt，2001）。主要通过以下三种途径实现：对单位贡献，以收集联系个人投入；达成共识，创造共同基础，发展新的感知模式；相互关系，重构作业能力重构作业能力，以促进新集体交互逻辑产生（Pavlou and Sawy，2011）。

创新能力指企业通过调整战略创新方向和创新行为来开发新产品或市场，实施新业务流程，提供新服务和建立新型顾客关系（Wang and Ahmed，2004；Mckelvie and Davidsson，2009；Drnevich and Kriauciunas，2011）。创新能力的衡量指标包括战略创新方向、行为、过程、产品和市场（Wang and Ahmed，2004）。Schumpeter 的创造性的破坏（Creative destruction）思想对许多研究动态能力理论的学者影响很大，他们认为企业可持续的竞争优势来自企业动态能力的不断创新。在一些行业中，企业的创新能力是在外部竞争和变化中生存和发展的关键因素。企业的创新能力越强，动态能力就越强（Lazonic and Prencipe，2005）。Wang and Ahmed（2007）认为，创新能力能有效地将企业的内在创新性与新产品基于市场的优势联系在一起，从而解释公司的资源和能力与产品市场之间的联系。

诸多动态能力领域的先行研究指出，协同能力的作用是在企业整合后协助企业全体成员了解熟悉新的战略和策略，从而使新战略、策略快速实现。协同是企业创建、适应和重建组织的过程（Quinnand Dutton，2005）。协同能力能够有效地协调任务、资源和同步活动的能力，有助于企业新的经营能力的实行（Helfat and Peteraf，2003）。Rengkung（2018）将协同能力定义为在新的经营能力中编排和部署任务、资源、活动的能力。协同能力在动态能力中有着重要的作用。协同能力与整合能力具有正相关性，能促进整合能力的进行（Galunic and Eisenhardt，2001）。协同能力的杠杆元素依赖于分配、指定、标识和编排的基本例程。企业探究这些基本例程的能力会使协调杠杆元素增加，从而导致组织协调活动增加，最终提升企业协同能力（Rengkung，2018）。可以将协同能力理解为各个能力之间的润滑剂，能够提高其他能力运行时的质量和效率。

动态能力理论虽然在经济、管理等领域被广泛运用，但动态能力理论框架尚未形成共识（Prange，2016）。这在实际运用动态能力模型时可能会造成难以区分和定位不统一的问题，导致结果差别较大（Arend and Bromiley，2009）。在上述五个纬度基础上，罗永泰（2009）构建了资源整合中的动态能力路径框架，其认为企业内部的匹配性与外部环境的适应性实际上就是一种匹配过程，其实质就是企业自组织系统不断与组织内外部发生交流、反馈、互补的动态适应与平衡的过程，其资源整合所形成的动态能力路径也给予渠道整合一定的启发性。David（2017）构建了基于动态能力理论的商业模式与策略关系图，认为企业的动态能力主要是由现有的资源、能力、要素、子系统等进行整合并重新组织成新的结构而形成的，同时根据环境变化不断地动态整合。能力要素经过学习探究过程、能力的整合与重构，进而实践和反思的过程后，同时对整个流程进行实时监控和整体协调，有利于促进新的能力或核心能力的产生，进而提升动态能力，为企业产生新的竞争优势。

三、动态能力对企业绩效的影响

首先，在不同的竞争战略中，动态能力对绩效会产生不同的作用：在合作策略中，动态能力下的资源内部配置会相应地影响财务和管理绩效；在竞争策略中，动态能力会影响财务绩效，而内部位置优势及路径关系会影响企业管理的效率（赵承，2004）。另外，在科技创新阶段，由于技术突破的不确定性，虽然财务绩效不会被影响，但是管理效率会显著提升，并且在组织结构和管理方式中的创新也会影响动态能力，从而提高财务和管理绩效。

其次，动态能力是企业一系列常规方案的开发与建设，企业的动态能力可以在日常的运营中规划企业的路径以及企业资源结构调整。Zott（2003）通过计算机仿真，对一些参数的动态能力和物流中出现的性能进行了分析，研究了动态能力致使企业绩效出现偏差的因素。由于行业差异，研究结果发现了动态能力的几个特性：资源配置的时机、成本和学习资源。这三个属性是动态能力在企业间绩效不同的原因，但是随着长期的变化，这种差异性会逐渐消失。

此外，动态能力实际上并不是直接对企业绩效进行提升的，而是起到了间接的作用。张凤海（2013）通过动态能力与企业绩效的关系图说明了市场的动态性使得动态能力产生，而动态能力对企业绩效的作用是间接的，中间必须通过战略和能力的持续发展，当能力发展与战略发展趋于协同时，就会给企业绩效带来巨大的成长空间。它的作用主要体现在技术革新或者是随经济周期变动的市场动态性上，在市场环境的发展与进化中逐渐显露。因此可以说，环境不确定性越高，企业为了适应环境也要越注重动态能力的提升，并且随着时间的变化，由于企业的动态能力更加强大，符合企业特定阶段的特殊能力（Particular Capabilities）也会随之演变出来，从而进一步影响绩效。

四、动态能力对零售企业渠道整合的影响因素

起初，国内外研究大多从资源基础理论开始研究企业，但自 20 世纪 90 年代以后，资源基础理论由于其静态性，无法解释在动态环境中为什么资源优势大的企业却仍然会衰弱，因此该理论的适用范围缩小。

Teece et al.（1997）建立了企业动态能力的整体构成，并引入了动态能力的概念，他将动态能力具体分为三项：对机会和威胁的感知和塑造；捕捉机会；对威胁、转型进行管理。动态能力部分取决于企业高级管理层的创业、管理、领导技能，部分取决于开发、实施、修正企业惯例的管理能力。

在此基础上，动态能力吸取了早期理论的很多智慧，包括独特能力（Leonard，1992）、组织惯例（Nelson，1982）、组合能力（Kogut，1992）和建构能力（Henderson，1994）等。大量的实证研究发现，动态能力非常有助于企业发现新的业务机会和策略（Bowman，2003），进入新的市场领域（King，2002），完成成功的并购，学习新的技能（Zollo，2002），克服惯性，进行新的创新项目以刺激战略变革（Repenning，2002；刘家国等，2012；刘播，2015），促使 R&D 部门新技术的商业化成功运作（Marsh，2003），以及提升企业渠道整合程度。另外，罗永泰和吴树桐（2009）认为，企业内部的匹配性和与外部环境的适应性实际上就是一种匹配过程，其实质就是企业自组织系统不断与组织内外部发生交流、反馈、互补的动态适应与平衡的过程，其资源整合所形成的动态能力路径也给本研究的渠道整合一定的启发性（如图 2－1）。

对于动态能力，既有研究有着不同的理念，但是随着时间的变化，也可以发现它们互相之间有一定的共识和趋于一致的部分。所以本研究定义的动态能力是为了适应快速变化的环境而持续不断地调整、整合战略，从而保持长期竞争优势的能力。

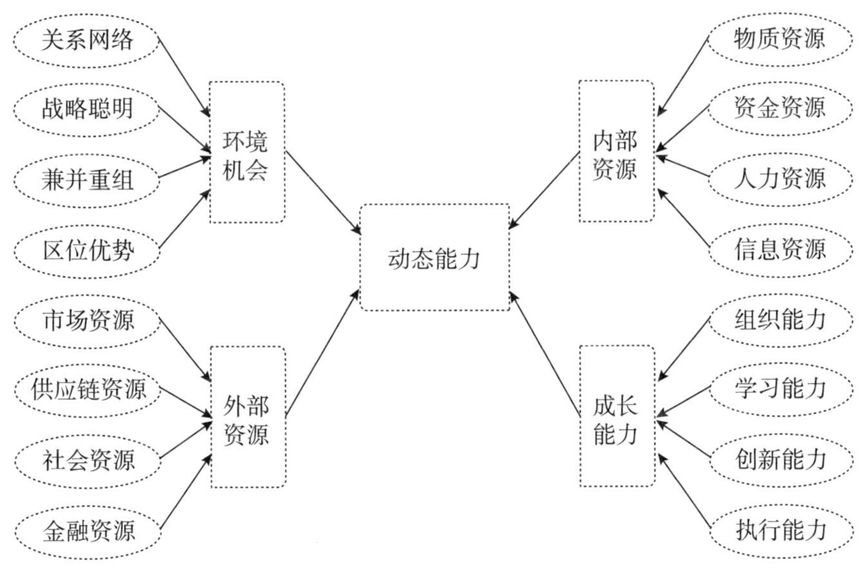

图 2－1　资源整合中动态能力形成的因素

第二节　企业渠道行为研究

渠道行为研究探讨的是渠道成员怎样认识、建立和处理渠道关系，其研究重点是渠道成员如何建立和利用权利，如何处理冲突，如何通过合作获取竞争优势。基于动态能力理论的企业渠道行为研究更多地关注渠道的整合能力与反应能力。

一、渠道整合能力

渠道整合是伴随线上 PC 渠道成为一种新增渠道而诞生的。在零售商实施多渠道战略的初期，各个渠道之间通常是分离的，零售商推出新增的分离渠道能够作为已有渠道的补充，以满足已有消费者对新增渠道的需求同时获取新增渠道所带来的新增消费群体。

既有文献对渠道整合的详细定义各有说辞，先行研究一般是从不同的角度对其进行概括和定义。Ster（2001）认为，渠道指的是商品所有权从制造到最终消费者所经历的路径总和。Steinfield（2002）从资源角度解释了整合是以信息技术为基础，充分利用和管理企业内部资源和供应链体系，如客户资源、库存管理等。Berman and Thelen（2004）强调较好整合的多渠道零售商允许消费者在一个渠道获取产品信息，并在另一个渠道购买产品，甚至在第三个渠道提货和退货。Sousa et al.（2006）提出了基于服务质量之间相互作用的多渠道整合的结构质量框架，其中服务质量之间的相互作用分为渠道自由选择度与服务透明度两个维度，涉及一个顾客可以自由选择不同的渠道从而满足各个阶段的任务，包括不同阶段的购买和不同属性的理解。张庚淼等（2002）认为，渠道整合是运用系统论的原理和方法将企业的营销渠道进行有机整合，并重新塑造企业核心竞争力的过程。沙振权和王建华（2005）认为，渠道整合主要强调对渠道中各要素系统化整合和管理的作用，渠道整合是对渠道内外部包括产品、价格、促销和消费者等因素进行系统的整合，并加强渠道整合后的系统化管理，使商品的销售和流通更为有效，使企业更好地利用资源、获得最大化效益的行为。齐巧月（2001）认为，渠道整合是21世纪营销实战的新式武器，要做好渠道整合工作就要在充分了解消费者差异、消费者偏好的基础上重新规划营销渠道，切实地通过渠道策略选择满足不同消费者的不同需求，提高顾客的满意度。顾银宽和黄修权（2004）认为，在新的竞争环境下，企业需要基于整体竞争的高度进行价值链营销，在战略层面开始对营销资源和模式进行改进，以获得持续竞争优势。何清（2010）认为，渠道整合水平（如消费者是否能够灵活地在各渠道间切换）、渠道间相互沟通（如企业是否能够低成本完成的机制）和渠道整合成败息息相关。若是整合效果好会产生协同作用，给消费者良好购物体验的同时也会降低渠道各环节成本企业的竞争优势，整合做得不好则会适得其反。郭燕、周梅华（2014）认为，拥有单一线下零售渠道的零售商必然会开拓线上零售渠道，而线上线下的渠道必定会带来外部渠道冲突和内部管理矛盾，因此渠道的整合尤为必要，渠道整合形成差异化和优势互补能够减少甚至消除这类问题。石志红（2018）认为，渠道整合能够通过渠道组合方式满足消费者个性化的购物需求，渠道整合重点是移动终端、社交媒体、配送中心、互联网等资源的整合。

更多的研究认为，渠道整合的主要意义在于提升渠道之间切换的便利性以及交互程度，这种可切换性使得零售商允许消费者在购买过程中根据其自身的偏好和需求实现从一个渠道向另一个渠道进行“无缝”转移购买（Montoya - Weiss et al.，2003；Bendoly and Schoenherr，2005；Collins，2007；Herhausen et al.，2015）。

本研究认为，渠道整合应从零售商与消费者两个维度进行定义。对零售商来说，渠道整合是零售企业可以在多个渠道之间相互转换及支持，并且可以有相关的应对策略；对消费者来说，渠道整合是消费者可以在购买过程中对多个渠道进行切换的零售商战略选择。

本研究提出的渠道整合能力的影响因素，均基于市场营销领域，因此主要研究的是消费者与零售商之间的渠道整合。在该领域，一些学者提出了“鼠标加水泥”的商业模式，正是消费者对零售渠道混合选择的方式，例如 Otto and Chung（2000）建立了影响因素的模型来对比这一模式与传统零售企业的优劣关系，并且提出了相对应的对实体零售商的建议来增加他们的利润。另外，从产业环境的角度来看，行业内的领导企业往往都会通过网络渠道（比如 PC 端的平台）创新来增加其企业绩效，从这一角度论证影响因素的研究也值得借鉴。

随着有关渠道整合的研究日益增多，有研究提出了关于整合程度的影响因子，Charles（2005）首先开始研究线上线下结合的零售企业的渠道整合程度和渠道整合的影响因素，但是他仅仅从企业资源的角度来探究，忽略了其他因素，如市场的角度。以上研究可以发现，市场环境这一影响因素可以有利于研究线上渠道的引入，但在一定市场条件下，消费者剩余也可能因为线上渠道的引入而起到负面作用，零售企业的绩效也可能受到影响。另外，也有研究从企业决策的角度探究渠道整合的影响因素，研究发现，市场的潜在威胁在进入市场后的向前垂直渠道整合是属于企业的次优纳什均衡策略。

渠道整合的影响因素还包括供应链的关联性，例如供应链的协作既可以帮助企业加强信息共享，从而减少渠道的波动变化，也可以促进企业的渠道间实现资源共享，并快速应对消费者的变化，另外，协作可能还包括社会资本的关系以及关系能力。

二、渠道反应能力

企业渠道反应能力指企业对消费者以及竞争态势的敏感程度，意味着及时发现并解决问题，意味着把握及利用机会的速度。下文将整理关于企业渠道行为对消费者信任、购买意愿影响的相关文献。

目前，关于消费者购买意愿的问题在国内外已有大量研究。Fishbein and Ajzenl（1975）最早界定了消费者购买意愿的定义，他认为消费者购买意愿是指消费者在实际消费过程中所表现出来的意愿，并与其购买决策有关。Mullet and Karson（1985）将购买意愿界定为消费者在某种外部因素的刺激下对某一产品或品牌产生的态度。Sondergaard（2005）将购买意愿划分到心理学的研究范围，认为购买意愿会受到消费者态度的影响，这种态度包括积极面和消极面，正面积极的态度会对购买意愿起到正向促进作用。Dodds and William（1985）认为，购买意愿的产生具有一定的概率，是消费者购买某种产品或者服务的可能性。

为了探究购买意愿与购买行为之间的关系，许多学者和实业家对此进行了研究。通过文献梳理发现，现有研究大多将购买意愿看作实际购买行为发生的先决条件。Mullet and Karson（1985）通过实证分析指出，消费者的购买意愿可以对购买行为进行有效的预测，也就是说可以通过对购买意愿的分析来预估消费者购买行为发生的可能性大小。Shaouf et al.（2016）认为消费者的购买意愿是指消费者在发生实际购买行为前所表现出来的意愿或抉择，只有当消费者表现出购买意愿，才有可能产生购买行为。丁沛丽（2012）则指出，购买意愿是消费者在购买产品或服务过程中所产生的一种心理活动，这种心理活动可以用来预测之后的购买行为和决策。

随着互联网的发展和网络购物的普及，越来越多的研究聚焦于网络购物背景下的购买意愿。涂剑波（2015）在关于网络虚拟社区的研究中，将购买意愿定义为消费者对某一产品或服务的主观意识或在线购买倾向。Ridings et al.（2002）在虚拟社区环境中研究网络交互后所产生的信息质量对消费者信任的影响，研究发现，消费者对产品的信任倾向在很大程度上受到社区的信息质量、数量以及渠道的影响。Lacey and Russell（2007）构建了关于客户主动参与营销的关系驱动因素模型，并在研究中指出消费者在交易活动中的信任是对交易方在诚信、可信方面的评价，而网络交互对消费者的信任则会产生显著的正向影响，随着信任水平的提高，关系承诺的等级也会随之上升。Choi et al.（2012）在对社交型虚拟社区成员之间的交互研究时认为，社区成员之间的信任关系是虚拟社区发展的重要前提，并且对消费者对于社区网站的有用性感知有显著的正向影响。范丽先和李昕璐（2018）结合虚拟品牌社区的特点，将社区内的交互分为双向交流、顾客参与、解决问题三个维度，将信任作为中介变量，研究网络交互行为对消费者品牌依恋的影响。研究结果表明，双向交流、顾客参与解决问题均对信任（认知、情感）产生显著的正向影响。鞠彦辉和何毅（2012）在对社会化电子商务与传统电子商务的比较中发现，社交功能是社会化电子商务的基本功能之一，并且能够通过社交互动使用户产生一定的信任感，而虚拟社区正是社交化电子商务的一种表现形式。Jarvenpaa and Todd（1997）对网络购物中的消费者行为展开研究，结果表明，商品、购物过程以及商家的服务水平等均会对消费者的购买意愿产生影响。陈洁等（2009）从消费者心理感知角度出发，构建了检验模型，研究结论表明，消费者特征、网页设计、网站内容等三方面会对购买意愿产生影响。彭岚和施莉（2018）以 ELM 模型为理论基础，研究发现电子口碑会对消费者的购买意愿产生影响。王志辉（2017）在研究农产品网购意愿时发现，网络口碑数量、信任度可以通过感知价值对网购意愿产生显著影响。马庆国和李艾（2004）将网络交互分为浅层次的人机交互与深层次的人际交互，并认为网络交互对消费者网购过程中的爽体验有显著的正向影响，在其关于虚拟社区成员参与动机、网络交互对网络购买意愿影响研究中发现，交互气氛对消费者的认知信任、易用性以及有用性的感知均有显著的影响。范晓屏（2009）构建了网络交互、交互感知效用与网络购买意愿之间的关系模型，证实了网络交互各维度通过心理效用、社会效用和工具效用三个方面以不同的强度作用于网络购买意愿，其中社会效用的影响最大，心理效应的影响最小。常亚平等（2011）认为，社区中的交互行为以信息的传播为基础，同时交互性也是虚拟社区的特性之一。其在研究虚拟社区中的知识共享时发现，成员间持续性的交流与互动是虚拟社区发展的推动力之一，也是商品零售商进行口碑营销的基础，社区中的信息质量好坏与信息数量多少又决定着交互后消费者所产生的感知价值，而感知价值则进一步影响消费者的购物决策。Wu 等（2014）也得出了相似的结论，他们认为当交互的信息质量越好、信息数量越多，则会使消费者更容易做出网络购买决策。周军杰（2015）在社会化电子商务背景下，引入虚拟社区内用户交互，研究其对用户黏性与网络复购意愿的影响机制。结果表明，用户交互通过自我效能、信用以及虚拟社区感的中介作用，间接影响用户黏性与网购意愿。

网络购物的消费者无论是在消费行为，还是在消费心理特征方面，均与实体零售消费者存在一定的差异。针对网络购物消费者的特点以及网络零售交易的特点，本研究将先前的研究中影响网络购买意愿的因素分为三大类，分别是个体特征因素、现实环境因素与网络环境因素。

个体特征因素对消费者网络购买意愿的影响。在性别因素上，冯珍和郑乐乐（2019）以淘宝网的消费者作为研究对象，以锚定效应为理论基础，量化消费者在进行网络购买行为时的性别差异，研究发现，在网络情境下，女性消费者冲动购物的可能性均高于男性，但在中高水平的折扣影响下，男性的非理性网络购物可能性更高。在受教育程度上，有研究发现高学历的网络消费者对网络安全的信任程度更高，受个人因素的影响较小，对网络商品的购买意愿显得更加理性（Hui and Wan，2007）。但也有研究者认为与传统购物模式相比，网络购物的易操作性使得受教育水平对网络购物意愿的影响较小（Zhou et al.，2007）。在收入水平上，收入不同的消费者对商品价格高低的敏感程度不同，当线上商品存在明显的价格优势时，收入水平较低的消费者网络购买的意愿更加强烈（王可山，

2020）。在消费者网络经验方面，对网络的焦虑感会使消费者减少上网时间，网络购物会使这类消费者的焦虑感增加（Susskind，2004）。相应地，对网络舒适感强的消费者产生的网络购物意愿会更加强烈（Mauldin and Arunachalam，2002）。网购经验越丰富的消费者，购买意愿越强，即随着网购次数的增加，对于网络购买的意愿也将随之提升，网络购物经验与网络购物的满意度之间存在正向相关关系，并且可以作为网络购买意愿与网络购物满意度之间的调节变量（Khalifa and Liu，2007）。在人格因素方面，有研究结合五大人格，说明了其对消费者网络购物行为的影响，神经质、开放性、宜人性通过对消费者情感卷入程度的中介作用，影响网络购买行为（Bosnjak et al.，2007）。

现实环境因素对消费者网络购买意愿的影响。在物流服务方面，刘紫玉等（2019）运用结构方程模型探索影响消费者网络购买意愿的物流服务因素，研究发现，物流服务水平、物流服务态度以及物流服务的经济性对消费者网络购买意愿具有显著的正向影响，其中物流服务水平的影响最大。在推荐者驱动方面，李雪欣等（2019）发现，在网络购买情境下，消费者对品牌推崇者的信任会转换为对品牌的信任，并正向影响消费者的网络购买意愿。

网络环境因素对消费者网络购买意愿的影响。在零售策略上，聂晶晶（2015）将网络促销策略分为价格促销与非价格促销两大类，将消费者感知风险分为时间风险、财务风险、功能风险、隐私风险、服务风险、社会风险六大类，研究结果表明，网络促销策略对消费者感知风险存在影响，而消费者感知风险与网络购买意愿呈现负相关关系。在线上评论方面，何奇兵（2019）基于信号理论和理性行为理论，将网络环境中的电子商铺信誉和商铺中的在线评论作为外部刺激因素，将消费者的品牌态度作为中介变量，将消费者的体验感知作为调节变量构建模型。研究发现，店铺星级评分、在线评论中的评论形式对消费者的品牌态度有正向的影响，而品牌态度也正向影响消费者的网络购买意愿。付美菊和程艳霞（2019）将在线评论分为文字信息与图片信息两类，研究发现，图片评论比文字评论在消费者对于信息的有用性感知、心理无形感知、愉悦感感知以及消费者的网络购买意愿的影响上都表现出了更强的正向显著性。崔睿和马宇驰（2018）

以消费者理性交易理论和消费者理性行为理论为基础，研究零售平台模式下信用服务机制对网络购买意愿的影响时发现，消费者对信用机制的有用性感知会转化为对平台的信任，当信任感越强时，消费者的网络购买意愿也会越强。在网络环境特性方面，杨晓鹏和艾时钟（2015）在信息不对称的情形下，研究购物网站的质量因素对网络购买意愿的影响，结果显示，当购物网站的质量越高时，消费者对于网站内的产品或者服务的质量感知就越正面，进而也更容易做出网络购买行为。

第三节 线上渠道研究

一、生鲜零售 App

近年来，生鲜电商行业迅速发展，引起了学术界的充分重视，国内外关于生鲜电商的相关研究已有众多。Afuah（2001）在其研究中指出，随着科技的进步，农产品势必会加入电子商务的浪潮，肯定了电子商务对农业发展的重要意义。Shankar et al.（2013）则从农产品流通、信息化管理等方面对生鲜农产品线上销售的发展进行了探讨，并指出生鲜农产品线上销售的出现给传统农业经济带来了颠覆性变革。Poole（2011）认为，生鲜商品的网络零售不仅能够提高商品价格的透明度，还能在一定程度上促进商品信息的流通以及协调产业发展[5]。

魏浩和万胡亮（2015）对国外生鲜电商的运营模式进行了分析，将国外生鲜电商的运营模式总结为五个，分别是 B2C 模式、C2B 模式、O2O 模式、平台运营模式以及快物流服务模式，并通过实际案例罗列了各个运营模式的特点。宫谈飞、张良等（2014）也对国内外的生鲜电商运营模式进行了总结，在其研究中主要介绍了两种模式：Amazon Fresh 模式和 Farmigo 模式。Amazon Fresh 为顾客提供两种收货方式，分别是门外配送和在家配送；而 Farmigo 模式则是主打“农场—家”的模式，基于农场直达模式，扣除中间商利润，使其价格比实体超市还要便宜20% ~30%，消费者花费较少的钱就能买到更新鲜的生鲜产品。我国生鲜电商虽起步较晚，但发展速度迅猛。李楠和李佳洁（2016）在其研究中对我国生鲜电商的发展模式进行了梳理，并将当前我国生鲜电商发展模式分为 B2C、O2O 以及平台型三种。刘静（2013）和范厚明等（2015）则从不同的角度出发，将我国生鲜电商的发展模式分为综合电商、垂直电商、物流企业、线下实体四种模式。郑红明等（2018）认为，虽然当前生鲜零售 App 运营已经采用了最新的 O2O 模式，但其发展趋势仍不明朗。这主要是因为网络购买生鲜商品还处于探索发展阶段，O2O 模式也是近几年才开始流行起来的，很多用户对其态度还有待考量，所以对于网络生鲜零售的商业模式也正处在摸索阶段。

当前，生鲜商品通过网络渠道销售面临着一些挑战，例如相关领域人才的缺乏、生鲜零售企业供应链和冷链物流基础设施的不完善等。生鲜网购与传统网购模式相比，由于其商品所具有的特殊性，从而给生鲜零售企业的发展带来了许多难题。刘凡和王明宇（2014）认为，物流配送问题是制约生鲜零售 App 发展的关键因素，生鲜产品与传统电商产品不同，它对于储存和配送条件有严格的要求。在物流环节中，生鲜商品的储存成本、包装成本、配送成本以及损坏率都高于传统电商，这也给生鲜零售企业带来了巨大的成本压力。吴爕坤（2017）也提出了相似的问题，认为生鲜零售 App 的发展主要取决于配送成本和效率，并且指出生鲜商品损坏率和物流配送成本是生鲜零售 App 成本和投入居高不下的主要原因。Weng et al.（2015）认为，生鲜农产品单价过低、难以标准化、储藏成本高、损耗率大以及物流“最后一公里”配送是生鲜网络零售面临的五大挑战。同样，林波等（2015）在对生鲜零售 O2O 模式研究中指出，当前生鲜 O2O 模式发展面临的三大挑战，一是生鲜商品易腐烂、保险困难的特性造成了较高的储存运输成本；二是通过综合平台或 App 销售生鲜商品需要对生鲜果蔬进行特殊保险包装，需要投入大量的资金，导致商品缺乏价格优势；三是实际商品与 App 中电子图片存在一定的差距会对消费者的满意度产生影响。随着网络购物的普及和生鲜商品需求的增长，刺激了生鲜零售 App 的发展，通过对国内外文献的梳理，发现在发展过程中仍存在许多问题，通过网络渠道和传统渠道的结合可以实现生鲜商品线上线下的互补，重新构建生鲜商品零售的分销渠道，为生鲜零售企业实现更大的利润。

二、网络口碑

（一）网络口碑的概念

最初的网络口碑是由 Gelb（1995）提出的，其在研究中将网络口碑定义为网络上进行的信息交流。Hanson（2000）则从传播途径方面对网络口碑进行了解读，他将网络口碑定义为人们借助电子邮件、网络论坛等平台发布的评论信息，该信息可以通过网络平台在人与人之间流转。基于 Hanson 提出的概念，Chatteijee（2001）将网络口碑界定为人们通过公告栏、聊天室等网络互动平台进行的知识交流。Christiansen（2000）认为，在虚拟网络平台中分享信息的过程与传统的口碑传播过程相似，只是信息的格式发生了变化，由语音变成了文本。这与 Newman（2003）的研究结论相似，他认为网络口碑是消费者以互联网为媒介进行的文本交流。Bernd（2015）则从口碑极性方面对网络口碑做了界定，他认为网络口碑是消费者在网络平台中发布的积极或消极的评论，并且可以通过互联网传播给其他消费者。Dellarocas（2003）创新地提出，把网络口碑看作消费者在完成购买行为后对在线购物的反馈，主要借助网络平台的交互功能进行，将其对商品或服务的使用感受与评价分享给其他用户。

李健（2009）将品牌、在线口碑的概念统一叫作网络口碑，将网络口碑定义为消费者以互联网媒介，传播关于商品或服务的积极或消极的评论。概念的统一为后续研究夯实了基础。邵一明等（2015）认为，网络口碑包含了传统口碑的一些性质，也就是说，网络口碑是借助线上平台进行的人与人之间关于知识或购物体验感的非正式、无商业性的沟通交流。阎俊等（2011）认为，网络口碑是消费者通过网络媒介围绕产品或服务进行的信息交流，是一种新型的口碑传播形式。张晓飞等（2011）则认为网络口碑是消费者在线上发布关于产品或服务等的评价。

（二）网络口碑传播的影响因素

学术界从多个视角对网络口碑传播的影响因素展开深入研究。啜岩（2010）在网络口碑对消费者品牌态度的影响研究中指出，影响口碑传播的因素可以分为三个方面，其传播影响路径为发送者特征、信息特征和接收者特征，进一步验证了网络口碑会对消费者的态度产生影响。

从发送者特征方面来看，Bansal and Voyer（2000）认为，在网络购物中，购买决策受到来自发送者专业性、接收者专业性以及发送者与接收者之间的关系强度这三个方面的影响；而且发送者专业性越强，口碑接收者就越容易接受口碑内容。Smith（2002）在其随后的研究中进一步证实了这个观点，指出口碑信息发送者的专业性、口碑发送者与接收者之间的关系强度都会对消费者的购买行为产生显著影响。Mitchell and Dacin（1996）则指出专业性可以通过减少消费者的感知风险来强化口碑传播过程中的效果，进而对接收者的购买决策产生重要的影响。罗汉洋等（2019）认为，在互联网的大环境中，无论口碑发送者与接收者之间是强关系还是弱关系，口碑接收者的消费行为都会受到网络口碑的影响。

从口碑信息特征方面来看，Cheung et al.（2006）研究指出，消费者在虚拟平台中接收的信息质量会对其是否选择某种产品或服务产生一定的影响。Liu（2006）认为，口碑数量是关于某一产品和服务评论的数量，是消费者口碑互动的总量的体现，许多消费者会因为口碑数量而决定是否选择该商品或服务。Godes and Mayzlin（2004）认为，产品的网络口碑数量越多，消费者越可能接触到它，那么产品被消费者发现的概率就越大；口碑数量还有助于产品或企业扩大其知名度。网络口碑视觉线索能够给消费者带来较为直观的感受，能够在一定程度上反映产品的真实信息。Lurie and Mason（2007）研究发现，图片、视频等视觉线索对消费者能够起到暗示作用。薛建儒等（2008）通过研究发现，产品的视觉线索通过对消费者提供产品的情景线索，促使其产生感官激励，从而促使其购买产品。

从接收者特征方面来看，Zaichowsky（1985）将产品涉入度界定为消费者对产品的重视程度，认为消费者对产品的关注程度能够在某种程度上反映其对产品的需求强度。消费者越关注某产品，其产品涉入水平也就越高。Smith（2002）在对虚拟社区的研究中将信任作为中介变量，研究结果表明，消费者的产品涉入水平对其购买意愿会产生直接影响。消费者的产品涉入程度越高，其对于信息的判断能力就越强，消费者可以根据所了解的相关知识对负面网络口碑进行判别，判断口碑信息的真伪性，在一定程度上缓和了负面网络口碑的影响。因此，产品涉入程度较高的消费者，其购买意愿不易受到负面口碑的影响。Gefen（1997）在研究电子商务中消费者信任问题和 Smith（2002）在研究虚拟社区中推荐信息对于消费者的决策影响中，均引入了个体信任倾向变量，构建研究模型进行实证分析，两者都证明了个体信任显著影响信任。

（三）网络口碑对购买意愿的影响

随着互联网的发展和各大电商平台的崛起，学术界开始关注网络平台中的口碑信息。目前，已有的研究主要关注网络口碑的内容属性、方向、数量、传播机理、可信度等对购买意愿的影响。Gilly（2010）从口碑信息来源的权威性角度出发，探究网络口碑的影响机理。研究结果证明，该领域的权威人士发布的口碑信息对接收者的影响程度更大，并指出该影响是由“信任—态度”路径产生的影响。Christy and Cheung（2012）研究指出，在网络购物中，网络口碑信息通过口碑传播者、口碑接收者、口碑刺激以及接收者的反应四个维度产生影响，其中最为关键的因素是接收者的反应。

目前，先行研究对不同研究对象的网络口碑效用展开实证研究。Mudamb et al.（2010）以亚马逊平台的使用者为研究对象，收集用户数据进行实证分析。研究结果表明，不仅仅网络口碑的正负极性会对消费者的购买意愿产生直接影响，口碑内容的长短也同样会影响购买意愿。Chevalier et al.（2000）对亚马逊网站上网络口碑与书籍销售量之间的关系展开研究。研究结论指出，相较于口碑来源或口碑内容的长短，购买书籍的消费者更加关注网络口碑本身，而且通常情况下负面的网络口碑会比正面的网络口碑产生更大的影响力。Park（2007）为了比较不同极性的口碑信息对购买意愿的影响程度，将网络口碑分为正面和负面，分别研究其影响力水平。结果证实，负面网络口碑带来的影响力确实大于正面网络口碑的影响力。孙春华和刘业政（2009）为了研究网络口碑、信息可信度和购买意愿三者之间的关系，将网络口碑按照信息结构划分为口碑数量、方向、类型和长度四个维度。研究结果指出，其数量和类型对信息可信度有显著影响，而信息可信度对购买意愿存在显著的正向影响。左文明（2014）以蘑菇街和美丽说的用户作为研究的受访者，构建了网络口碑与购买意愿的关系模型，研究结果说明，虚拟社区中的口碑信息内容和数量都会对用户的购买意愿产生影响。张红宇（2014）选择第三方评价软件“大众点评”进行网络口碑的研究，结果表明，在大众点评App中，用户的购买行为受到商品口碑的分值、数量以及正负性的影响，且各个因素的影响力不同。周梅华（2015）从心理学的角度探究网络口碑内容与购买意愿之间的关系，证实口碑内容会对购买意愿产生影响，尤其是与商品有关的内容，其影响程度较大，其中消费者心理距离在这个过程中起中介作用。

三、虚拟社区

（一）虚拟社区成员交互

随着虚拟社区逐步进入人们的视野，越来越多的研究开始对虚拟社区中的用户如何建立关系产生了兴趣。在众多的研究角度中存在一个共识，即虚拟社区是为社区成员提供交流与互动的场所，并不是孤立存在的，网络交互行为是虚拟社区的活动基础。这与Blanchard（2002）的观点相似，他认为只有社区中的成员广泛、积极地参与到虚拟社区的交流和互动中，虚拟社区才更有可能取得成功。现阶段对虚拟社区内部成员交互的研究主要从人际关系与情感感知两个角度入手，研究网络交互的影响。

（1）人际关系角度的相关研究。范钧等（2014）在对虚拟品牌社区的研究中发现，社区成员会通过与其有共同话题的成员交互来减轻孤独感和寂寞感，并且双向交互对用户的人际关系社会化会产生显著的正向影响。Chang and Zhu（2011）在对虚拟SNS社区的研究中也发现了相似的结果，研究认为社区内部成员的交互对成员之间的人际关系会产生较大的影响。由于网络交互同时保留了即时通信的信息时效性，又保有社区虚拟性的特征，因而使得虚拟社区中的交互具有一定的优势。而成员之间的交互方式、内容、程度以及氛围则会对人际关系产生重要影响。孙保营和魏晴（2019）将虚拟社区称为“流动的集合体”，将互惠的观点加入网络交互对人际交往的影响模型中，认为社区成员的线上交互在没有身份、地位、空间的约束限制下，为社区内互惠行为的产生创造了有利条件，而互惠也是社区内成员建立人际关系的核心要素，是用户建立人际关系的主要动机之一。

（2）情感感知角度的相关研究。赵宏霞等（2015）基于网络的临场感视角，研究了 B2C 平台中社区成员交互的影响，研究根据交互的不同主体，将交互分为消费者与社区运营平台之间交互、消费者与卖家之间的交互、消费者与消费者之间的交互三种，结果表明消费者之间的交互对社会临场感具有显著的影响，而对空间临场感的影响则没有达到显著性水平。蔡继康（2013）将社区的网络交互分为人际互动与信息交换两个维度，分别研究在交易型虚拟社区中对顾客的功能价值、情感价值、社会价值、感知费用四个感知价值维度的影响，研究发现，无论是低层次的信息交换，还是高层次的人际互动，都对社区成员的感知价值有显著的正向影响。Yoo et al.（2010）从网络交互的特性角度将交互分为双向性、同步性和可控性三个维度，研究发现，交互的同步性对消费者感知价值存在显著的影响，而交互过程中的同步性就是交互所产生的体验感来源。

（二）虚拟社区的用户行为

曲霏等（2019）以社会交换理论为基础，将国内三大关系型虚拟社区——微信、微博、QQ 作为研究对象，研究用户体验与社区持续参与行为之间的关系，结果表明，不同体验成分对用户的感知个人收益产生影响，进而影响其持续参与行为。并且社区成员之间的信任关系对用户的持续参与行为产生正向的调节作用。张振刚等（2020）从共创体验角度出发，将社区访问频率作为调节变量，将顾客体验作为中介变量，研究虚拟社区环境对于用户价值共创行为的影响机制。研究结果表明，社区环境对用户的价值共创行为产生正向的影响。而顾客体验则承担部分中介作用，访问频率负向调节社区环境对顾客体验的影响。范公广和吴梦（2019）以组织支持理论为基础，探讨虚拟品牌社区支持感对顾客契合行为的中介机制和边界条件，研究发现，品牌社区支持感对顾客契合行为产生正向的影响，其中顾客契合行为包括社区参与、知识共享与口碑推荐三部分要素。Chan et al.（2014）通过对 276 个虚拟品牌社区成员的样本分析发现，社区成员之间的交互可以吸引新的用户，从而扩大社区影响力。系统支持、社会价值、自由言论、社区奖励与认同感对消费者的口碑传播意向与网络回购意向有显著的影响，同时品牌社区的文化氛围会对消费者的品牌忠诚度产生影响。

第四节　研究述评

先行研究对零售企业渠道行为的研究成果主要集中在两方面，一是构建与零售企业渠道整合相关的评价指标以及渠道整合对零售企业绩效的影响，并通过结构方程、因子分析等模型对此进行检验，进而为指导零售企业线上线下渠道整合提供理论指导；二是通过对消费者购买过程决策行为的探究，从消费者购物决策的角度匹配影响零售企业渠道整合的因素，从提高消费者购买效用、促进商品流通的角度探究零售企业渠道整合决策的机理（李春成和李崇光，2007；刘铁等，2014；吴锦峰等，2016；周飞等，2017；张武康和郭立宏，2014）。仅有部分研究通过探究产品特定性和声誉对消费者渠道选择策略的影响，进而从产品异质性的角度对渠道整合决策进行探究（王长军，2018）。基于此，本研究将会把探究零售企业渠道整合决策的重点之一放在企业销售额的提升和商品流通的加快两方面，通过理论分析交易成本是促进渠道整合的动因，进而通过对消费者渠道选择策略的分析，得出消费者渠道策略选择的依据会对零售企业渠道整合决策产生影响。由此，基于理论提出影响零售企业渠道整合的因素，构建模型进行进一步分析。

在不同的网络环境中，线上渠道建设对于信任以及网络购买意愿的影响已有大量文献佐证，充分证实了研究的合理性与可行性。国内外既有研究对生鲜电商平台、网络口碑概念与影响因素、消费者购买意愿进行了比较详细的研究，并开始探索网络口碑对消费者购买意愿的影响力，但是仍有如下研究不足之处。

从线上购物的影响因素来看，国内外先行研究主要集中于个体特征因素、现实环境因素和网络环境因素。其中个体特征因素包括性别、收入水平、受教育水平、网络购物经验、人格因素等；现实环境因素包括物流服务水平、广告推荐等；网络环境因素包括零售策略、线上评论、网络口碑、商铺信誉、网站质量等方面。先行研究对消费者网络购买意愿的影响因素多是从一维角度去研究，对于在某个特定网络环境中消费者网络购买意愿的研究较少。在三维的网络空间中，不能仅考虑客观网络环境的特征，因为消费者评价信息的传播涉及的不仅是信息本身，还有信息传播者之间的交互关系。

关于购买意愿的相关研究。众多研究从不同角度出发，对购买意愿的概念进行界定，并进一步探究购买意愿与购买行为之间的关系，并聚焦研究网络购物背景下的购买意愿，研究网络平台中可能对网购意愿产生影响的因素。本研究将会依托生鲜零售 App 和虚拟社区，对网络口碑、网络交互对消费者购买意愿的影响展开更为深入的研究，以期对该领域研究进行补充。

关于生鲜零售 App 的相关研究。早期的国内外研究聚焦于网络销售与传统农业经济的融合，探究生鲜电商出现的契机以及给传统农业带来的转变。而后专家学者对国内外不同类型生鲜电商的发展模式与运营模式以及制约生鲜商品网络销售发展的问题进行了深入探讨。生鲜商品网络销售从出现到被大众接受的时间并不长，而不同发展模式下的生鲜电商也存在一定的区别，本研究将以生鲜零售 App 为研究范围之一，聚焦生鲜网络零售。

关于网络口碑传播影响因素以及对购买意愿的相关研究。多是在网络平台的虚拟情景中，以传播过程理论为引导，从口碑发送者特征、网络口碑信息特征以及口碑接收者特征三个方面展开研究，但三个维度选择的变量存在一定的差异，并且现有研究在信息传播过程理论基础下的研究变量并不全面。本研究将以信息传播理论为基础，结合信息接收模型，从信息源、信息本身以及信息接收方综合考量测量指标。

关于网络口碑与购买意愿的相关研究。既有研究对于网络口碑研究已取得一定的成果，但不同平台中的网络口碑对购买意愿的影响也不同。关于生鲜商品网络零售的网络平台出现时间并不长，目前学术界关于网络口碑的研究大多以淘宝平台、大众点评、饿了么外卖等相对比较成熟的 App 为研究对象，很少有文献以生鲜零售 App 为背景研究生鲜商品网络口碑对消费者购买意愿的影响，这使得本研究的研究更有意义。本研究将以生鲜零售 App 领域作为研究重点之一，研究生鲜商品的网络口碑效应与购买意愿之间的关系，为下一阶段的研究奠定了扎实的理论基础。

关于虚拟社区的相关研究。极少文献以零售平台中的虚拟社区为背景，将消费者的情感感知作为中介，研究网络交互对购买意愿的影响，因此可以对该领域进行补充。现有研究中关于社区中的交互主要是从人际交往和情感感知两个角度切入的，肯定了虚拟社区交互对社区成员情感感知与人际交往的影响。此外，由于虚拟社区种类多样，各种不同类型社区的研究重点也存在一定的差异，本研究将以零售平台中的虚拟社区作为研究重点之一，分析网络交互对消费者所产生的情感认知方面的影响，以进一步解释交互对网络购买意愿所产生的影响。

第三章　理论模型构建

第一节　动态能力理论

自动态能力被提出起，就不断有学者对动态能力提出疑问和反对意见。Levinthal & Ocasio（2007）认为，动态能力理论长期没有实质性的研究成果，没有研究价值。动态能力理论虽然在经济、管理等领域被广泛运用，但没有形成一致的定义；许多名词的解释并不清晰，难以明确区分；理论框架多、构成模糊、潜在关系太多，实证工作时动态能力模型会难以区分。如果运用动态能力时对理论框架中的定位不统一，结果就会相去甚远。Foss（2009）认为，动态能力缺乏坚实的理论根基，因此将动态能力比作“皇帝的新衣”。

动态能力理论虽然在经济、管理等领域被广泛运用，但动态能力理论框架尚未形成共识。这在实际运用中会导致动态能力模型难以区分、定位不统一，从而使结果差别很大。在上一章中，本研究基于先行研究提出的理论框架，整合汇总后提出了较有综合性的理论框架，并具体描述了各个能力运行路径，为动态能力的实际运用提供了较具统一性的理论框架。

在企业经营管理中运用动态能力理论是一项费时费力的工作，因为动态能力理论框架只能给予企业大方向上的指导，而具体的影响因素会因为企业所在行业、所处市场的差别而有所不同。所以发现问题时需要具体考虑企业所处的市场环境、拥有的资源和竞争态势等情况。

对于企业管理模式协同创新来说，当前国家经济发展进入由高速转高质的新阶段，在深化供给侧结构性改革、开展创新驱动发展战略、进行经济体制改革的大环境下，企业面临的环境变化将会越来越复杂。因此，动态能力理论被认为是应对动荡环境的恰当方法，已被给予越来越多的重视。通过感知能力对国家的政策、市场等进行准确把握；通过学习能力明确政策会为企业在开拓市场、发展自身实力时带来哪些好处，并且学习进入新市场所需的新知识和新技术；利用整合能力和创新能力对推动企业之间在合作中转型升级、找寻新机会、探索新型合作方式。协同能力不仅要发挥促进动态能力高效提升的作用，更要推动企业在相互合作的过程中良好协同、创新发展，实现互利共赢。

如今，零售市场环境瞬息万变，而随着新冠病毒疫情全球爆发，更加剧了市场环境的动荡性，使得零售企业在渠道整合时需要面对的不确定性激增。相较于可用概率量化的风险，不确定性则无法量化，因此需要一种完全不同的管理反应、应对机制等（Teece and Sohvi，2016）。

动态能力因其利于企业构建和重置资源、处理与塑造快速变化的环境，能很好地应对愈发不确定的市场环境，并为企业提供持续优势，因此受到诸多关注（Teece and Sohvi，2016；李大元等，2009）。将渠道整合以动态能力的视角进行，要求零售企业用动态的观念思考零售市场环境、企业间竞争、潜在机会与威胁等。这有利于企业识别不同渠道的利用水平与发展潜力，快速及时地依内外环境变化来规划渠道整合需要制定的策略、培养的能力、构建和重新配置的内外部资源，并付诸实施，让企业在每个阶段都有足够的竞争优势。在2020年新冠病毒疫情期间，众多超市的线下渠道几乎停摆。一些超市运用动态能力迅速对各渠道重新整合，将大量内外部资源集中到电子商务渠道，提供贴心精确的线上服务和及时配送，同时确保商品的价格合适且库存充足。这些超市既承担了社会责任，又得到了市场份额和收益，获得了当前阶段的竞争优势。

动态能力是企业运用管理手段整合、重构现有资源，获取新资源，淘汰落后资源，使企业适应市场环境变化（Eisenhardt and Martin，2000）的能力。动态指企业能对不断变化的外部环境及时反应；而能力则强调通过战略管理适度调整、整合重构内外部能力来适应变化（Teece et al.，1997）。动态能力来源于学习机制（Learning Mechanisms），并与其一起作用形成操作程序演变，促进企业及时发现并更正错误、经常性地思考现行流程规范和政策优化（Zollo and Winter，2002）。

随着对动态能力研究的深入，研究学者和专家们开始思考动态能力的理论框架。Teece（2007）将动态能力划分为感知能力、把握机会能力、重构能力。Wang & Ahmed（2007）认为动态能力由感知能力、学习能力和创新能力组成。Pavlou & Sawy（2011）构造了由感知能力、学习能力、整合能力、协同能力四个维度组成的动态能力模型。由于 Teece（2007）认为把握机会能力是一旦发现了新机会，就必须通过创新的产品、流程或服务来解决它，这与 Wang & Ahmed（2004）提出的创新能力——企业通过将战略创新方向与创新行为和创新过程相结合，开发新产品、市场的能力相似，因此本章将把握机会能力归纳于创新能力中。Teece（2007）将重构能力定义为企业为应对市场和技术的变化而进行的企业资产与组织结构的整合与重构。而整合能力则能将个体知识组合成集体运营能力，进而为重构能力提供一个集体逻辑和共享交互模式，重构能力被认为是整合能力的延伸，因此将重构能力并入整合能力中（Okhuysen and Eisenhardt，2002；Pavlou and Sawy，2011）。鉴于此，本研究将以感知能力、学习能力、整合能力、创新能力、协同能力作为理论模型（图 3－1）。

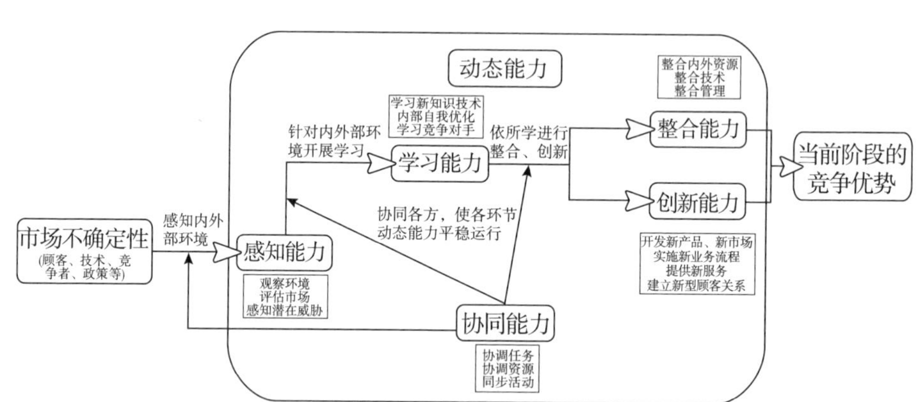

图 3－1　动态能力理论模型

第二节　渠道行为理论

一、流通渠道

（一）流通渠道的含义

国内外先行研究对于流通渠道含义的界定有着多种学说，主要有通道说、过程说、环节说、组织说等。本研究通过对各种学说的分析与研究，探讨出以下结论：流通渠道主要是由生产者、中间商、消费者等多个组织群体构成的，同时也包括参与流通环节的保险部门、运输部门等。流通渠道促进了生产过程与消费过程之间的联系，实现了商品信息和商品实体的传递。

（二）流通渠道结构理论

流通渠道结构是指参与完成商品由生产领域向消费领域转移的各种组织结构的构成方式，可以分为工业品流通渠道结构和消费品流通渠道结构。本研究所阐述的是属于消费品流通渠道结构并以生鲜为主的超市配送渠道。

1. 流通渠道层次结构理论

流通渠道层次结构主要分为四种：第一，由生产商直接流向消费者的直接渠道；第二，由生产商到零售商再到消费者；第三，由生产商到批发商再到零售商；第四，由生产商到一级批发商再到二级批发商再到零售商。后三种都属于间接渠道。

2. 流通渠道的宽度结构理论

商品流通渠道的宽度结构是以流通渠道中间一层次中包含相同类别的中间商的数量多少为基础来划分的，中间商数量多的被称为宽渠道，数量少的被称为窄渠道。

3. 流通渠道结构系统化理论

在传统流通渠道的理论中，认为流通渠道中的各个组织是彼此割裂、互相独立的，有着各自不同的目标和功能。但近年的研究发现，流通渠道的各个环节是相互关联的。在供应链上游，生产商和中间商为了获得更多的销售利润而产生联系，在供应链下游，中间商与消费者为了满足消费者的需求实现商品价值而产生联系，从而形成了一个由生产商、中间商、消费者共同构成的渠道结构系统。在新零售的背景下，更要将渠道作为一个系统研究渠道结构和优化渠道效率。

4. 渠道结构立体化论和扁平化论

渠道结构立体化理论是指渠道结构中的各个组织群体在一定地理范围内有着不同的组织形式，组织中的各个群体共同构成的不同状态体现了其在一定地理范围内的集聚程度、相对位置等。渠道结构扁平化理论是由管理中的组织结构扁平化演进而来的，主要通过减少流通环节、扩展流通渠道的宽度（如增加中间商数量）等方法来实现。

5. 新型中间商理论

新型中间商理论是新零售时代的产物，它是伴随着网络零售而产生的，主要体现为在商品从生产商到消费者过程中的第三方支付、信息传递、物流服务等。同时，传统的零售业也与时俱进，不断吸收新型中间商的优势，如广告、电子商务等。新型中间商能够顺应网络零售和传统零售共同发展的互联网经济的时代背景。

（三）流通渠道权利理论

渠道权利理论是商品流通渠道的一种基本属性，主要体现为渠道群体之间彼此依赖。而使用渠道权利会产生两种结果：“渠道冲突”和“渠道合作”。

1. 渠道冲突

渠道冲突伴随着渠道合作产生，主要表现在双方或多方进行渠道合作的过程中产生的资源和利益分配方面的分歧。研究表明，较小的渠道冲突对渠道成员影响较小，适中的渠道冲突有利于促进渠道成员的进步，但过大的渠道冲突则会对渠道成员造成伤害。

2. 渠道合作

渠道合作建立在渠道权利中“彼此依赖”属性的基础上，通过整合双方资源，使得双方利益最大化，从而实现各自的目标。渠道成员通过渠道合作提高渠道效率，从而实现各个环节的利润提升。

3. 战略合作理论

战略合作理论主要区别于单纯的渠道合作，渠道合作适用于传统的渠道权利理论，而战略合作则是渠道成员之间更加高层次的合作。渠道合作只是渠道成员之间相互补充，为了各自目标进行基本层面上的合作。而战略合作则是渠道成员统一发展路径，整合渠道资源，实现整体利益的最大化，是适应新零售模式下的较优选择。

（四）流通渠道机动论

流通渠道机动论的基本含义是指消费者可以根据需要和意愿自行选择所购买商品的流通渠道，而并非只能遵循已经设计好的流通渠道。由于消费者接受服务和实现购买是可分离的两种行为，所以一位消费者很有可能在服务更好的一家店内接受了服务之后又选择了另一家价格更低的店购买，此时流通渠道的选择便具有了机动性。

在新零售的时代背景下，在消费者选择的零售渠道多样化的同时，流通渠道机动性的效应也随之变得更加普遍，表3－1则列出了几种常见的受机动论影响的流通渠道。

表3－1　受机动论影响的流通渠道

序号	渠道选择
1	在实体店接受服务并购买（忠于传统销售商）
2	在网店获得相关服务并购买（忠于网络销售商）
3	在传统销售商A接受服务但在网络销售商B购买，此时网络销售商B搭了传统销售商A的便车
4	在网店销售商B那里接受产品相关信息服务等后到就近的传统销售商A那里购买，此时传统销售商A搭了网店销售商B的便车
5	不购买

二、交换理论视角的渠道整合

马斯洛划分的五类需求是交换理论的基础，其中除了生存需求外，其他层次的需求都要通过交换得到，因此交换理论被广泛用于市场营销的定义和行为中。

需要是人的本能，是个体确切的渴望，是交换的动因，而市场营销是交换的现代化具体形式，因此我们认为需求是交换的起点。

个体的需要随着社会的变革处于动态变化之中，由地理位置自然产生的产品剩余导致部落间交换的出现，再到个体需求多样化引起群体内部的交换，交换满足了人们更多的需求。再往后，交换就出现了专业分工的形式，由此可以看出交换导致分工，但反过来分工又推动交换的发展。因此，交换有三个动因，第一次剩余产生部落间的交换是交换的第一个动因，而初级交换带来的专业化分工形式成为交换的第二个动因，交换不断满足人类以追求利润最大化为主的全部需求成为交换的第三个动因。

自然属性、社会属性和经济属性原本是交换理论的三大并列属性，但随着社会经济的变革，交换的经济属性也逐渐突显出来，占据重要地位。从企业的角度来看，企业对经济利润最大化的追求重点体现了交换的经济属性。由此可知，交换是人类需求发展的产物，而企业的销售渠道是交换的具体表现形式。交换的目的从获取自己缺少的、能产生更大价值效用的物品，再到通过渠道变革进一步获得更多有价值的东西，表明交换双方共同的目的是追求更高的价值。如何提高交换价值，从经济学角度就是强调通过对企业渠道整合的策略性选择提高交易价值和降低交易成本，因此我们可以说交换就是渠道整合的起点（如图 3 -2）。

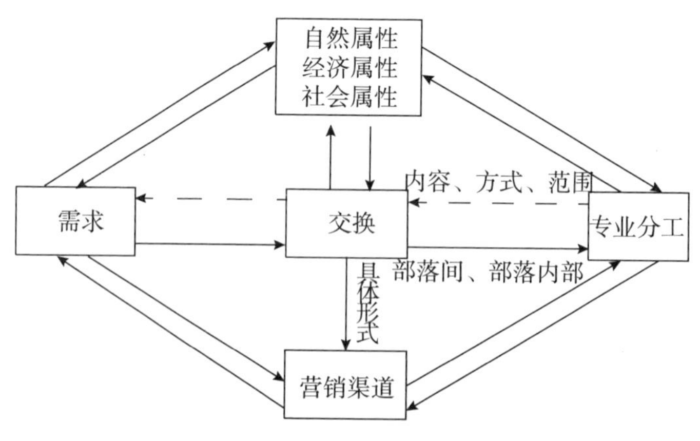

图 3 -2　交换理论和渠道整合

三、交易成本视角的渠道整合

组织在认识到专有资产会产生投机成本这一基本条件后，会选择市场、企业或企业市场混合三种形式中的一种进行经济行为。企业对于不同形式的选择是基于降低交易双方的交易成本和提高交易价值所进行的。Kabadayi（2011）认为，交易的特征使交易具备模式多样性和成本差异性的特点，组织会根据交易的不同特征为其安排不同的、使交易成本最小化的治理结构完成交易。交易的三大特征和治理结构匹配程度越高，交易成本就会越低。交易成本论的理论基础是有限理性和机会主义，有限理性虽然鼓励个体在有限认知内实现效用的最大化，但也承认个体只能在一定限度内追求主观上的理性。

交易的不确定性、资产的专用性和交易频次影响了组织对交易形式的选择。在营销渠道上交易双方的有限理性和投机主义导致了交易的不确定性，因此将有限理性分述为环境和行为的不确定性，将投机主义分为需求和供给的不确定性。环境不确定性是由于渠道成员因渠道外部环境的不确定性而产生沟通协调、合同修订和资源浪费的交易成本。行为不确定性是由信息不对称引起的交易绩效不均衡，导致搜索成本和监督成本的提高。需求的不确定性指的是由消费者需求的模糊和转移或对产品服务期望的变化引起的，企业为了获得真实需求所付出的交易成本。供给的不确定性是由于交易双方信息极度不对称引起的。资产专用性指组织为达成某些特定交易所配备的投资，若是交易失败，这些投资将无法收回或转化为交易的其他用途，即成为沉没成本。零售企业营销渠道的资产专用性包括新购设备、新建平台、新增人手和新建中转点等企业各环节再投入的专项投资。交易频次指的是在特定的资产专用性和治理模式下，什么样的交易频次能够更好更快地收回成本。零售企业为了避免营销渠道的不确定性、专用投资被套牢以及较低的交易频率的发生，应通过对渠道资源的整合和对营销渠道的开拓来降低信息对称、树立品牌的成本，使消费者能够尽可能用更低的交易成本来完成购买行为，博得消费者的信任，在一定时期内形成长期有效的渠道管理机制，以保证交易的灵活进行、资金的稳定运作和利润的平稳流入。

交易成本角度的渠道整合强调，组织在识别不确定性、资产专用性和交易频率的前提下，采用最恰当的渠道整合模式降低双方的交易成本、提升双方的交易价值。企业可以采用市场交易、关系交易或内部交易这三种渠道整合方式来完成交易。渠道整合方式决定了交易双方面对交易时所付出的成本和所得到的价值，因此零售企业对零售渠道整合方式的选择是极为重要的经济决策，而基于交易成本的决策将会更符合交易双方的追求。基于有限理性和投机主义，企业对渠道整合的决策建立在交易双方的有限理性行为之上，因此如何选择渠道治理模式要根据渠道成员的具体交易行为来决定。交换理论从满足个人需求到追求超额利润，再到其所具备的经济属性，我们得到其具备功利性的特点。而零售企业营销渠道的进一步决策正好也是组织追求利益的一种做法，因此对企业零售渠道的重新决策就是对营销交换具体形式的新思考。

综上，可以得出零售企业渠道整合的必要性逻辑（如图 3－3）：

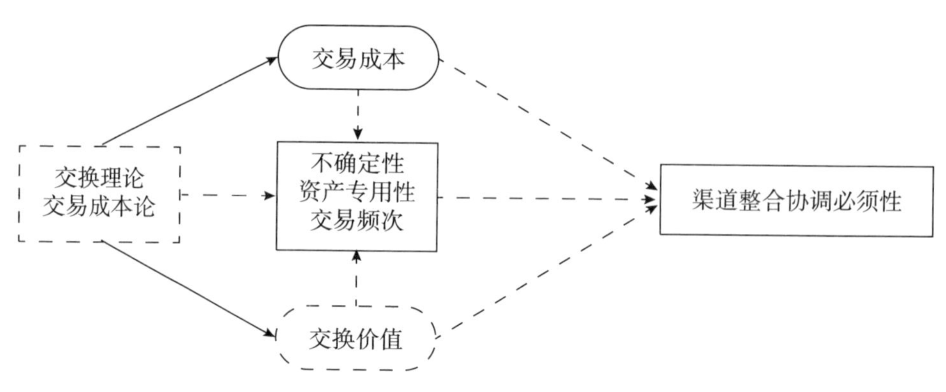

图 3－3　基于交换理论和交易成本的渠道整合逻辑图

四、渠道变迁视角的渠道整合

零售渠道历史变迁的过程能够清晰地展现企业对渠道策略选择的驱动力。早期，营销渠道从直接渠道（零售商—客户）转变为间接渠道（生产商—批发商—零售商—客户），主要强调的是通过渠道组织的专业化和分工创新来提高商品流通的效率，对商品流通效率的追求就是对更低的成本收益比的追求。中期，随着流通组织的冗余以及流通市场面临不确定性、信息有限和机会主义等问题，流通主体提出鼓励渠道的纵向一体化和横向一体化，以降低交易成本。渠道纵向一体化通过企业机制和行政手段代替市场的交易协调机制，降低渠道中搜索和契约引起的成本；渠道的横向一体化有利于减少交易主体，以达到减少交易频次、减少交易成本并提升交易规模的效用。后期，随着网络经济的发展，通过对交易方式、交易技术和交易媒介的创新来降低企业和消费者的沟通成本、包含时间的搜寻成本以及线下实体的租金成本等，并提高交易的速度和规模，创造网络价值的同时降低交易成本。

效率是经济学研究的核心，而零售企业渠道整合决策也是通过降低交易成本、创造交易价值来提高流通效率的，因此从经济学角度对渠道整合策略进行研究有一定的理论依据。早期的渠道变迁是通过专业化分工对成本和效益比率的追求，随后是通过渠道一体化和渠道联盟对交易成本的追求，再往后是通过线上线下渠道整合对网络价值的追求。由此得出，零售企业渠道整合决策是对交易成本和交易价值的追求，降低交易成本和提高交易价值是商品渠道整合策略选择正确的主要驱动力（如图 3－4 所示）。

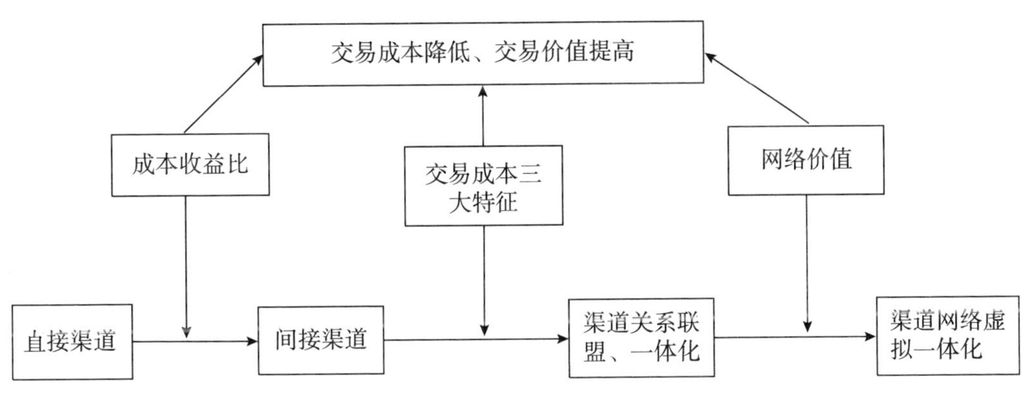

图 3－4　渠道变迁和渠道整合驱动力关系图

五、渠道策略选择和渠道整合

对消费者而言，网络渠道不受时空限制，能减少消费者事前搜索的成本以及社交成本，但同时也存在较高的风险感知，如隐私泄露风险、资金风险以及产品质量和到达时间不确定性风险、担心退货引起的心理风险。线上零售渠道能降低顾客的交易成本，尤其体现在事前消耗的搜索成本（包含但不限于交通成本），因此顾客所获得的“顾客价值”会有所提高，并提高顾客满意度。但网络渠道购物降低了购物的体验性，并且进一步提高了消费者对网络学习、商品的不确定性的成本，因此交易成本和顾客价值并非单纯的线性关系。

零售企业双渠道决策受消费者有限理性选择购物渠道的影响。对于零售企业而言，首先，网络渠道具备减少协调成本、沟通成本和增大网络效应、开拓消费的优势，但也存在缺乏体验感、转移成本低和竞争压力大的劣势；其次，线上渠道和线下渠道在目标市场、提供的服务、顾客体验上的不同使得消费者在购物过程中的各个环节会有不同的决策（如图 3－5 所示）；其三，随着市场的激烈竞争，企业为抢占更多新客户，更好地维护老客户的关系，积极开拓各种渠道，因此消费者策略选择对企业渠道整合策略选择尤为重要。对于零售商而言，最突出的渠道问题就是线上线下渠道整合策略的选择问题。

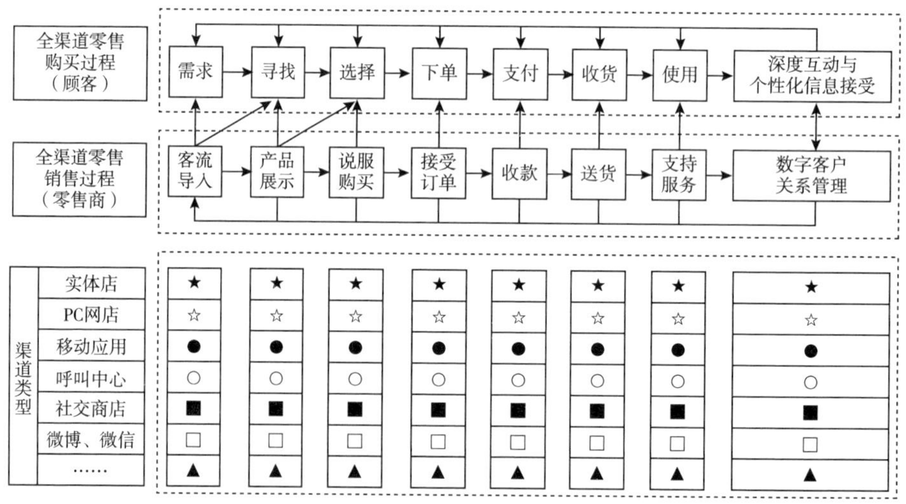

图 3－5　全渠道零售过程流程图

零售商应在充分了解影响顾客消费渠道选择因素的基础上进行渠道整合策略选择。顾客特性、消费动机、产品标准属性和消费者忠诚度都会影响消费者对购物渠道的选择。从顾客特征来说，选择网购的用户一般都较为年轻，网络操作基础好，对网络环境更信任且可能具备更高的时间约束。从消费动机来说，消费者可以分为目标性买家和体验性买家，目标性买家选择网络渠道追求高效率、低成本，而体验性买家选择线下渠道追求体验和检查的乐趣。产品属性指的是产品标准化程度，对于能够客观表述的产品，消费者倾向于网购；若是难以描述的商品，消费者更倾向于线下检查再购买。顾客忠诚度指的是顾客再次购买的意图和行为，顾客忠诚度越高，顾客转移到其他渠道的成本就越高。

零售商渠道整合应评估不同渠道对零售商的价值差异，考虑不同渠道产生的相互作用。从经济学角度研究渠道整合，大多数集中在探究新增渠道对原渠道的影响。原本有线下渠道的零售商会选择开拓线上渠道来拓宽消费群体、增加购物频率、提高销售额。零售商不同的渠道之间会产生蚕食效用，在品牌认知上也是具有协同效用的。且零售商在原渠道基础上新增渠道对原渠道的获利情况会有影响。

本研究探究零售商对渠道资源的战略型整合和分配会使新增渠道扩大市场需求，增加零售额。另外，我们在讨论渠道整合的过程中还应考虑到“橱窗购物”消费行为的存在，所以会使得关于渠道整合的研究结果更为复杂。基于本研究假设，我们将线上搜索成本设为0，因此基于消费者的有限理性，消费者不会选择线上搜索线下购买这一途径。消费者的购物流程可以分为产生购买动机、搜索信息进行比较、选择产品并付款和接受售后服务四个阶段，但本研究将其简化为搜索和购买两个阶段，根据商品搜索和购买渠道的不同，我们将消费者的渠道选择分为三种，即网到网、店到网（“橱窗购物”）和店到店。

六、配送模式

在整合商品流通渠道的过程中，离不开对商品配送模式的整合。配送是在供应链环境下，产品由供应商传递给顾客的存储及移动的阶段。传统的商品流通渠道通常以零售商为中心，呈现塔尖结构。而新零售背景下的商品流通渠道则主要呈现为以消费者为中心的渠道结构。配送是连接消费者的最后一环，而消费者对渠道发展起到关键作用，所以良好的配送模式有利于商品渠道的运营和发展。

目前我国的零售连锁超市配送主要采用自建物流配送模式、第三方物流配送模式和物流联盟配送模式，三种模式各有自身的优势和不足。针对具体的商品种类（本研究所探讨的主要是生鲜类）、城市交通发展特点以及城市经济发展水平，采取不同的物流配送模式。本研究选取了六个指标，对三种不同的配送模式进行比较（表3－2）。

表3－2　三种配送模式效率比较

物流模式 比较项目	自建物流	第三方物流	物流联盟
物流成本	前期资金投入成本大，成本较高	发展成熟，成本较低	发挥规模效应，成本较低
配送速度	反应较快	反应较慢	介于两者之间
信息水平	处理信息能力较强	处理能力较迟缓	快捷、有效
服务水平	容易控制，可以不断改善，提供个性化服务	不易控制，个性化服务较难实行	可协商服务项目及要求，共同遵照施行
专业化水平	缺乏物流专业管理人才，专业化水平较低	专业化服务	互相取长补短，实现专业化
响应速度	反应较快	反应较慢	介于二者之间

第三节　线上渠道相关理论

一、网络口碑的概念与特征

（一）口碑与网络口碑的概念

口碑（Word of Mouth）很早就存在于人际交往中，直到19世纪60年代，学术界才意识到口碑的作用和重要性。传统口碑是通过人与人之间口口相传的方式将信息传达出去。Arndt是第一个对口碑概念进行界定的学者。他认为，口碑是消费者不以获利为目的而对产品、服务、品牌、企业等进行的口头交流，这种交流方式是不带有商业性质的。以Arndt（1967）提出的概念为基础，不少学者对口碑的定义进行了拓展。Westbrook（1987）将口碑看作一种非正式的交流行为，是消费者在购买或使用了某种产品后，将其使用产品的经历或对产品的看法分享给别人的一种途径。国内对于口碑的研究起步较晚，20 世纪前后，国内学者对口碑展开了相关研究。蒋玉石（2006）将口碑定义为消费者发表有关产品、服务、品牌等的个人意见与评论。相较于企业提供的官方信息，消费者更愿意选择相信其他消费者分享的口碑信息。人们对口碑的重视使得口碑成为消费者获取产品、服务等相关信息的重要途径。本研究将口碑定义为口碑传播者与接收者不带有商业目的的对于某个产品、服务、品牌以及组织所进行的传播行为。

随着互联网的出现，以往面对面的口碑交流也逐渐延伸到网络平台中。主流研究认为，网络口碑（Internet Word - of - Mouth）是传统口碑呈现在互联网环境中的另一种形态，是消费者在互联网环境中进行的信息交流与沟通。在网络口碑定义尚未问世之前，以虚拟平台为介质的信息互通研究早已在学术界进行，例如在 BBS、博客平台上进行的信息交流。当前，网络口碑因其不断发展进步的数字化应用正在重塑商家与消费者之间的关系。本研究以 Dellarocas（2003）提出的网络口碑概念作为依据，把网络口碑视作消费者在完成购买行为后对在线购物的反馈，消费者使用网络平台的互动功能与其他用户分享关于商品或服务的体验感受，是一种在网络中进行的信息交流。

（二）网络口碑的特征

网络口碑没有时空的限制，其传播速度快、传播范围广。在网络上发布口碑信息只需要很低的成本，而且发布者不需要公开自身的真实身份。本研究将网络口碑的特征归为以下六点：

1. 匿名性。在网络虚拟空间中，很难识别口碑信息发送者的真实身份，用户一般都是匿名发布口碑信息，所以口碑发送者能够更加真实客观地反馈自己对于产品或服务的真实感受，而不用担心发送口碑信息所带来的社会舆论压力。

2. 欺骗性。随着近年来曝光的“刷单”行为，人们对口碑信息的真实性产生了怀疑。在虚拟世界中，很难获知口碑发送者的真实身份。企业或商家在利己想法的驱使下，通过买好评、刷销量等行为营造出正面积极的形象，且不用承担相应的责任，这也使得网络口碑信息具有欺骗性。消费者在接触口碑信息时要对其真伪进行判断。

3. 传播快速性。因为互联网媒介的特殊性，使得网络口碑具有很强的易复制性和再生性。互联网环境中，网络口碑信息能够被轻易地转发和引用，这让网络口碑信息可以以病毒式、几何指数级的速度扩散到更广的范围，其影响范围也从传统的人际交往圈扩展到无数的网民。

4. 非面对面沟通。网络口碑的传播可以通过 E－mail、虚拟社区、即时通信软件、手机 App 等进行同步与异步的沟通交流，人与人之间不再需要面对面的交流，通过网络平台就能进行信息的分享。

5. 口碑信息有形化。网络口碑信息大多以文字、图片、语音、视频等数据化格式储存于网络世界中，消费者可以随时随地地搜索所需要的口碑信息。网络口碑信息的有形化使得信息内容更加生动形象，有利于消费者反复地浏览和领会口碑信息的内容，能在一定程度上强化口碑的影响力。

6. 打破时空限制。以文字、图片、音频等方式储存的口碑信息可以长久地储存在网络中。口碑发送者可以在任何时间、任何地点发布口碑信息，同样，口碑接收者也不受时空的限制，可以随时随地地搜索和浏览口碑信息。

虽然传统口碑与网络口碑在内容上相似，都是消费者对于企业各类信息的观点和想法，但是网络平台的特殊性还是使得网络口碑与传统口碑具有一定的区别。根据上文对两者概念的界定，本研究从传播媒介、形式、信息量、速度等方面对网络口碑与传统口碑进行比较，如表 3－3 所示。

结合生鲜商品消费者的相关特征，本研究对生鲜商品网络口碑进行如下界定：生鲜商品网络口碑是指生鲜零售 App 用户在完成消费后，在生鲜零售 App 中发布与商品或服务有关的评论信息，从而对其他想要购买此生鲜商品或在该 App 平台进行消费的用户产生心理和行为上的影响。

表 3-3　传统口碑与网络口碑的区别

	传统口碑	网络口碑
传播媒介	人际间的面对面接触	BBS、E-mail、网络社区、即时通信、第三方评价平台
传播形式	口头交流，例如语言、声音、表情	数字化信息，例如文字、图片、视频等
传播信息量	较少、零碎	能较为全面的展示产品信息
发送者与接收者的关系	熟人间通过社会网络的强关系传播	虚拟网络见的弱关系连接，也可以是熟人见的强连接关系
同步性	同步性	同步性与异步性
传播主体	传播者与接收者都是消费者	消费者、企业、盈利性组织
传播环境	人际沟通的社会环境中	自由开放、无时空限制的环境中
传播速度	呈单线传播，速度慢	呈伞状扩散传播，速度快

二、消费者购买意愿的影响机制

（一）传播过程理论

传播过程理论认为，信息传播的源头是信息的发送者。信息发送者对信息进行加工并通过特定的媒介将信息传递给信息的接收者，而信息接收者会对信息进行接收处理，以理解信息内容，但在此过程中会受到内部因素和外部因素的干扰。

美国政治学家哈罗德·拉斯韦尔于 1948 年提出了著名的“5W”传播模式，第一次将信息传播过程分为五个环节和因素构成的过程，分别为 Who（传播者）、What（信息）、in Which Channel（媒介）、to Whom（接收者）、with What Effect（传播效果）（如图 3-6）。具体来说，就是什么人将什么信息通过什么渠道传递给谁，并且取得了什么效果。1958 年，布雷多克在“5W”模式基础上添加了情境（Where）和动机（Why）两个环节，构建了“7W”模式。

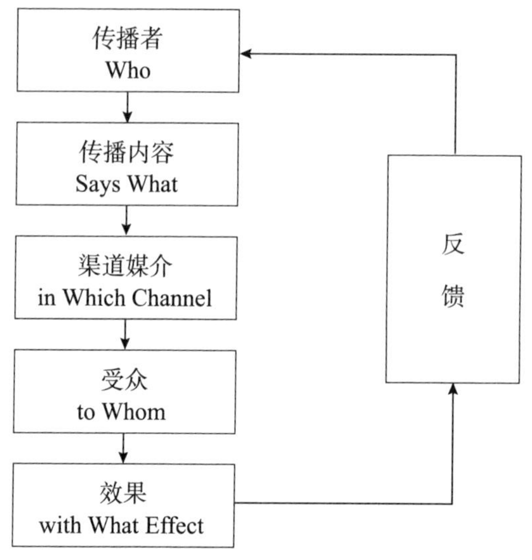

图 3-6 “5W”传播模型

1850 年，霍夫兰在《传播与说服》一书中提出了对后续研究具有深远意义的传播说服理论。书中提到，在有些情况下，信息的传播会导致人们的态度和行为发生变化，并进一步将影响传播效果的因素归纳为信息发送者、信息本身、信息接收者。传播说服理论中的三大因素为后续研究口碑传播效果奠定了坚实的基础。在此基础上，美国传播学家戴维伯洛提出了 SMCR 模式（又称为贝罗模式），从四个维度来研究信息的说服效果：Source（信息源）、Message（信息）、Channel（通道）、Receiver（接收者）。SMCR 模型清晰且具体地说明了信息的来源、接收者以及影响信息传递的条件，反映了多种渠道和方式可用于信息传播，但传播过程无法决定最终结果。最终结果是由传播过程中的信息源、信息、通道和接收者四部分以及它们之间的关系共同决定的，自身因素的制约同样影响着这四个组成部分。

互联网世界中的网络口碑传播与现实环境中的口碑传播在本质上是一样的，信息在传播过程中会受到各个方面的影响。大多数关于网络口碑传播的研究都是以传播过程理论为基础展开的，其中涉及过程中各个因素的分析。基于传播过程理论，国内外先行研究构建了口碑、网络口碑传播概念模型。Smith（2002）在研究消费者推荐的口碑信息对虚拟社区下其他消费者购买决策的影响中，将传播过程中主体、信息本身以及客体作为影响因素展开研究。关于网络口碑的研究需要各个领域的理论来支撑，其中传播过程理论是网络口碑传播研究体系中的主体部分，考虑到不同的研究目标，引入相应传播环节中的影响因素。

（二）技术接受模型

在网络环境中对消费者的行为进行研究时，已有研究通常会用到技术接受模型（Technology Aecepance Model，TAM）。技术接受模型是由 Davis 在 1989 年基于理性行为理论（Theory of Reasoned Action，TRA）和计划行为理论（Theory of Planned Behavior，TPB）提出的。如图 3－7 所示，它被运用于研究计算机系统接受的决定因素，而后被学者们广泛应用于知识管理、各类网站、电子商务等方面的研究。技术接受模型选用感知有用性和感知易用性作为人们对技术接受的主要量度标准。感知的有用性和感知的易用性分别描述了使用者认为使用特定系统会对工作绩效产生积极影响的程度以及使用者认为使用特定系统实操的易用程度。

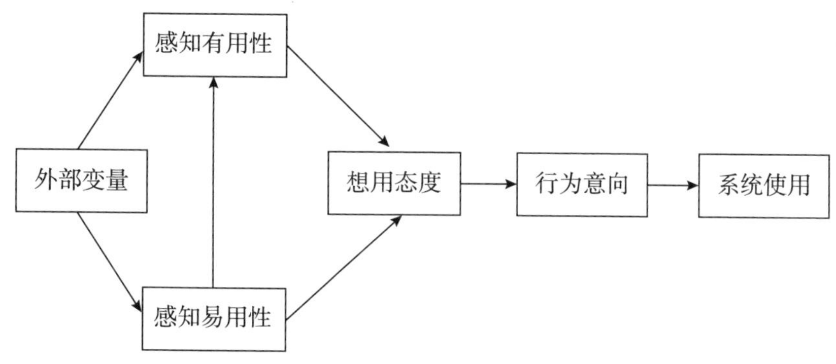

图 3－7　技术接受模型

技术接受模型提出，系统使用由人类的行为意图决定，但是感知的效用和态度用于确定行为意图。外部变量和感知易用性决定感知有用性，而想用态度是由感知有用性以及感知易用性一同确定的。此外，外部变量也具有决定感知易用性的特点。其中，系统设计特征、用户特征、任务特征和组织结构都包含在外部变量中。在此模型中，不仅个人感知在一定程度上受到外部变量的作用，而且态度、意图和系统的结合都在某些方面得到了充分的体现。

目前，技术接受模型也被学者们广泛应用于网络口碑的研究。根据技术接受模型，一些外部因素不仅能使计算机系统提高工作效率，也能使人们选择计算机系统，以降低系统的学习成本。在线口碑传播过程中，消费者分析收到的口碑信息，识别对产品和服务某些属性的需求，并萌发购买意向。用户受到网络口碑的影响主要通过“互联网+计算机”系统。在口碑传播过程中，可以发现技术接受模型能包容传播说服理论。

（三）详尽可能性模型

详尽可能性模型（Elaboration Likelihood Model，ELM）是由心理学家查德·派蒂和约翰·卡乔鲍提出的，在消费者对获得信息的分析处理中是极为经典的理论模型之一。ELM 模型认为不同的信息处理方式会对态度产生影响，中枢路径（Central Route）和边缘路径（Peripheral Route）是对信息进行传播和处理，并且可能影响消费者态度的两种说服方法。中枢路径是指消费者态度的改变，是其对信息综合评估和认真考虑的结果，即消费者具有将信息详尽化处理的动机和能力；而边缘路径考虑的是消费者态度的改变并非由于对信息本身的评估和思考，而是信息与其他线索联系起来作用的结果，即消费者缺乏处理详细信息的动机和能力，需要通过外部线索对信息进行加工处理。ELM 模型的基本原理是：说服的各种方式取决于接收人对传播信息进行详尽处理的概率大小。如果接收人的动机和思考信息的能力很强，那么其对信息进行详尽化处理的概率就大，采取说服的中枢路径成功性就高；如果接收人的动机和思考信息的能力很弱，那么接收人对信息进行详细处理的概率就低，并且采取说服的边缘路径成功性就高，具体过程如图 3－8 所示。

ELM 模型具有两个情景变量，这些变量会导致说服路径的选择改变。一种是涉入，即信息接收人是否有动机去处理信息，这取决于信息与信息接收人的相关程度，即信息接收人的参与程度。第二个是自我效能感，即信息接收者能否对信息进行处置，取决于接收者对信息的了解程度。具有高度的消费参与度和自我效能感时，消费者倾向于选择中枢路径来处理信息。换句话说，这类消费者根据信息的内容，在做出购买决定之前会进行仔细的考虑，他们通过认知和最终行为的改变来确定最后的行为结果。相反，具有低水平的消费参与度和自我效能感时，消费者倾向于选择边缘路径来处理信息。这类消费者则是先改变行为，然后导致态度和信念的转变。

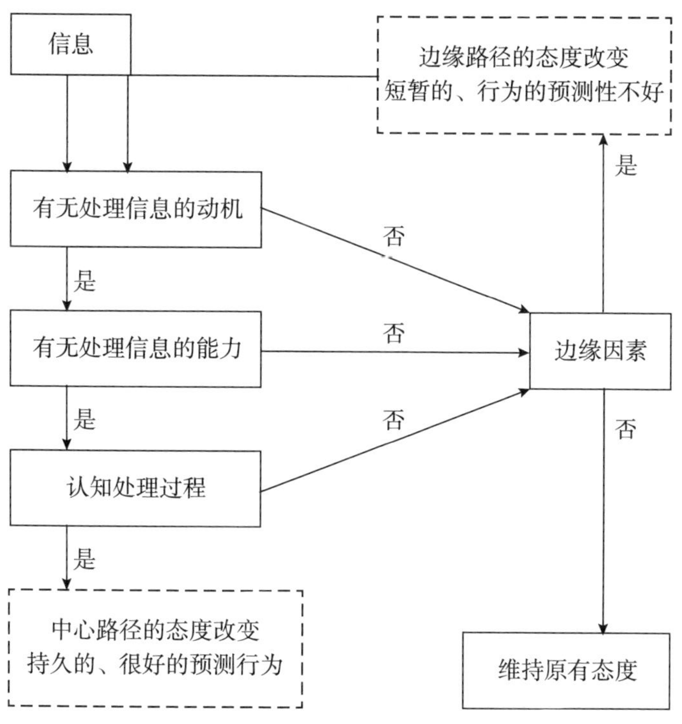

图 3－8 详尽可能性模型

本研究涉及生鲜零售 App 的消费者对网络口碑信息处理的问题，研究内容符合 ELM 模型理论。在网络口碑面前，消费者的产品涉入会对其行为意愿产生一定的影响。网络口碑对消费者购买意愿的影响过程就是消费者对网络口碑信息的接收和处理过程，可参考 ELM 模型。

综上所述，关于生鲜商品网络口碑对购买意愿的影响研究需要多方理论的支持，传播过程理论、技术接受模型以及详尽可能性模型是当前网络口碑传播研究架构中的主体部分。通过上述分析可以看出，技术接受模型能在某种程度上包容传播说服理论，而消费者对生鲜商品网络口碑信息的处理问题则可以视作对信息的接收与处理过程，同样符合详尽可能性模型的基本原理。在第七章中，将基于上述三个理论模型构建本研究的概念模型。

三、虚拟社区

（一）虚拟社区的定义与特征

国内外已有研究对于虚拟社区的叫法虽有些许不同，但是总体上大同小异。我们通常将“Computer - mediated Community”“Virtual Community”“Online Community”翻译为“虚拟社区”“网络社区”“虚拟社群”或是“在线社区”等。但国内外研究中引用最多的名称还是虚拟社区，即“Virtual Community”。先行研究立足于各自的研究背景给出了虚拟社区的不同定义（见表3-4）。

表3-4　虚拟社区的定义

参考文献	定义
Rheingold（1993）	虚拟社区是人与人际关系的集合，它的发展依赖于网络空间上的人际交往
王俊秀（2008）	通过电子信息技术手段，运用“虚拟现实”技术而形成的虚拟社会群体集结的场所
朱玲梅和钱晴晴（2015）	虚拟社区指利用网络互联技术，产生虚拟环境进行互动，而形成具有一定影响力的网络虚拟群体组织
赵景林和赵红（2019）	虚拟社区是传统社区在网络空间的发展与延伸，它为消费者提供了全新的信息获取与资源共享的空间，具有共享性、便利性、匿名性，可以帮助消费者建立新型的虚拟社会关系网络

根据既有研究对于虚拟社区的定义，可以将虚拟社区的特征概括为以下五点：

1. 以虚拟的网络空间为背景。虚拟社区区别于传统社区，在现实生活中并不存在社区实体，而是以互联网技术为依托，存在于网络中的虚拟空间。

2. 不受限于时间与空间。与网络的特点相同，虚拟社区用户之间并不受制于距离的远近或是跨时区的交往。用户可以随时随地，不受时间、空间限制，进行互动交流。

3. 信息传播与交换的场所。在社区中，用户可以对感兴趣的话题进行讨论，或是分享自己的经验与想法。成员之间的互动性促成了社区中知识交换和信息传播的行为。

4. 具有一定的聚集性。社区成员之间通过一系列的交互形成一定规模的人际关系网络，从而在网络形态上呈现一种稳定的聚集性。

5. 具有一定的社会或商业价值。社区成员必然是由于某种目的驱动而加入社区的，这就意味着虚拟社区具有某种社会或商业价值，吸引着社区成员的加入。

（二）虚拟社区的分类

随着经济的不断发展和信息技术的日渐完善，虚拟社区从不同的角度衍生出不同的社区类型。

1. 按成员参与目的分类

可大致分为：交易型社区、兴趣型社区、幻想型社区和关系型社区。交易型社区是指以形成交易为目的，促使商品信息和服务信息在社区范围内有效传递。兴趣型社区是指由共同兴趣或话题带来聚集的社区，成员们就自己感兴趣的话题进行广泛的交流讨论。幻想型社区是指社区成员均存在某一种共同的幻想，因为幻想的话题相同而聚集起来的社区。关系型社区是指那些在现实生活中本就存在互动关系的人，利用网络社区加深互动联系的社区。一种社区可以满足成员们的多种目的需求，故上述四种类型的社区并不相互排斥。

2. 按成员交互实效分类

可大致分为：同步交互型社区与异步交互型社区。同步交互型社区是利用一些社区内自带的即时交流工具进行的同步沟通，具有信息传播速度快、即时性强等特点。异步交互型社区是指利用公告栏、留言板等进行的异步沟通，具有传播范围广等特点。

3. 按成员关系分类

可大致分为：网络型虚拟社区和群体型虚拟社区。网络型虚拟社区是指社区内部结构相对松散、动态变化较大的社区。社区成员有共同的兴趣或话题，但是成员在地理位置上相对分散。群体型虚拟社区是指社区成员在线下存在着密切联系，但是各成员为了某种目的，保持甚至是加强现有关系而聚集成的线上社区。

二者之间最主要的区别在于加入社区前是否就存在联系。并且随着成员之间关系的演化与发展，网络型社区有可能转换成为群体型社区。

4. 按成员兴趣分类

可大致分为：休闲型社区、专业型社区、企业型社区。娱乐类、兴趣类、幻想类社区均属于休闲型社区，而具有某种专门技能或是针对某专业领域的话题讨论则属于专业型社区；交易类、商务类的社区属于企业型社区。

5. 按社区的商业性分类

可大致分为：游戏型社区、兴趣型社区、B2B 型社区、B2C 型社区、C2C 型社区。按照交易性和信息交互的强弱，可从图 3－9 中直观地得出。零售平台中的社区类型根据零售平台的性质分为 B2C 社区与 C2C 社区，均属于商业性较强的社区类型。

图 3－9　按社区的商业性分类

6. 按照商业驱动因素和交互性程度分类

蔡继康（2013）根据虚拟社区在我国的发展现状，将不同类型的虚拟社区按照商业性与交互性分类，如图 3－10 所示。

第一象限指的是商业性强、交互性强的虚拟社区，以小红书社区、淘宝社区、蘑菇街社区、得物社区为典型代表；第二象限指的是商业性弱、交互性强的虚拟社区，以人人网、校园网、微博为典型代表；第三象限指的是商业性弱、交互性弱的虚拟社区，以邮箱、贴吧为典型代表；第四象限指的是商业性强、交互性弱的虚拟社区，以用户指南、留言板、用户评论为典型代表。

虚拟社区各个分类之间有着不同的划分标准，因此各个类别之间并不冲突。根据蔡继康的分类方式，本研究主要的研究对象是第一象限范围内的虚拟社区，它们存在于网络零售平台中，以网络零售中交易所涉及的信息作为共同话题，具有强商业性和强交互性。这类社区不断提升用户体验和社区的商业价值，提高社区影响力和凝聚力，进而促成零售平台中商品或者服务的交易。

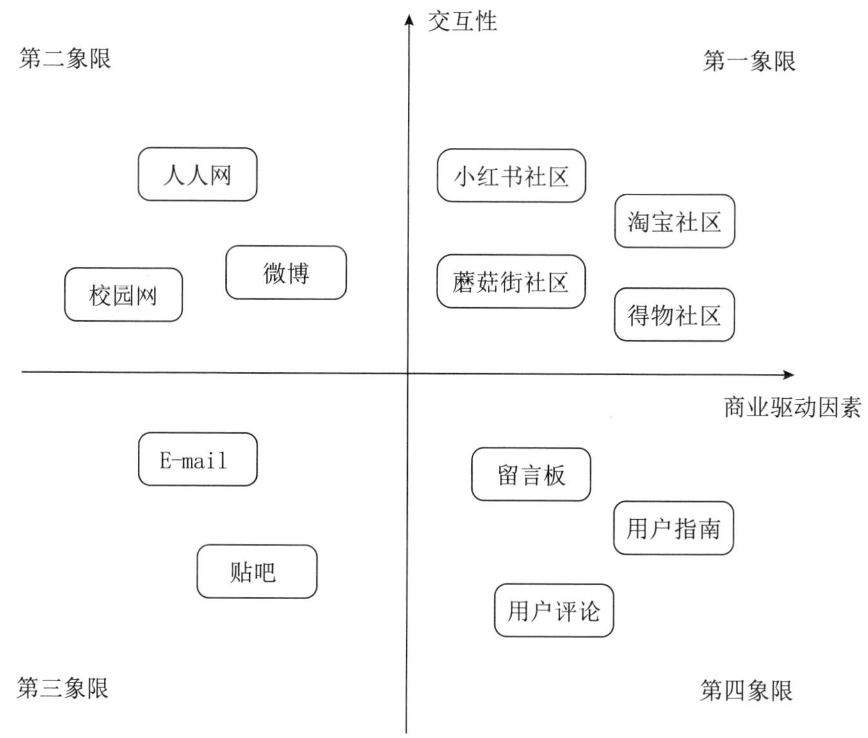

图 3－10　虚拟社区的分类

（三）零售平台中虚拟社区的经济价值

当虚拟社区中的成员数量达到一定的规模，社区的经济价值就逐渐开始突显。越来越多的零售平台着力于对虚拟社区的进一步管理，以提升社区中的交流讨论、商品评价、企业信誉等方面的经济价值。针对社区中四个不同的活动主体，零售平台中虚拟社区的经济价值可体现在以下四个方面：

1. 对社区经营者的价值。虚拟社区可以使网络交易获得更高的效率，进而提高其商业价值。目前对于如何增加零售平台的流量、提升消费的忠诚度以及刺激用户的购买意愿成为社区经营者关心的话题，而虚拟社区的建设与有效管理可以帮助他们找到答案。

2. 对生产者的价值。虚拟社区可以帮助生产者提升市场占有率。在社区中可以及时地提出自己的需求并较为客观地点评商品或服务。通过虚拟社区，生产者可以更好地了解消费者的需求、及时更新产品定位、增强对目标客户的营销、提供个性化的产品与服务。

3. 对消费者的价值。消费者通过社交网络组成一个虚拟社区，以群体的方式展示消费者的力量，在这个过程中，“生产者主权”逐步让位于“消费者主权”（邵腾伟和吕秀梅，2018）。生产者再也无法垄断信息，社区中的消费者根据各自的经验信息互通，形成了强大的信息流动。社区会根据消费者寻找的关键词或是浏览记录为用户推荐相关的产品信息，并过滤掉不可靠的信息。社区中的消费者往往对某一类产品或服务具有一定的购买潜力，社区的聚集性能够将每一位消费者的购买力提升至最大值。

4. 对销售者的价值。虚拟社区内汇集了大量志趣相投的消费者，社区成为销售者获取大量第一手信息的自然平台。通过对社区中的信息进行分析总结，有利于销售者真正了解消费需求，更具针对性地开展各项营销工作。另一方面，有的消费者会化身为产品“推销员”，向其他不了解产品的消费者提供自己的产品评价，无形之中减少了营销成本，扩大了产品的市场影响力。

四、网络交互

（一）网络交互的定义与特征

互联网的出现打破了面对面交流“一枝独秀”的场景，使人们的沟通不再受时间与空间的限制，拉近了彼此的距离。与传统的纸质媒体相比，网络所传达的信息价值不仅在于它的时效性中，更隐藏在网络交互的过程之中。表3－5汇总了关于网络交互的部分定义。

表 3 – 5　网络交互的定义

参考文献	定义
刘莉（2012）	通过网络信息的流动而建立的一种关系，发生在两个独立的个体或者是群体之间，体现在生活或心理上的沟通关系
杜佳和安景文（2018）	社区成员之间形成某种以信任为基础的联结，自愿与其他成员交换意见、主动与其他成员交换信息
曾静（2019）	网络交互通过文字与图片等，建立了消费者、企业和市场之间的全体关系，形成了虚拟组织与现实社会之间的联系
吴梦丽（2020）	网络交互以分享信息与感受为目的，并且具有一定的社会性，可以传达情感，甚至会带来愉悦

网络交互作为新型的社交方式，影响着人们的社会生活。区别于传统的人际互动，网络交互具有以下几个特点：

（1）匿名性。网络交互以互联网为媒介，交互双方的真实情况隐藏于电脑屏幕之后，这使得双方的个人信息受到了一定的保护。摆脱了现实社会中的条条框框，很多人更容易在网络上真实地表达自己的意见和想法。

（2）虚拟性。在现实世界里，人们的互动交往是实际发生的物理性动作或行为，而在网络交互中则是依托于文字、表情与符号进行的，其途径与手段是间接的、虚拟的。

（3）平等性。由于网络交互的匿名性，人们的身份地位、学历职位均隐藏于网络的“面具”之后，成员之间的交互是平等的，不受其他现实因素的影响。

（4）共享性。为了扩大网络影响力，大部分的网络交互是公开的、共享的。成员之间可以更好地交换信息与意见，从而进行更加充分的讨论。

（二）网络交互的维度

既有研究根据不同的研究目的对网络交互的维度进行划分，其划分结果也存在着一定的差异。本研究将根据对现有研究的整理与归纳，得出网络交互维度划分的四种视角。

1. 二维视角

Hoffman 等将网络交互分为人机交互与人际交互两个维度（Hoffman and Novak，1999）。人机交互属于浅层次的网络交互，表现为网络用户对于网络信息或是数据的简单读取；人际交互属于深层次的网络交互，体现在网络用户通过网络媒介进行人际交流沟通。与 Hoffman 等的分类方法类似，董京京等（2019）将网络交互定义在虚拟品牌社区的环境中，将交互分为信息交互与人机交互两类，其中信息交互包括对产品、品牌、企业、市场信息的了解，人际交互包括成员间的情感交流、关心等。

2. 三维视角

根据网络交互参与主体的不同，Valck et al.（2007）在研究虚拟社区网站满意度时将网络交互分为网络社区成员之间的交互、组织者与社区成员之间的交互、社区组织者与社区之间的交互。吴梦丽（2020）在研究网络交互对团购社群的影响中，将网络交互的特点结合心理学、信息传播学等学科，将网络交互分为分享式交互、情感式交互、娱乐式交互三个维度。

3. 四维视角

曹维（2007）在研究虚拟社区中关系互动对网络购买行为的影响时，将网络交互维度分为交互频率、交互程度、交互环境、信息有效性四个维度。与曹维不同的是，范晓屏（2007）对交互维度的划分大多由个体角度出发，忽视了空间中的交往互动、用户模仿参照等影响的情况，将网络交互维度分为交互场所特征、网络交互特征、交互方式与交互内容四大维度。

4. 五维视角

孟威（2002）根据信息点运动的方向和组合的不同方式，将网络交互划分为五个维度，分别为一对一的交互、一对多的交互、多对多的交互、个人—多人—网络媒体的交互、网络媒体之间的交互，分别从各个侧面展示了网络传播的特色。杨瑞（2017）基于关键事件法将 10 类顾客间的交互事件归纳为用户交互的五大维度，分别是信息交互、情感传递、自我认同、礼仪违背、不当信息。

从上述关于网络交互维度的划分可知，各个研究者在划分时均按照不同的标准，所以即使是同一维度的网络交互，划分出的内容也有所差异，因此应该根据各自的研究目的，结合相关理论来划分适用于研究的交互维度。

（三）零售平台中消费者网络交互动机

从对网络交互的定义与特征上看，网络交互是利用互联网实现个体或群体之间的交流与互动。而社区的发展离不开网络交互，网络交互的动机是引起交互的驱动力量，我们将促使网络交互发生的动机分为以下四类：

（1）信息需求驱动。信息需求驱动的交互动机是大部分人的主要动机。零售平台中的社区成员通过对浏览别人发布的主题帖或者自己发布主题帖来获取所需要的信息。除此之外，社区内放置了专门的产品链接，以便成员之间对产品或产品信息的共享。在社区中已经形成针对不同类别的信息群落，社区为用户提供了解产品信息的渠道，社区中的网络交互则会产生更多满足用户需求的信息。

（2）社会需求驱动。人具有社会性，除了对信息获取的渴望以外，人们还希望在社区中获得他人的关注与支持，有一部分用户甚至期待与社区用户建立友谊，保持长久的交互联系。即便在没有信息需求的情况下，社区需求也会驱动用户参与到交互活动之中。

（3）心理需求驱动。与现实世界中的需求一样，虚拟环境同样会激发社区成员产生他人对自身认同感的渴望，以提升自己在社区中的声誉。虚拟社区中的声誉会带来许多意想不到的经济效益。

（4）享乐需求驱动。在社区交往中，随着交互的不断深入，交互双方的关系日益密切，网络用户之间的交流互动会带来愉悦感，社区交互成了一种娱乐工具。在享乐需求的驱动下，成员们会更加享受交互的过程。

五、信息传播模型

在对消费者网络交互行为的现有研究中，信息传播学领域的相关理论提供了理论基础，本节将对信息传播 5W 模型和 Shannon - Weaver 模型进行介绍，为下文网络交互维度的划分奠定理论基础。

（一）5W 模型

信息传播是一种从信息发出者到接收者之间的信息流动。在信息传播学中，Lasswell（1948）提出的5W 模型简化了信息传播的过程，以更加直观的形式展示信息传播过程（如图3－11 所示）。5W 的命名来源于模型各个组成部分的疑问代词首字母，分别指代了 Who（信源）、Says What（信息）、in Which Channel（信道）、to Whom（接收者）（Lasswell，1948）。

信源即信息的发出者，是整个信息传播活动的推动者与主导人，他们控制着信息传播的内容。信息即传递的内容，是信息传播的核心要素。信息内容不仅包含文字等语言符号，也包括图片、视频等非语言符号，可以看成一组有特殊意义的符号组合。信道即传递的途径，是信息传播必须经过的物质载体。在互联网高速发展的时代，互联网成为主要的信道之一。接收者即信息的受众，是信息传播活动的终点。而效果就是信息传播完成后引起接收者的认知、情感、行为各层面所产生的变化，是检验信息传播成功与否的重要指标。

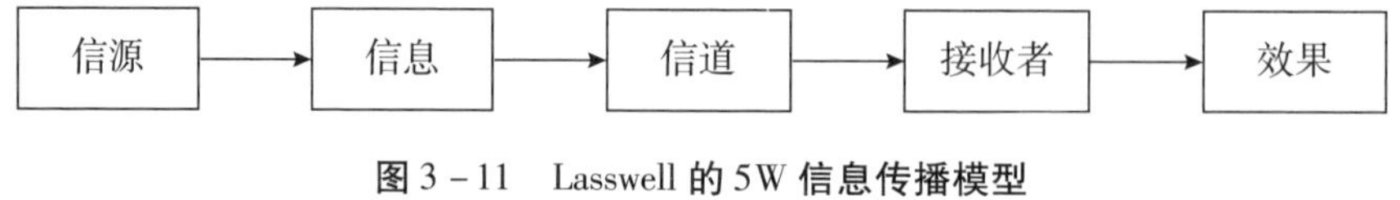

图3－11　Lasswell 的5W 信息传播模型

（二）Shannon－Weaver 模型

为了使模型能够有更广泛的适用范围，Shannon & Weaver（1949）在 Lasswell 提出的5W 模型后，也合作研究出了一个信息传播模型（如图3－12 所示）。

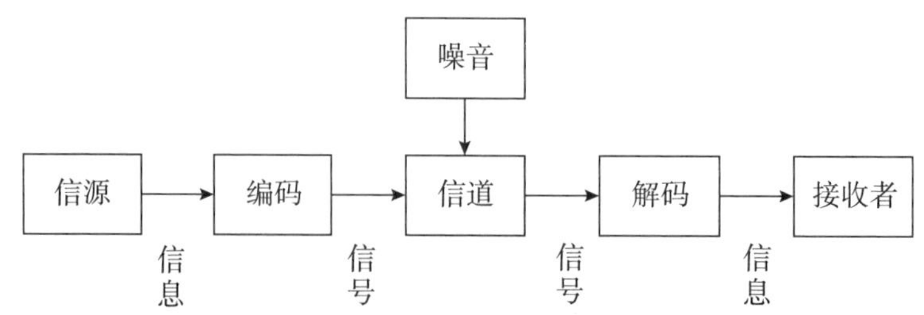

图3－12　Shannon－Weaver 信息传播模型

Shannon－Weaver 信息传播模型增加了信息编码与解码的过程。信息传播过程主要由信源、编码、信道、解码、接收者、噪音六个部分共同组成。信息源头发出信息，由接收器进行编码，转换成信号，通过信道发送到接收者的接收器，接收器通过解码将信息带给接收者。特别的是 Shannon - Weaver 信息传播模型还考虑到“噪音”对于信道的影响。噪音指的是影响信息传播质量的外部因素，这些外部因素可能来自信道本身，也可能来自外界的刺激或是干扰。噪音会对信息的质量以及信息传输效率产生影响。DeFleur（1996）在 Shannon - Weaver 模型的基础上，在每一条线路中加入了反馈成分，使这个模型的适用范围进一步扩大。

5W 模型与 Shannon - Weaver 模型有相似的组成元素，比如信源、接收者、信道这三个要素完全相同，而 Shannon - Weaver 模型中的编码与解码都是与信息相关的要素。将这两个模型结合起来看，并加入 DeFleur（1996）的反馈要素，信息传播过程中所涉及的要素主要有信源、信道、接收者、信息、噪音、效果与反馈七个因素。对于网络口碑的研究大多以特定信道作为基础，将信源、信息、接收者以及关系强度作为口碑考察的维度，没有考虑信道因素。这与信息传播模型具有一定的相似性。因此，本研究拟结合这两种经典的信息传播模型来划分消费者网络交互的维度。

六、技术接受模型

（一）理性行为理论

理性行为理论（Theory of Reasoned Action，TRA）将行为态度与行为意愿作为中间变量，对影响实际行为发生的因素进行研究。该理论隐含着一个重要的假设：人有完全控制自己的能力，会通过各种思考预设行为决策所带来的结果。理性行为理论主要由信念与评估、行为态度、规范信念与动机、主观规范、行为意向与实际行为六部分构成（如图 3 - 13 所示）。信念与评估指的是研究对象对某件事可能发生的结果进行预判，估计各情况发生的概率并且做出对结果的评估。行为态度也可以看作一种信念，是研究对象对于某种行为肯定或否定、赞成或反对的态度。规范信念与动机指的是研究对象感受到的外界期望或社会规范的约束，从而服从外界期望的意愿。在受到规范信念与动机影响之后，人们开始思考是否调整自己的主观规范去服从这些意愿。而行为意向就是指研究对象对于某种行为的意愿强度，是实际行为发生的重要前置变量。

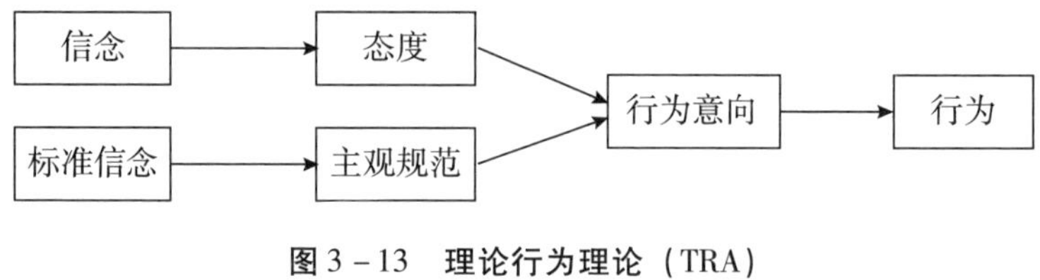

图 3－13　理论行为理论（TRA）

（二）技术接受模型的基本架构

Davis（1989）在理性行为理论的基础上提出了用以解释测试者经过一段时间的信息交互后对于信息系统的接受程度的模型。Davis 多次对于技术接受模型（Technology Acceptance Model，TAM）进行修正，修正后的模型如图 3－14。他希望技术接受模型可以帮助研究说明某项技术被使用者接受的主要影响因素有哪些，并进一步解释预测技术使用者对于某项技术的使用行为。

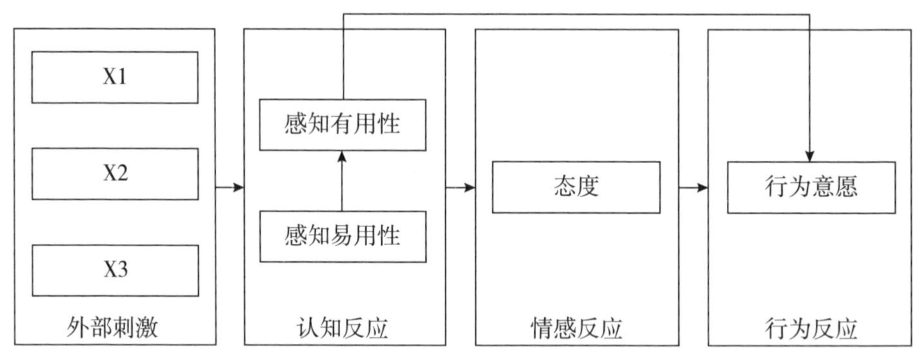

图 3－14　技术接受模型（TAM）

技术接受模型继承了理性行为理论的核心思想，认为信念是影响态度的前因，而态度会影响行为意向。技术接受模型共分为外部刺激、认知反应、情感反应、行为反应四个维度。感知有用是指受测样本通过利用系统或者工具以提升或增进工作效能的程度，感知易用是指受测样本对于特定系统或者工具感知到使用的难易程度。由上图可知，外部刺激对认知反应产生影响，其中认知反应包括感知有用性与易用性。感知有用性又受到感知易用性的影响，易用性与有用性共同作用于态度，而行为意愿则受到态度与感知有用性的共同影响。

（三）技术接受模型的相关应用

在互联网逐步成为企业零售的重要渠道后，技术接受模型逐步应用到网络零售领域，用以解释消费者利用网络工具进行购物的意图。Shih（2004）结合技术接受模型与理性行为理论，将购物网站的安全性、满意度、系统质量感知、服务质量感知作为外部刺激因素，研究消费者对于网络购物的接受程度，验证了感知有用性与感知易用性是影响消费者接受网络购物的重要前因。研究结果表明，购物网站的满意度、网站的信息质量、系统质量、服务质量等因素对消费者的网络购物意愿影响显著。张欢和蒋雅文（2016）将兼容性与信任倾向作为外部扩展变量加入技术接受模型中，并设置性别作为调节变量，分析兼容性与信任倾向对京津地区的在校大学生网络购物行为的影响。实证结果表明，兼容性主要影响了消费者感知易用性的评价，而信任倾向则同时影响易用性和消费者对风险的感知。男性的易用性对有用性的促进作用明显强于女性。

第四章　零售企业渠道行为的影响因素与评价体系

第一节　零售企业渠道整合的影响因素

随着互联网技术的不断发展和知识经济时代的到来，供应链的协同发展已经成为许多企业创新管理的一条新路径。在多渠道零售革命的爆发下，营销渠道的整合策略作为供应链管理中的重要一环，更是已经成为零售发展的新趋势，影响着企业的核心竞争力。例如智能商店 Amazon Go 打通线上线下的订单、库存、支付系统，并提供智能配送服务；优衣库提供线上下单，线下门店自提的服务；肯德基、星巴克等餐饮行业也开始利用手机 App 下单，开展外卖、店内取单等。在渠道零售中，消费者不会偏好于某一渠道，而是根据自身需求在实体店、手机终端、网点等渠道自由切换。因此，零售企业渠道整合的情况不仅能反映出企业应对市场变化的适应能力，甚至能影响企业未来的发展战略。随着行业环境的不断变化，研究渠道整合情况的影响因素也对企业的实际意义愈发重要。

本章主要从动态能力的方向出发，对渠道整合和动态能力的概念进行分析，并对相关文献进行梳理，进而提出影响渠道整合的因素。通过因子分析法和解释结构模型对渠道整合的影响因素进行结构分析，最后提出当前零售企业渠道背景下的研究方向。

一、基于文献的影响因素整理

已有的研究已经证实了资源差异对企业造成的直接影响（Dowell and Killaly，2009），良好的渠道整合水平来自独特的资源和能力。零售企业在渠道整合中其实并不是处于一个静态的环境中，所以必须用动态的观点来看待市场环境、竞争态势、可能出现的威胁与机遇等，单独讨论渠道整合的某一个环节都无法代表整个渠道整合的水平。相比于传统的资源基础理论，动态能力理论能够更好地解释企业在有竞争优势的情况下，在动态的环境中仍会衰落的原因，因此理清影响渠道整合的因素对进一步研究整合策略等都有着至关重要的作用。

本章首先考虑企业资源、能力、动态能力之间的关系。资源是渠道的基础，也是能力的基础。根据殷红（2003）的观点可以得出，资源是实质性并可以编码的，可以在企业间相互转移，而能力是企业配置资源的才能，动态能力是随时间变化的企业独特的配置能力。因此，从资源能力考虑，比如企业规模、财务优势等，当这些资源较稀缺的时候，就是零售企业竞争优势的源泉。当资源充足到可以达到可以匹配的期望目标时，就需要企业的一些核心能力来形成竞争优势，比如罗永泰和吴树桐（2009）提出的在资源整合中所需要的关键要素：创新能力、学习能力等，这些都是在阶段性渠道整合中所必备的能力。当技术和市场环境快速变化的时候，企业为了做出调整就需要更高级的动态能力来适应市场，比如整合上下游的供应链、提出渠道风控策略等。综上，对应着整个市场和企业的递进发展关系，基于动态能力的视角，本章总结为以下 12 个影响渠道整合的因素（如表 4－1）。

表 4－1　渠道整合影响因素的整理

编号	影响因素	具体解释	文献来源
1	战略因素	零售商应对消费者的不同需求进行渠道整合策略变化	殷红（2003），鱼明（2008），Matsui（2012），白元龙（2018）
2	利用水平	零售商对单一渠道的利用水平影响渠道整合的程度	殷红（2003），齐永智等（2014），刘煜等（2015）
3	潜在竞争者	零售商面对新竞争者威胁时的应对能力	殷红（2003），林焜等（2010），齐永智等（2014），刘煜等（2016），白元龙（2018）

续表

编号	影响因素	具体解释	文献来源
4	信息共享	对于零售商而言，是线上线下的信息一致性；对于消费者而言，是用户信息的分享	Kim et al.（2010），Matsui（2012），Ponis（2012），曹班石（2013），Bell（2014），Gao et al.（2017），李珠华（2017），孙永波等（2017）
5	学习能力	零售商必须获取新的知识资源来提高企业的整合渠道能力。学习分为两类：一是企业内部人员互相学习，二是企业外部的互相交流	殷红（2003），白元龙（2018），曹班石（2013），齐永智等（2014）
6	合作伙伴关系	零售商与其他企业之间的渠道关系处理能力	齐永智等（2014），刘煜等（2015），白元龙（2018）
7	市场感知	面对不同市场环境政策等消费者和零售商会做出不同的决策，都会影响到渠道整合的方式，零售商要根据需求协调预测渠道整合的方向	孙菲（2016），孙永波等（2017），Gao et al.（2017），白元龙（2018）
8	响应能力	消费者对待不同渠道时的反应直接影响渠道整合的程度，可以由消费额的贡献体现出	李珠华（2017），孙永波等（2017），白元龙（2018）
9	发展潜力	渠道自身的发展潜力使得零售企业要规划长期计划来避免整合后的蚕食效应	齐永智等（2014），刘煜等（2015），白元龙（2018）
10	职能分配	零售企业开展基本职能活动时所需的能力影响着渠道整合的架构分配	殷红（2003），范小军等（2006），鱼明（2008），Kim et al.（2010）
11	研发能力	零售企业动态提升各项业务活动时需要的能力	殷红（2003），李珠华（2017）
12	企业规模	零售企业的规模是渠道整合的基础，规模越大，渠道整合的战略越可行	McDade（2002），殷红（2004），范小军等（2006），鱼明（2008）

二、实证分析

（一）数据来源及说明

在渠道整合影响因素分类归纳中，本章将福建省排名前50的零售企业主管作为调查对象，地区主要分布在厦门、福州、泉州、漳州等城市。采用问卷调查法，调查统计上文统计的12个影响因素的重要程度，其中重要的程度用1～5（其中企业规模用零售企业的门店数目来表示）来划分。数值越大表示相应的重要程度越高，反之则越低。

问卷发放时间为2019年1月1日至2019年5月1日，共计120天。本次研究选择永辉超市、新华都、福建苏宁易购等零售企业，采取电话联系和电邮的方式共发放问卷300份，回收204份，其中有效问卷198份，有效问卷回收率为66%。

在对渠道整合影响因素内部关系研究中，本章采用多属性决策方法，采访了四位经验丰富的零售企业主管，分别来自永辉超市、大润发、福建苏宁易购、沃尔玛，邀请他们对观测指标的相互关系进行评估。

（二）渠道整合影响因素的分类

根据调查问卷的结果进行数据统计，利用因子分析方法对12个影响因素进行分析，采用的主要方法是主成分分析法，初始特征值大于1为原则，可以发现一些影响因素之间的关联性较强，总方差累计达到76.139%，说明主成分分析效果较好。

表4－2　总方差解释

成分	初始特征值			提取载荷平方和			旋转载荷平方和		
	总计	方差百分比	累积%	总计	方差百分比	累积%	总计	方差百分比	累积%
1	3.239	26.994	26.994	3.239	26.994	26.994	2.445	20.373	20.373
2	2.294	19.118	46.112	2.294	19.118	46.112	2.437	20.311	40.684
3	2.066	17.219	63.331	2.066	17.219	63.331	2.380	19.835	60.519

续表

成分	初始特征值			提取载荷平方和			旋转载荷平方和		
	总计	方差百分比	累积 %	总计	方差百分比	累积 %	总计	方差百分比	累积 %
4	1. 537	12. 807	76. 139	1. 537	12. 807	76. 139	1. 874	15. 620	76. 139
5	0. 920	7. 669	83. 807						
6	0. 545	4. 540	88. 348						
7	0. 470	3. 918	92. 266						
8	0. 408	3. 397	95. 663						
9	0. 239	1. 991	97. 654						
10	0. 178	1. 483	99. 137						
11	0. 071	0. 589	99. 726						
12	0. 033	0. 274	100. 000						

根据表4－2可以得到4个主成分，采用最大方差法构成旋转后的因子得分矩阵，保留大于0. 5的数值，使其归为某一个主成分列中，按大小排序并隐藏小系数后，旋转后的成分矩阵如表4－3所示。

表4－3 旋转后的成分矩阵 a

	成分			
	1	2	3	4
市场感知	0. 865			
发展潜力	0. 848			
响应能力	0. 747			
学习能力		0. 925		
信息共享		0. 896		

续表

	成分			
	1	2	3	4
合作伙伴关系		0.674		
职能分配			0.809	
研发能力			0.770	
企业规模			0.883	
潜在竞争者				0.511
利用水平				0.560
战略因素				0.920

通过表4-3可以发现，12个影响因素可以根据其所在成分矩阵的不同进行分类，并最终归为四个主要成分中，因此我们可以将这12个因素归为4个主因子中，并进行命名。

F1类：市场感知、发展潜力、响应能力。

F2类：职能分配、研发能力、企业规模。

F3类：潜在竞争者、利用水平、战略因素。

F4类：学习能力、信息共享、合作伙伴关系。

（三）渠道整合影响因素的归纳

根据以上分析，可以对以上四类因素进行归纳命名：

F1类因素，本章称之为渠道的风控能力。这些因素有助于零售企业提高应对整合渠道时的蚕食效应，降低面对中间商、竞争对手以及市场环境的渠道风险，减少对财务以及管理绩效的影响。从营销渠道中我们也可以发现，渠道风险多种多样，产品从企业的供应商转移到消费者的过程中，不论是分销渠道还是供应渠道都存在着大量的内部和外部风险。

F2类因素，本章称之为渠道的内部资源。零售企业的资源能力是一个零售企业渠道整合的基础，这类因素主要描述了组成渠道整合需要的零售企业内部能力。

F3 类因素，本章称之为渠道的反应能力。这类因素有助于零售企业面对外部市场因素时及时对消费者的需求做出应对策略。

F4 类因素，本章称之为渠道的协作能力。渠道整合时，零售企业需要和消费者以及生产商进行信息交互、相互学习，从而达到资源及流程整合的目的。

（四）渠道整合影响因素的内部关系

1. 研究方法

为了进一步了解这些影响因素与渠道整合本身的内部联系，本章尝试用解释结构模型（ISM）来构建这些因素间的关系结构图。根据白元龙（2018）对于中智正态模糊数以及幂算子的定义和运算，可以得出基于中智正态模糊的解释结构模型分析，其基本数学方程如下：

设 X 为给定论域，$(\alpha,\sigma)\in N$，则称 $A=<(\alpha,\sigma),\mu_A,\upsilon_A,\gamma_A>$ 为中智正态模糊数。其中，隶属函数 $\mu_A(x)$、不确定函数 $\upsilon_A(x)$ 和非隶属函数 $\gamma_A(x)$ 分别为：

$$\mu_A(x)=\mu_A e^{-\left(\frac{x-\alpha}{\sigma}\right)^2},x\in X$$

$$\upsilon_A(x)=1-(1-\upsilon_A)e^{-\left(\frac{x-\alpha}{\sigma}\right)^2},x\in X$$

$$\gamma_A(x)=1-(1-\gamma_A)e^{-\left(\frac{x-\alpha}{\sigma}\right)^2},x\in X \tag{4-1}$$

可以发现，相比于直觉模糊数，中智模糊数中多了一个不确定函数作为中间变量，相当于在发表观点时，直觉模糊只能表示支持或反对，而不能表示中立的态度，中智模糊则补充了这一部分信息，因此能够更加严谨地表达模糊信息。

2. 决策步骤

步骤 1：处理数据。

首先要对数据进行标准化处理。为了消除不同数据类型对最终决策结果的影响，需要对原决策矩阵 RK 进行规范化处理，记为 $R^{(k)}=(r_{ij}^{(k)})_{m\times n}$。公式如下所示：

$$\gamma_{ij}^k=<\alpha_{ij}^k=\frac{\alpha_{ij}^k}{\max_i(\alpha_{ij}^k)},\sigma_{ij}^k=\frac{\sigma_{ij}^k}{\max_i(\sigma_{ij}^k)}\times\frac{\sigma_{ij}^k}{\alpha_{ij}^k},\mu_{ij}^k=\mu_{ij}^k,\upsilon_{ij}^k=\upsilon_{ij}^k,\gamma_{ij}^k=\gamma_{ij}^k> \tag{4-2}$$

步骤 2：计算模糊数的距离 $d(r_{ij}^{k},r_{ij}^{h})$ 。

其中，距离公式为：

$$d(A,B)=\frac{1}{4}\sqrt{((2+\mu_A-v_A-\gamma_A)a-(2+\mu_B-v_B-\gamma_B)b)^2+}$$

$$\sqrt{\frac{1}{2}((2+\mu_A-v_A-\gamma_A)\sigma_A-(2+\mu_B-v_B-\gamma_B)\sigma_B)^2} \qquad (4-3)$$

步骤 3：计算支撑度 Sup (r_{ij}^{h},r_{ij}^{k}) 。

$$\text{Sup}(r_{ij}^{k},r_{ij}^{h})=1-d(r_{ij}^{k},r_{ij}^{h});k,h=1,2,\cdots,m,j=1,2,\cdots,n \qquad (4-4)$$

其中，$Sup(r_{ij}^{k},r_{ij}^{h})$ 满足条件：

Sup $(r_{ij}^{k},r_{ij}^{h})\in[0,1]$；$Sup(r_{ij}^{k},r_{ij}^{h})=Sup(r_{ij}^{h},r_{ij}^{k})$ ；

如果 $d(r_{ij}^{k},r_{ij}^{h})<d(r_{ij}^{h},r_{ij}^{k})$ ，则 $Sup(r_{ij}^{k},r_{ij}^{h})\geqslant Sup(r_{ij}^{h},r_{ij}^{k})$ ，$d(r_{ij}^{k},r_{ij}^{h})$ 为模糊数 r_{ij}^{k} 和 r_{ij}^{h} 之间的距离。

步骤 4：计算 $T(r_{ij}^{k})$ 。

$$T(r_{ij}^{k})=\sum_{\substack{h=1\\h\neq k}}^{t}Sup(r_{ij}^{k},r_{ij}^{h});k=1,2\cdots,t,i=1,2,\cdots,m,j=1,2,\cdots,n \qquad (4-5)$$

步骤 5：集结决策者的综合评价信息。利用幂算子集结所有决策者 D_K 给出的决策矩阵。

$$PA(A_1,A_2,\cdots A_n)=<(\sum_{i=1}^{n}\zeta_i\alpha_i,\sum_{i=1}^{n}\zeta_i\sigma_i),1-\prod_{i=1}^{n}(1-\mu_i)^{\zeta_i},\prod_{i=1}^{n}(v_i)^{\zeta_i},\prod_{i=1}^{n}(\gamma_i)^{\zeta_i}> \qquad (4-6)$$

其中，$\zeta_i=\dfrac{1+T(A_i)}{\sum_{i=1}^{n}(1+T(A_i))}$ (4-7)

步骤 6：计算函数的期望值。利用均值计算得分函数。

$$E(A)=\alpha\times\left(\frac{\mu_A+2-v_A-\gamma_A}{3}\right) \qquad (4-8)$$

其中，$E(A)$ 为 A 的期望值。

步骤 7：根据相关性建立邻接矩阵和可达矩阵。

步骤 8：构建解释结构模型，绘制层级结构图。

3. 数据分析

根据模糊数学的公式并根据因子分析的结果，可以对渠道的风控能力（F1）、内部资源（F2）、反应能力（F3）、协作能力（F4）以及渠道整合本身（F5）进行进一步的内部关系结构分析。按照四位企业主管给出的评估值进行数据处理，可以得出函数值的结果（如表4－4所示）。

表4－4 函数值

	风控能力F1	内部资源F2	反应能力F3	协作能力F4	渠道整合F5
风控能力F1	0.515	0.452	0.532	0.664	0.543
内部资源F2	0.532	0.526	0.452	0.516	0.487
反应能力F3	0.455	0.475	0.502	0.615	0.518
协作能力F4	0.603	0.343	0.443	0.425	0.484
渠道整合F5	0.454	0.434	0.526	0.354	0.538

规定均值E（A）>0.5取1，0≤E（A）≤0.5取0。可以列出邻接矩阵，如表4－5所示。

表4－5 邻接矩阵

影响因素	FI	渠道风控能力	渠道的内部资源	渠道反应能力	渠道协作能力	渠道整合
		F1	F2	F3	F4	F5
风控能力	F1	1	0	1	1	1
内部资源	F2	1	1	0	1	0
反应能力	F3	0	0	1	1	1
协作能力	F4	1	0	0	0	0
渠道整合	F5	0	0	1	0	1

在建立渠道整合系统邻接矩阵A的基础上，可以得到矩阵$A+I$，其中I为单位矩阵。对矩阵$A+I$进行幂运算，通过计算得到渠道整合系统的可达矩阵M。

$$A + I = \begin{bmatrix} 1 & 0 & 1 & 1 & 1 \\ 1 & 1 & 0 & 1 & 0 \\ 0 & 0 & 1 & 1 & 1 \\ 1 & 0 & 0 & 1 & 0 \\ 0 & 0 & 0 & 0 & 1 \end{bmatrix} \quad (A + I)^2 = \begin{bmatrix} 1 & 0 & 1 & 1 & 1 \\ 1 & 1 & 1 & 1 & 1 \\ 1 & 0 & 1 & 1 & 1 \\ 1 & 0 & 1 & 1 & 1 \\ 0 & 0 & 0 & 0 & 1 \end{bmatrix}$$

$$(A + I)^3 = \begin{bmatrix} 1 & 0 & 1 & 1 & 1 \\ 1 & 1 & 1 & 1 & 1 \\ 1 & 0 & 1 & 1 & 1 \\ 1 & 0 & 1 & 1 & 1 \\ 0 & 0 & 0 & 0 & 1 \end{bmatrix}$$

可以发现 $(A+I)^2 = (A+I)^3$ 。所以，渠道整合系统的可达矩阵为：

$$M = \begin{bmatrix} 1 & 0 & 1 & 1 & 1 \\ 1 & 1 & 1 & 1 & 1 \\ 1 & 0 & 1 & 1 & 1 \\ 1 & 0 & 1 & 1 & 1 \\ 0 & 0 & 0 & 0 & 1 \end{bmatrix}$$

根据上述结果，可以求出渠道整合系统各影响因素的可达矩阵集合 $P(S_i)$ 、先行集合 $Q(S_i)$ ，以及共同集合 $P(S_i) \cap Q(S_i)$ ，然后对可达矩阵求解，得到所有因素的等级划分表。

表 4－6　渠道整合系统影响关系

影响因素	Fi	$P(S_i)$	$Q(S_i)$	$P(S_i) \cap Q(S_i)$
渠道风控能力	F1	F1、F3、F4、F5	F1、F2、F3、F4	F1、F3、F4
渠道内部资源	F2	F1、F2、F3、F4、F5	F2	F2
渠道反应能力	F3	F1、F3、F4、F5	F1、F2、F3、F4	F1、F3、F4
渠道协作能力	F4	F1、F3、F4、F5	F1、F2、F3、F4	F1、F3、F4
渠道整合	F5	F5	F1、F2、F3、F4、F5	F5

根据表4－6，层级划分的结果认为渠道整合的影响因素的第一等级为F5；第二等级为F1、F3、F4；第三等级为F2。根据层级划分重新排列，可以得到解释结构模型的递阶层次结构，如图4－1所示。

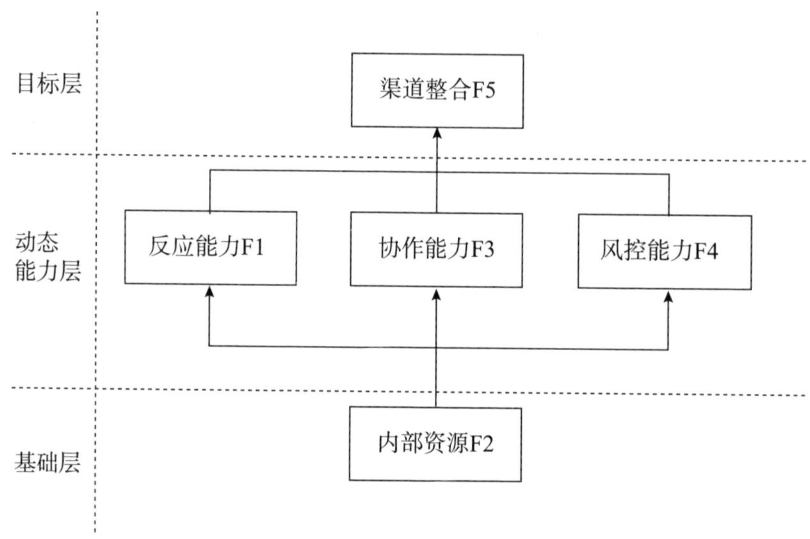

图4－1　系统层级结构图

从结构图中可以看出，这个多级层次结构图中除了渠道整合本身以外，还有其他两层因素，分别是动态能力层和基础层。其中，渠道的内部资源为基础层，渠道整合的反应能力、协作能力、风控能力为动态能力层，渠道整合为目标层。

在这一模型中，渠道的反应能力是企业面对行业潜在竞争者、消费者偏好等做出的战略调整能力，及时对营销渠道策略进行调整才能进一步推动企业绩效等；渠道的协作能力是企业各个环节的协同能力，也是供应链上各个企业的合作能力，维护保持各个环节和渠道的一致性，才能保证渠道整合的顺利进行；渠道的风控能力一般分两种情况，一是产品从供应商到消费者的渠道转移中的风险控制，二是渠道整合中由于市场变化、经销商等因素造成的风险控制，零售企业需要加强对运输过程的整合措施和对市场的把控等。因此，在企业的内部资源支持下，三种动态能力共同协作可以进一步推动渠道整合，以提高企业的核心竞争力。

本章整理了渠道整合的 12 个影响因素，通过因子分析将其归纳为 4 个主因子，并用解释结构模型探讨了影响因素的内部结构关系。研究表明，零售企业的资源能力，如企业的规模、股权划分、财务分配、研发能力等都是企业的重要基础，想要在动态的环境中培养特定的动态能力来对渠道进行整合，就需要企业的资源能力作为支撑。渠道的反应能力、协作能力、风控能力在资源基础的支持下，可以应对消费者的决策变化或是环境不确定性等各种情况，从而使企业及时地调整渠道整合策略。因此，在渠道内部能力作为基础的前提下，渠道的动态能力越强的企业，其渠道的整合能力也越强。

相较于国外的大量文献，基于不同的研究角度，渠道整合的影响因素自然也有所不同。本章并未对其他方面的因素做出进一步的分析，仅从动态能力理论这一个方面进行了探索。此外，本章样本容量相对偏小，有一定的局限性。因此在后续研究中，一是要结合具有代表性的企业情况进行分析，二是可以根据地区间经济发展的不平衡现状，分析不同地区间的渠道整合情况，进一步研究其影响机制。

第二节　零售企业渠道整合评价体系构建

随着互联网与电子商务的迅速发展，实体零售企业为增强竞争力纷纷开通线上渠道，而电商零售企业也尝试开拓线下渠道来获得更广阔的市场（沈鹏熠和范秀成，2016）。在发展为多渠道后，零售企业将产品、服务通过两条及以上的渠道转移给顾客，各渠道独立经营业务、面向不同客群（Beck and David，2015）。渠道广度增加往往会带来大量的机会与收益（Pentina and Hasty，2009；Webb and Lambe，2007），但也会带来极大的复杂性，如日常管理难度加大、渠道间冲突加剧等问题（Verhoef，2012）。为合理利用多个渠道、避免冲突、实现协同效应，关于渠道整合的研究兴起，跨渠道零售、全渠道零售概念相继被提出。跨渠道零售是企业用多条拼接的渠道提供商品、服务，各渠道只承担部分功能，强调渠道协同和部分整合（张沛然等，2017；Avery et al. ，2013）。全渠道零售是跨渠道的升级，以顾客为中心，协调所有渠道的流程和技术进行全面整合，为顾客提供无缝、一致和更可靠的服务，通过各渠道与顾客实时交流，满足客群需求，促进不同渠道间互相引流（Rigby，2011；Verhoef et al.，2015）。

当前零售企业渠道整合的主要目标是指引零售企业向全渠道零售发展，使铺设的所有渠道紧密协作，达到整体效益最大化，为企业发展提供持续竞争力。零售企业的生存发展与渠道整合的好坏息息相关，良好有效的渠道整合能使各渠道有效协调、避免冲突，进而使整体效益最大化，推动企业发展（Yan，2008）。银泰百货从 2013 年开始与阿里巴巴合作，推动渠道整合。双方陆续推出多款 App 以开拓线上渠道，同时也推出了线上线下渠道组合。2017 年，阿里巴巴收购银泰百货后，对其渠道开展了进一步整合，通过强大的技术能力将银泰百货各渠道的客户、商品、交易等信息数字化，并对这些数字信息深入挖掘、运用，基本实现了以顾客为中心的全渠道零售。良好的渠道整合也使银泰百货的年销售额从 2014 年的 183.2 亿元提升至 2019 年的 342.7 亿元。反之，不合理的渠道整合则可能造成企业的衰退。梅西百货（Macy's）从 2011 年起大量投入资源构建线上渠道，但电商业务发展缓慢（其网店于 2018 年因经营不善退出大陆市场）；而线下业务由于资源投入减少和线上分流，销售额持续下滑，连续多年关店裁员，其市值从 2015 年至今蒸发了 190 多亿美元。

2020 年，新冠肺炎疫情在全球爆发后，国内和国际的经济活动都受到了极大影响。疫情冲击下的市场环境不确定性激增，使零售企业渠道管理的难度加大，对渠道整合提出了更高的要求。我国政府为应对动荡的国际市场环境，提出以国内大循环为主、国际国内互促的双循环发展新格局。经济内循环的开展需要加强自产自销，维持国内正常生产生活之需。除了稳步提升城镇市场外，加速开拓农村市场被认为是实现经济内循环的关键。2020 年中央一号文件就提出，应扩大电子商务在农村地区的覆盖面，加强村级电商服务站点建设，促进乡村农产品和城市工业品的双向流通。与消费者紧密联系的零售业在其中发挥着重要作用，为响应国家号召，同时也为了应对疫情对线下渠道的影响，诸多零售企业积极开拓电子商务渠道，整合线上线下渠道，担起经济内循环中农村与城市两个市场间的纽带。

综上所述，在我国零售企业渠道日益多元的当下，零售企业应积极有效地开展渠道整合。这既有利于零售企业整体效益的提升，也可以促进经济内循环的稳步推进。因此，构建渠道整合评价体系指导零售企业正确高效地开展渠道整合活动是十分必要的。

一、渠道整合影响因素指标选取

如第三章所述，本章基于对国内外动态能力理论的总结，以感知能力、学习能力、整合能力、协同能力、创新能力作为理论模型（图3-1）。感知能力是观察环境、评估市场的能力（Teece et al.，1997），能够发现、理解、追寻市场中的机会，对潜在威胁及时感知（Barreto，2010）。学习能力是学习新知识技能来改进现有经营的能力（Teece，2007）。企业经常性地思考内部的经营管理优化，及时发现弥补企业当前的缺陷（Zollo and Winter，2002）。整合能力是整合内外管理、技术资源（Teece et al.，1997），将新知识同集体意义构建（Collective Sense-making）一起嵌入经营能力中，优化运作流程（Pavlou and Sawy，2011）。协同能力能够有效地协调任务、资源和同步活动，有助于企业新经营能力的实行（Helfat & Peteraf，2003）。创新能力是指企业通过将战略创新方向与创新行为和流程相结合，开发新产品和市场的能力（Wang and Ahmed，2004）。

同时，结合前文对相关文献进行梳理所提出的零售企业渠道整合的影响因素，以及通过因子分析法和解释结构模型的结构分析，可以得出，渠道的内部资源、动态能力和渠道整合呈层级递进的结构关系。

（一）感知能力（C1）次级指标

了解国家政策（S1）：零售业是我国经济增长的重要驱动力。近年来，零售业发展尤为迅速，各零售渠道呈现出许多新的进步、趋势和乱象。我国政府加强了对零售渠道的监管与扶持，并及时出台新政策进行规范和引导。企业应当及时感知国家政策，在渠道整合时把握政府的政策，高质快速地开展整合活动。

感知顾客（S2）：渠道整合的进行离不开对顾客的感知。零售商感知顾客的全渠道服务需求程度所产生的强制压力能够促进企业渠道整合的开展（石志红，2018）。零售商通过顾客特性细分市场，以各渠道良好的体验提升顾客信任（齐永智和张梦霞，2014），最终使整合后的各渠道更贴近顾客，实现以顾客为中心的零售。

感知竞争者策略（S3）：由于零售业的竞争愈发激烈，为在竞争中获得机会，企业需要通过对竞争者渠道策略的感知来制定合适的渠道策略（张广玲等，2017）。

（二）学习能力（C2）次级指标

内部自我优化（S4）：当各渠道广泛接受和支持渠道整合时，就会产生规范压力，使企业进行内部自我优化，以提升渠道整合的程度（张广玲等，2017）。渠道整合是各渠道从各自为战到高度协同的过程，需要反复磨合。在整合过程中会出现许多问题，企业应在学习机制的作用下经常性地思考出现的问题以及优化方向。

学习竞争者优势（S5）：企业开展渠道整合往往面临着不确定的风险。企业感知主要竞争者因渠道整合获得优势后，会产生模仿压力，促使企业学习竞争者优势和成功经验，以降低渠道整合的风险和试错成本（张广玲等，2017）。

学习新技术（S6）：新技术是提高零售企业渠道整合水平的有力支持（石志红，2018）。例如：物联网技术提供信息源、优化仓储；大数据技术获取、储存、管理和分析海量数据；人工智能技术加快工作质量和效率。企业技术水平的提高还有利于满足渠道成员的内部期望，以及强化渠道整合时对竞争对手的学习。

（三）整合能力（C3）次级指标

配送系统整合重构（S7）：实体渠道与电商渠道的配送需求差别较大，因此在渠道整合时，配送系统需要整合重构。物流配送的组织、运作方式既要维持大批量的配送能力，满足实体渠道，也要往多批次、小批量、多品种的精益化、敏捷化方向发展，以满足电商渠道（宋艳，2018）。

逆向物流的整合（S8）：当前实体渠道多要求到店退换货，部分顾客觉得不便，而电商渠道往往通过邮寄退换货，较长的邮寄时间延长了购物周期。对各渠道的退货物流进行整合，可以让有不同需求的顾客自由选择合适的退货方式（Bernon et al.，2016）。

信息系统整合优化（S9）：信息系统整合优化有助于有效的信息传递与管理，提供一致的企业形象，实现产品信息一致、用户信息共享、库存信息整合等，在各渠道为顾客提供一致高效的服务（Lee and Kim，2010；庄贵军等，2019）。企业可通过构建统一的信息系统促进全面的信息协同，利于确保各渠道信息、数据资源等的及时传递；搜集整理所有产品、顾客、库存等数据，以此为基础搭建大数据平台，进而对数据进行计算和分析，将有价值的信息从数据中提取出来。

（四）创新能力（C4）次级指标

研发自有品牌产品（S10）：自有品牌产品是企业通过感知与分析消费者需求生产的，是顾客与零售企业的共创产品，有高质量、低价格、更新速度快、灵活性高等优点，能够增强企业对顾客个性化需求的响应速度（沈鹏熠等，2019）。自有品牌产品的供应能够推动企业渠道整合，使企业较自由地调整各渠道相同产品的价格，通过不断生产新的自有品牌产品避免渠道商品同质化，使企业对渠道有更强的掌控力（Cao and Li，2018）。

创新的宣传推广（S11）：顾客不会考虑渠道的形式，而是注重以方便、愉快、有价值的方式满足当前的需求或愿望（Cook，2014）。因此，企业需要运用创新的宣传推广能力，将渠道整合后所能提供的优质服务展现给顾客，提高企业和渠道的知名度，吸引顾客。通过有创意的不同渠道间的相互宣传、营销活动，引导顾客到店或是进入电商渠道，促进各渠道的互相引流。

新渠道的开拓（S12）：2010 年后，互联网高度发达，电子商务发展迅速，创新的销售渠道不断产生，其中不乏能为零售企业扩大影响、增加销量、提升收益的渠道。如 2018 年新兴的直播销售渠道，零售企业通过直播平台，使用直播技术，由互联网营销师向消费者近距离地展示商品，提供导购服务，吸引顾客点击直播间的链接购买该商品。直播销售渠道往往能够提高品牌露出率，并且在极短的时间内销售出大量商品，因而受到零售企业与消费者的广泛关注。企业在渠道整合时，不应只关注已有渠道的整合，还应注重积极开拓新渠道，并将之与现有的渠道进行整合。

（五）协同能力（C5）次级指标

部门间协同（S13）：部门间协同是企业各级各部门紧密合作，依据订立的渠道战略行事，有利于及时处理渠道问题，有效率地将新技术融入，提升渠道整合效率（Von Briel，2018）。通过订立合理的规章使各部门分工明确，减少相互掣肘；加强部门间的联系沟通，使信息高效传递；加强部门间的配合意识，提升联合处理业务的能力。

渠道间协同（S14）：渠道间协同要求各渠道明确定位，有互补性、互动性地开展各自的业务，实现渠道互惠（宋艳，2018）。这有利于顾客降低渠道认知成本，提升对零售企业的归属感和决策信心（蒋侃等，2016）。

二、评价体系构建及实证方法

FAHP 法能够科学合理地分配评价体系中各因素的权重，而 TOPSIS 法能避免数据的主观性，对研究对象精确地进行排序。本章运用 FAHP – TOPSIS 法构建评价体系，对零售企业的渠道整合情况进行实证。先通过 FAHP 法确定决策者对各级指标的权重，再用 TOPSIS 法对零售企业的渠道整合水平进行排序。

（一）模糊层次分析法（FAHP）

模糊层次分析法（FAHP）在层次分析法（AHP）中引入了模糊集合理论（fuzzy set theory），模糊集合理论有助于测量与主观判断相关的概念的模糊性，提高决策的可靠性（Wang et al.，2009）。

设 $X=\{x_1, x_2\cdots, x_n\}$ 为对象集，$U=\{u_1, u_2, \cdots, u_m\}$ 为目标集。根据 Chang（1996）提出的区段分析模型方法，在选取每个对象后对每个目标 g_i 进行区段分析。据此得到每个对象 m 个范围的分析值为 $M_{g_i}^1 M_{g_i}^2$（$i=1, 2, \cdots, n$），其中所有 $M_{g_i}^j$（$j=1, 2, \cdots, n$）均为三角模糊数（TFN）。三角模糊数及其语义变量如表 4 – 7 所示。

表 4－7　三角模糊数及其语义变量

重要程度	FAHP 标度	
	三角模糊数	反三角模糊数
同等重要	(1，1，2)	(1/2，1，1)
略重要	(2，3，4)	(1/4，1/3，1/2)
重要	(4，5，6)	(1/6，1/5，1/4)
很重要	(6，7，8)	(1/8，1/7，1/6)
极重要	(8，9，9)	(1/8，1/9，1/9)

注：(1，2，3)，(3，4，5)，(5，6，7)，(7，8，9) 依次为三角模糊数两个相邻重要程度的中间值；而 (1/3，1/2，1)，(1/5，1/4，1/3)，(1/7，1/6，1/5)，(1/9，1/8，1/7) 分别为反三角模糊数两个相邻重要程度的中间值。

步骤一：定义相对于第 i 个对象的模糊综合程度值为：

$$S_i = \sum_{j=1}^{m} M_{g_i}^{j}\left[\sum_{i=1}^{n}\sum_{j=1}^{m} M_{g_i}^{j}\right]^{-1} \qquad (4-9)$$

为了得到 $\sum_{j=1}^{m} M_{g_i}^{j}$，对一个特定矩阵进行 m 度分析值的模糊加法运算：

$$\sum_{j=1}^{m} M_{g_i}^{j} = \left(\sum_{j=1}^{m} l_j, \sum_{j=1}^{m} m_j, \sum_{j=1}^{m} u_j\right) \qquad (4-10)$$

同时，为了得到 $\left[\sum_{i=1}^{n}\sum_{j=1}^{m} M_{g_i}^{j}\right]^{-1}$，对 $M_{g_i}^{j}$，$j=1$，2，…，m 的值进行模糊加法运算：

$$\sum_{i=1}^{n}\sum_{j=1}^{m} M_{g_i}^{j} = \left(\sum_{i=1}^{n} l_i, \sum_{i=1}^{n} m_i, \sum_{i=1}^{n}\right) \qquad (4-11)$$

计算公式（4－11）中向量的逆：

$$\left[\sum_{i=1}^{n}\sum_{j=1}^{m} M_{g_i}^{j}\right]^{-1} = \left(\frac{1}{\sum_{i=1}^{n} u_i}, \frac{1}{\sum_{i=1}^{n} m_i}, \frac{1}{\sum_{i=1}^{n} l_i}\right) \qquad (4-12)$$

步骤二：$M_2 \geqslant M_1$ 的可能性程度被定义为：

$$V(M_2 \geqslant M_1) = \sup_{y \geqslant x}\left[\min(\mu_{M_1(x)}, \mu_{M_2(y)})\right] = hgt(M_1 \cap M_2) = \mu_{m_2(d)}$$

$$= \begin{cases} 1 & , \quad m_2 \geqslant m_1 \\ 0 & , \quad l_1 \geqslant u_2 \\ \dfrac{l_1 - u_2}{(m_2 - u_2) - (m_1 - l_1)}, & 其他 \end{cases}$$

$M_1 = (l_1, m_1, u_1), M_2 = (l_2, m_2, u_2), d$ （4－13）

其中 $M_1 = (l_1, m_1, u_1)$，$M_2 = (l_2, m_2, u_2)$，d 为在 μ_{M_1} 和 μ_M 间最高交点 D 的纵坐标（如图4－2）。为了比较 M_1 和 M_2，$V(M_2 \geqslant M_1)$ 和 $V(M_1 \geqslant M_2)$ 都是被需要的。

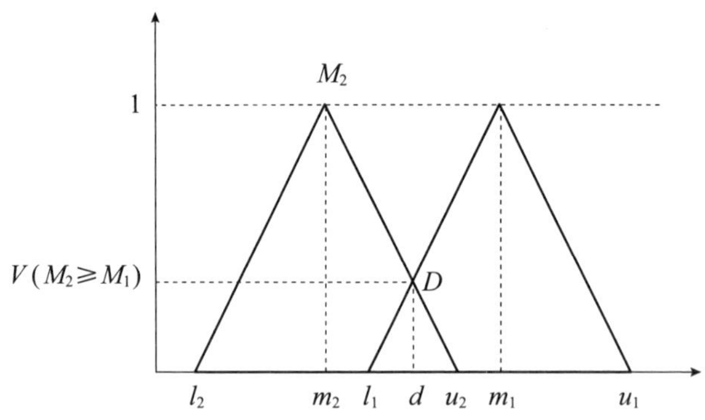

图4－2　M_1 和 M_2 的交点

步骤三：模糊数 M_i，$(i=1, 2, \cdots, k)$ 大于 K 的可信程度可被定义为

$V(M \geqslant M_1, M_2, \cdots, M_k) = \min V(M \geqslant M_i)$ （4－14）

假设 $d'(A_i) = \min V(S_i \geqslant S_k)$ （4－15）

其中，$k=1, 2, \cdots, m, k \neq i$。

则权向量为：

$W' = (d'(A_1), d'(A_2), \cdots, d'(A_n))^T$ （4－16）

其中，A_j，$(i=1, 2, \cdots, n)$ 为 n 个元素。

步骤四：通过标准化：

$$d(A_i) = \frac{d'(A_i)}{\sum_{i=1}^{n} d'(A_i)} \qquad (4-17)$$

得到新序列 $d(A_1)\ d(A_2),\ \cdots,\ d(A_n)\ \in [0,\ 1]$ 且无量纲，且有 $\sum_{i=1}^{n} d(A_i)=1$。

标准化后的权向量为：

$$W=(d(A_1),\ d(A_2),\ \cdots,\ d(A_n))^T \tag{4-18}$$

其中，W 不是模糊数。

（二）优劣解距离法（TOPSIS）

TOPSIS 法是由 Hwang & Yoon（1981）首先提出的一种能有效处理实际问题的 MAMD 方法。该方法通过对评价对象与正理想解（PIS）、负理想解（NIS）的距离排序，在最接近 PIS 和最远离 NIS 时找到最优选择。

步骤一：构造标准化的决策矩阵：

$$r_{ij}=x_{ij}/(\sum x_{ij}^2)^{1/2} \tag{4-19}$$

其中，$i=1,\ 2,\ \cdots,\ n$；$j=1,\ 2,\ \cdots,\ J$。

步骤二：构造加权标准化决策矩阵：

$$v_{ij}=w_j\times r_{ij} \tag{4-20}$$

其中，$i=1,\ 2,\ \cdots,\ n$；$j=1,\ 2,\ \cdots,\ J$。

步骤三：确定正理想解（PIS）和负理想解（NIS）：

$$A^*=\{v_1^*,\ v_2^*,\ \cdots,\ v_n^*\}\ \text{最大值} \tag{4-21}$$

$$A^-=\{v_1^-,\ v_2^-,\ \cdots,\ v_n^-\}\ \text{最小值} \tag{4-22}$$

步骤四：计算每个备选方案 PIS 和 NIS 的距离：

$$d_i^*=\sqrt{\sum_{j=1}^{n}(v_{ij}-v_j^*)^2},j=1,2,\cdots,J \tag{4-23}$$

$$d_i^-=\sqrt{\sum_{j=1}^{n}(v_{ij}-v_j^-)^2},j=1,2,\cdots,J \tag{4-24}$$

步骤五：计算各方案的接近系数：

$$CC_i=\frac{d_i^-}{d_i^*+d_i^-},\ i=1,\ 2,\ \cdots,\ J \tag{4-25}$$

步骤六：通过比较 CC_i 值，确定备选方案的排序。

三、实证研究

零售业一直以来都是福建的重要产业，社会消费品零售总额在福建省 GDP 中常年占比 40% 左右（图 4－3），为经济发展提供了有力的支持。福建零售业发展良好，其社会消费品零售总额的全国排名常年居于 10 名上下，且近年来年涨幅均高于全国水平约 2% （图 4－4）。2020 年以来，在疫情的冲击下，全国各省市的社会消费品零售总额同比增速均出现了大幅下滑，直至 6 月，全国社会消费品零售总额分月同比增长速度仍为负数，但福建省已于 5 月起实现了同比正向增长（图 4－5）。福建省快速恢复正向增长的零售业（图 4－5）以及维持着平稳较快增长的城镇、乡村零售需求（图 4－4），能够有效地推动经济内循环的开展。福建零售业的良好发展与零售企业的表现是紧密相关的，零售企业在市场需求推动和政府指引下向新零售方向发展，运用大数据、AI 等技术，升级改造商品的生产、流通与销售过程，加快对渠道的整合，进而实现对业态结构和生态的重塑。本章以 5 家在福建经营的综合零售企业为例，对其渠道整合水平开展实证研究。综合零售企业分别为 YH、XHD、WEM、DRF 和 SN。

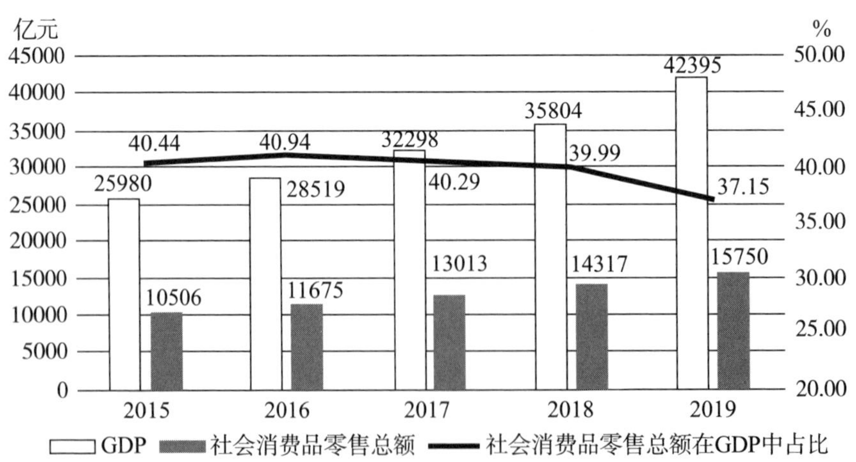

资料来源：福建省统计局

图 4－3　2015—2019 年福建省社会消费品零售总额在 GDP 中占比

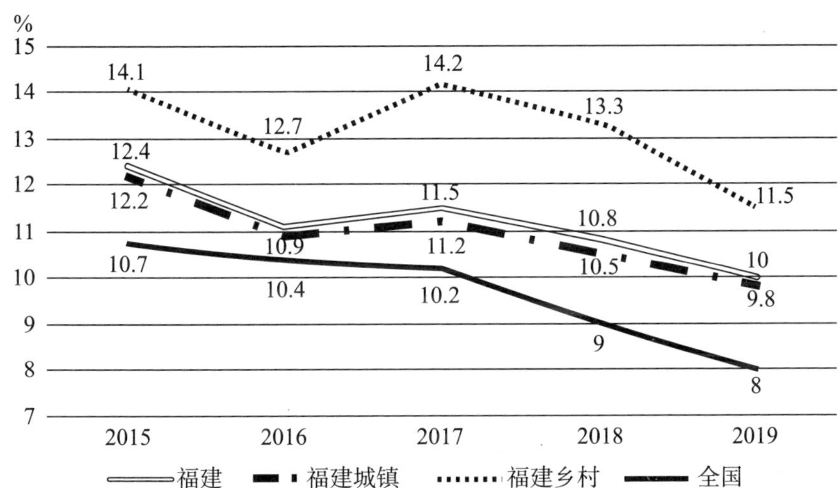

资料来源：国家统计局、福建省统计局

图 4－4　社会消费品零售总额分月同比增长速度

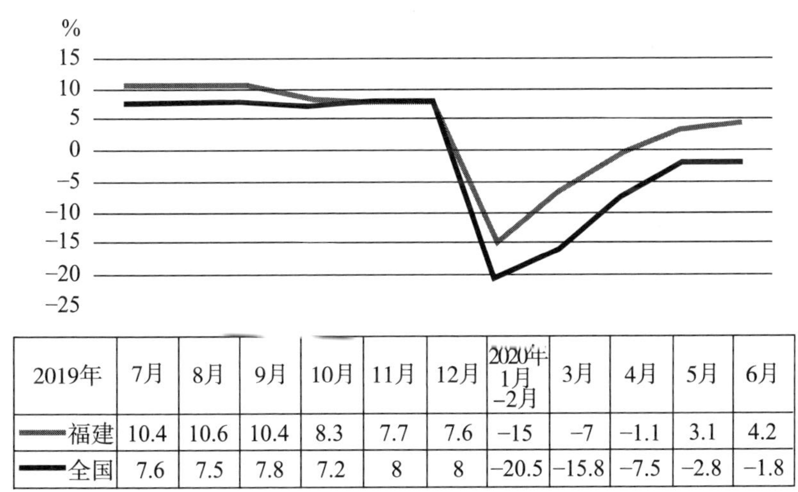

2019年	7月	8月	9月	10月	11月	12月	2020年1月−2月	3月	4月	5月	6月
福建	10.4	10.6	10.4	8.3	7.7	7.6	−15	−7	−1.1	3.1	4.2
全国	7.6	7.5	7.8	7.2	8	8	−20.5	−15.8	−7.5	−2.8	−1.8

资料来源：国家统计局、福建省统计局

图 4－5　2015—2019 年社会消费品零售总额增长比率

首先，构造层次结构模型（图4-6）。

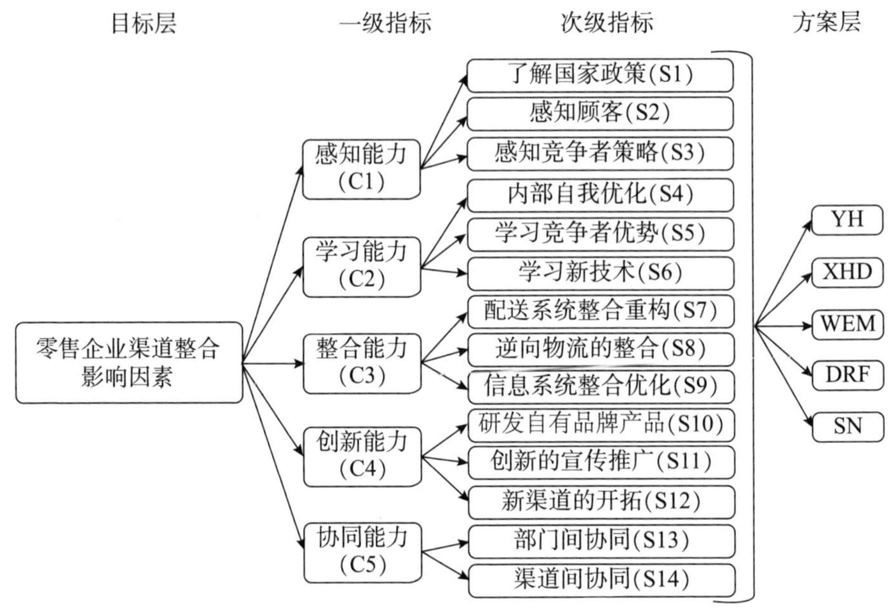

图4-6 渠道整合层次结构模型

本章邀请三位从事零售渠道研究的专家作为决策者。决策者对各级指标进行两两比较，并给出语言变量（如表4-7）。首先将决策者给出的语言变量依据表4-7转化为三角模糊数，并构建判断矩阵；再根据 Lin（2010）提出的 FAHP 一致性检验方法，对各判断矩阵进行检验，结果均小于0.1，各矩阵都通过了一致性检验；之后将各判断矩阵一一对应相加求平均值，得出综合三位决策者意见的判断矩阵，结果如表4-8至表4-13所示。

表4-8 一级指标的综合模糊判断矩阵及其权重

一级指标	C1	C2	C3	C4	C5	权重
C1	(1, 1, 1)	(0.833, 1.222, 1.667)	(0.778, 1.167, 2)	(0.333, 0.5, 1)	(1.067, 1.75, 2.444)	0.17397
C2	(1.417, 2.111, 2.833)	(1, 1, 1)	(0.844, 1.25, 1.778)	(1.111, 1.833, 2.667)	(1.667, 2.333, 2.667)	0.24378
C3	(0.611, 1.167, 1.667)	(1.417, 2.111, 2.833)	(1, 1, 1)	(1.222, 1.667, 2.333)	(1.333, 2.333, 3.333)	0.21653
C4	(1, 2, 3)	(0.528, 0.944, 1.5)	(0.733, 1.417, 2.111)	(1, 1, 1)	(1.75, 2.444, 3.165)	0.22879
C5	(1.194, 1.611, 2.167)	(0.344, 0.583, 0.778)	(0.306, 0.444, 0.833)	(0.817, 1.194, 1.611)	(1, 1, 1)	0.13693

表4－9　感知能力（C1）的综合模糊判断矩阵及其权重

C1	S1	S2	S3	权重
S1	（1，1，1）	（0.833，1.222，1.667）	（1.389，2.067，2.75）	0.32310
S2	（1.417，2.111，2.833）	（1，1，1）	（1.444，2.167，3）	0.40022
S3	（1.5，1.889，2.333）	（0.511，0.917，1.444）	（1，1，1）	0.27667

表4－10　学习能力（C2）的综合模糊判断矩阵及其权重

C2	S4	S5	S6	权重
S4	（1，1，1）	（0.528，0.944，1.5）	（1.756，2.103，2.456）	0.11740
S5	（1.111，1.833，2.667）	（1，1，1）	（1.5，1.9，2.417）	0.26416
S6	（3.714，4.389，5.067）	（1.722，2.4，3.083）	（1，1，1）	0.61843

表4－11　整合能力（C3）的综合模糊判断矩阵及其权重

C3	S7	S8	S9	权重
S7	（1，1，1）	（1.733，2.417，3.111）	（0.889，1.333，2）	0.35670
S8	（1.15，1.528，1.944）	（1，1，1）	（0.833，1.233，1.75）	0.27676
S9	（0.75，1.444，2.167）	（1.75，2.444，3.167）	（1，1，1）	0.36624

表4－12　创新能力（C4）的综合模糊判断矩阵及其权重

C4	S10	S11	S12	权重
S10	（1，1，1）	（0.75，1.444，2.167）	（0.528，0.611，1.167）	0.25455
S11	（0.889，1.333，2）	（1，1，1）	（1.178，1.583，2.111）	0.32735
S12	（1.167，2，2.667）	（1.4，2.083，2.778）	（1，1，1）	0.41810

表 4－13 协同能力（C5）的综合模糊判断矩阵及其权重

C5	S13	S14	权重
S13	（1，1，1）	（0.75，1.111，1.833）	0.45568
S14	（0.944，1.5，2）	（1，1，1）	0.54432

将所得结果归纳至表 4－14，并计算次级指标的最终权重。在最终权重中，学习新技术（S6）和新渠道的开拓（S12）两个指标的权重最高，分别为 15.08%和 9.57%。

表 4－14 渠道整合各层级指标的最终权重

一级指标	权重	次级指标	权重	次级指标的最终权重
C1	0.17397	S1	0.3231	0.0562
		S2	0.40022	0.0696
		S3	0.27667	0.0481
C2	0.24378	S4	0.1174	0.0286
		S5	0.26416	0.0644
		S6	0.61843	0.1508
C3	0.21653	S7	0.3567	0.0772
		S8	0.27676	0.0599
		S9	0.36624	0.0793
C4	0.22879	S10	0.25455	0.0582
		S11	0.32735	0.0749
		S12	0.4181	0.0957
C5	0.13693	S13	0.45568	0.0624
		S14	0.54432	0.0745

本章向福建省零售业相关研究机构、行业协会及高校发出调查问卷，邀请零售业专家根据本章提出的14个次级指标对这5家综合零售企业的渠道整合水平进行评价。评价尺度采用1~9标度，具体含义如表4－15所示。共发放20份问卷，收回有效答卷13份。将13份有效答卷的评价结果相加求平均值后，总结至表4－16中。

表4－15　零售企业渠道整合水平评价尺度

能力水平	极低	很低	低	略低	一般	略高	高	很高	极高
标度	1	2	3	4	5	6	7	8	9

表4－16　零售企业渠道整合水平评价的决策矩阵

	YH	XHD	WEM	DRF	SN
S1	5.9231	5.8462	5.1538	5.8462	5.8462
S2	6.0769	5.5385	5.9231	5.9231	6.9231
S3	6.3077	5.6154	5.7692	5.0000	6.3077
S4	6.1538	5.5385	5.6154	4.7692	5.6154
S5	5.8462	5.4615	5.7692	5.2308	6.3846
S6	6.0769	5.6923	5.6923	5.5385	5.8462
S7	6.4615	5.3846	5.2308	5.5385	6.3846
S8	6.2308	5.3846	5.6154	5.8462	6.3077
S9	5.5385	5.5385	5.4615	5.3846	5.9231
S10	5.9231	5.5385	5.4615	5.8462	6.2308
S11	6.5385	5.4615	5.2308	5.8462	5.3846
S12	5.8462	5.5385	5.9231	5.3846	6.3077
S13	6.2308	5.2308	5.6923	5.9231	5.4615
S14	5.6923	5.6154	5.4615	5.7692	5.6923

为进行 TOPSIS 分析，需将表 4－16 中的数据通过公式 4－19 进行标准化，得到表 4－17。

表 4－17 TOPSIS 分析的标准化决策矩阵

	YH	XHD	WEM	DRF	SN
S1	0.4623	0.4563	0.4022	0.4563	0.4563
S2	0.4459	0.4064	0.4347	0.4347	0.5080
S3	0.4846	0.4315	0.4433	0.3842	0.4846
S4	0.0797	0.0718	0.0728	0.0618	0.0728
S5	0.4546	0.4246	0.4486	0.4067	0.4964
S6	0.4708	0.4410	0.4410	0.4291	0.4530
S7	0.4962	0.4135	0.4017	0.4254	0.4903
S8	0.4733	0.4090	0.4265	0.4441	0.4791
S9	0.4445	0.4445	0.4383	0.4321	0.4754
S10	0.4562	0.4266	0.4206	0.4503	0.4799
S11	0.5120	0.4276	0.4096	0.4577	0.4216
S12	0.4501	0.4264	0.4560	0.4145	0.4856
S13	0.4873	0.4091	0.4632	0.4211	0.4933
S14	0.4508	0.4447	0.4325	0.4569	0.4508

在此基础上，用公式 4－20 对每一行的数据分别乘以相应次级指标的权重，以构造加权标准化决策矩阵。之后开始确定每行数据相应的 PIS 值和 NIS 值，并计算各个零售企业的 PIS 值和 NIS 值的距离（d_i^* 和 d_i^-）。最后用公式 4－25 算出接近系数 CC_i，并依 CC_i 对各零售企业的渠道整合水平进行排序，将所得结果归纳至表 4－18。

表 4-18　TOPSIS 对零售企业渠道整合水平的分析结果

	YH	XHD	WEM	DRF	SN	PIS	NIS
S1	0. 0260	0. 0256	0. 0226	0. 0256	0. 0256	0. 0260	0. 0226
S2	0. 0310	0. 0283	0. 0303	0. 0303	0. 0354	0. 0354	0. 0283
S3	0. 0233	0. 0208	0. 0213	0. 0185	0. 0233	0. 0233	0. 0185
S4	0. 0023	0. 0021	0. 0021	0. 0018	0. 0021	0. 0023	0. 0018
S5	0. 0293	0. 0273	0. 0289	0. 0262	0. 0320	0. 0320	0. 0262
S6	0. 0710	0. 0665	0. 0665	0. 0647	0. 0683	0. 0710	0. 0647
S7	0. 0383	0. 0319	0. 0310	0. 0329	0. 0379	0. 0383	0. 0310
S8	0. 0284	0. 0245	0. 0256	0. 0266	0. 0287	0. 0287	0. 0245
S9	0. 0352	0. 0352	0. 0348	0. 0343	0. 0377	0. 0377	0. 0343
S10	0. 0266	0. 0248	0. 0245	0. 0262	0. 0279	0. 0279	0. 0245
S11	0. 0383	0. 0320	0. 0307	0. 0343	0. 0316	0. 0383	0. 0307
S12	0. 0431	0. 0408	0. 0436	0. 0397	0. 0465	0. 0465	0. 0397
S13	0. 0304	0. 0255	0. 0289	0. 0263	0. 0308	0. 0308	0. 0255
S14	0. 0336	0. 0331	0. 0322	0. 0341	0. 0336	0. 0341	0. 0322
d_i^*	0. 0067	0. 0156	0. 0149	0. 0153	0. 0073		
d_i^-	0. 0153	0. 0049	0. 0063	0. 0061	0. 0163		
CC_i	0. 6945	0. 2389	0. 2971	0. 2838	0. 6898		

通过 TOPSIS 法求得的接近系数 CC_i 对五家综合零售企业的渠道整合水平进行排序的结果为：YH > SN > WEM > DRF > XHD。从结果中可以看出，YH 和 SN 的渠道整合水平最高，接近系数分别为 0. 6945 和 0. 6898（表 4-18）。从表 4-16 中可知，两个企业多数指标的能力水平都在略高（6 分）左右。YH 的评价指标中，创新的宣传推广（S11）和配送系统整合重构（S7）的评分较高，分别为

6.5385 和 6.4615。在实际经营中，YH 频繁开展诸如与地方政府携手网络直播带货、全业态的主题促销活动等创新宣传推广，同时也积极响应市场需求，整合配送系统向精益化方向发展，组建能够配送到户的车队，以完善企业末端的配送能力。SN 的评价指标中，感知顾客（S2）评分较高，为 6.9231。在日常运营中，SN 通过算法对顾客的后台数据进行精准分析测算，并根据结果对产品进行提前布局、快速配送；同时为顾客提供不同的购物场景，扩大客群；此外，还与合作者共享分析预测结果，实现对合作伙伴赋能。

将零售企业渠道整合的评价与各企业 2017—2019 年的营收表现（表 4 - 19）进行比较，可以发现渠道整合水平较高的 YH 和 SN 的销售额同比增长迅速，而渠道整合水平一般的 WEM、DRF 和 XHD 的销售额则同比增长较慢，其中，渠道整合水平最低的 XHD 在 2019 年甚至出现了销售额 12.3% 的负增长。将 TOPSIS 法求得的接近系数与各企业近三年的销售额同比增长率通过 SPSS 分别进行相关性分析，得到 Sig.（双尾）为 0.011、0.045、0.044，而皮尔逊相关性系数分别为 0.955、0.886、0.888，这说明渠道整合的水平与企业销售额同比增长速度两者相关性显著。

表 4 - 19　2017—2019 年 5 家零售企业销售额情况

企业名称	2017		2018		2019	
	销售额（含税亿元）	同比增长（%）	销售额（含税亿元）	同比增长（%）	销售额（含税亿元）	同比增长（%）
YH	653.9986	20.2	767.6773	17.4	931.5	21.3
XHD	153.9461	4	155.7935	1.2	60.06	-12.3
WEM	802.7818	4.7	804.895	0.3	822.8	3.8
DRF	954	2.3	959	0.5	1018.68	0.5
SN	2433.43	29.2	3367.57	38.4	3787.4	12.5

资料来源：中国连锁经营协会

四、本章小结

零售业对经济发展至关重要，也与人们的生活紧密相关。随着零售业的发展，零售渠道的广度、长度、宽度都发生了变化，渠道间爆发的矛盾和冲突日渐加剧（李飞，2013）。许多零售企业开始对渠道整合进行探究，以此营造企业核心竞争力。渠道整合的好坏也越来越关乎企业未来的生存与发展。特别是当前新冠疫情全球爆发，零售市场环境的不稳定性大大增加，零售企业应当更为积极地应对愈发动荡的市场。在此背景下，本章将能很好地应对愈发不确定的市场环境、为企业提供持续优势的动态能力引入零售企业渠道整合的研究，基于动态能力构造渠道整合评价体系。构建 FAHP－TOPSIS 模型，通过 FAHP 法求出渠道整合评价体系中各指标的权重后，运用 TOPSIS 法评估 5 家在福建经营的综合零售企业的渠道整合水平。在 FAHP 法得出的最终权重中，学习新技术（S6）和新渠道的开拓（S12）这两个指标的权重最高，分别为 15.08% 和 9.57%，是最重要的两个次级指标，需要提升渠道整合水平的零售企业可以重点发展上述两项能力。而 TOPSIS 法的结果表明，在福建省经营的综合零售业中，YH 和 SN 的渠道整合水平最高，XHD 的渠道整合水平最低。通过 SPSS 的相关性分析得出，各企业渠道整合水平与其销售额同比增长速度的相关性显著。

本章构建的评价体系主要根据近几年的既有研究和社会实际，基于动态能力选取指标，但零售企业渠道整合的影响因素是复杂的、多因素的、变化的，在未来的研究中，可将本章构建的评价体系继续丰富完善，提升其科学性、全面性、合理性。

第五章　渠道行为与零售企业绩效的关系

2018 年 12 月，我国的网民数量达到 8.29 亿。随着中央经济工作会议提出我国的经济发展已进入“新常态”，零售业也逐渐步入低速增长的“新常态”，亟须渠道整合适应新消费需求，以更好地直面市场竞争。为此，国内各大零售企业纷纷变革。从具体实践来看，苏宁电器、百联集团等均采取了多渠道整合经营，注重业态的组合创新，实现了较好的企业绩效。然而，也有一些企业虽然采取了积极的整合策略，但却未见成效，甚至遭遇了失败。在这种形势下，如何让零售企业在动荡的环境中仍保持长久的竞争力，增加企业绩效，是个值得深思的问题。本章引入企业动态能力来应对市场的潜在威胁，因为企业从内部做出的资源能力调整往往是不够的，还要在整个供应链的网络中进行交互和调整。

因此，不论是零售企业本身还是其渠道，为了能够适应不断变化的环境和消费者的动态决策，都要具备特定的动态能力，对整个企业的能力要素、流程以及结构进行动态的调整。较强的动态能力是企业渠道整合的支撑，能够降低环境不确定性给零售企业带来的损失。

第一节　假设提出与模型构建

一、研究分析与假设

零售企业的反应能力体现在面对消费者不同偏好和策略时采取的不同整合策略上，也体现在渠道整合中面临不可预测的变化采取行动的能力。渠道本身的行业有潜在威胁时，企业更要迅速认识到并尽快进入反应阶段，从而在最大程度上降低冲击和渠道整合的形变。如果企业能够通过各种方式应对种种变化，就能最大程度上减小利润和渠道的隐形损失。因此可以得到以下假设：

H1：零售企业渠道的反应能力对渠道整合有正向影响。

零售企业的协作能力是在分担风险时企业上下游协调合作、互惠互利的能力。协作还有助于零售商保持全渠道的产品信息一致、分享用户信息等，从而降低企业的信息成本，提高透明度，减小可能导致渠道整合成本增加的风险。此外，企业的资源其实也离不开协作，资源通过流通和传递才能达到利用最大化，最终促成全渠道零售渠道整合的顺利进行。因此可以得到以下假设：

H2：零售企业渠道的协作能力对渠道整合有正向影响。

零售企业的产品从生产转移到消费者的过程中会产生较大的风险，比如出现的中间商、窜货导致的价格紊乱和环境风险等。风控能力可以帮助企业面对不稳定的顾客或者预测环境中的风险，从而及时采取有效的防御措施，避免过度反应。消费者面临渠道整合的程度也会做出不同的反应，从而进一步影响渠道的整合方向。如果企业能够拥有风控能力，就会及时将渠道内的系统进行有效的协调并达到最优配置。因此可以得到以下假设：

H3：零售企业渠道的风控能力对渠道整合有正向影响。

通过上述分析，可以认为渠道反应能力、协作能力、风控能力是渠道整合的显著性影响因素，而渠道整合又在此基础上影响了企业的绩效。在渠道整合程度较高的企业中，如理想状态的全渠道零售企业，能够快速对消费者以及市场的变化做出反应，减少零售企业的损失，并通过企业的学习、创新或组织结构重组以及资源调整，快速恢复或强化渠道的功能和稳定性，使其取得更佳的绩效。渠道协作能力、渠道反应能力和渠道风控能力越强，渠道整合的程度越高，零售商的绩效也会更高。因此可以得到以下假设：

H4：渠道整合在渠道能力与零售企业绩效中间起到了中介效应。

环境不确定性主要体现的是客户偏好以及技术突变所带来的不确定的情况。市场环境的来源通常是变化的市场需求和创新技术。在现实社会中，不确定的风险是随时存在的。变动程度越高，供应链上受到冲击的企业的损失越大，企业的渠道整合程度对零售企业的绩效影响往往也会越大。因为在这一过程中，渠道整合的程度会保护企业不受外界环境不确定性的影响，此时作为动态能力的因素也会发挥更大的作用来稳住零售企业本身的效益。因此，环境这一中间因素往往会推动渠道整合对企业绩效产生更强的作用。因此可以得到以下假设：

H5：环境的不确定性调节了渠道整合与零售企业绩效的关系。

二、概念模型构建

综合前述文献与理论研究结果以及随后的案例企业访谈，确定本章研究模型如图 5-1 所示。

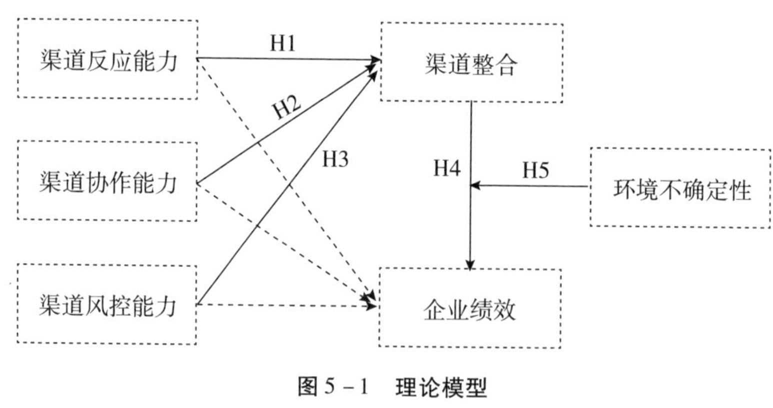

图 5-1　理论模型

第二节　实证分析

一、研究方法

（一）构建测量

本章基于已有研究中的乘数量表构建测量题项。其中，参考殷红（2013）和白元龙（2018）等研究，设计了环境不确定性、渠道整合、企业绩效 3 个变量，共 6 个题项；结合 Teece（2007）的动态能力研究，设计了协作能力、反应能力、风控能力 3 个变量，9 个题项。设计的量表如表 5-1 所示。

表 5-1 测量项量表设计

变量	指标	测度题项
A 环境不确定性	A1 产业风险	企业所处的产品行业变动性较大
	A2 技术风险	企业某产品的核心技术发展较快
B 渠道整合	B1 渠道分离频次	渠道整合后出现问题的次数较少
	B2 整合成本	渠道规划成本一直都是企业的重要部分之一
C 协作能力	C1 学习能力	企业的学习创新能力较强
	C2 信息共享	企业的管理系统、经销网络系统等较完善
	C3 合作伙伴关系	企业与其他企业间的渠道能够保持长期的合作关系
D 反应能力	D1 战略因素	企业管理层近三年都有良好的渠道规划方案
	D2 利用水平	企业的整合渠道利用率占总经销渠道的比重较高
	D3 潜在竞争者	企业有较全面的应对竞争关系时的策略方案
E 风控能力	E1 发展潜力	企业有对渠道整体的方案判断
	E2 市场感知	企业的市场部门有完善的预测市场变化的方案
	E3 响应能力	企业可以及时获取消费者的偏好并推出新策略
F 企业绩效	F1 财务绩效	企业在近三年盈利水平在零售业平均水平之上
	F2 客户绩效	企业近三年消费者满意度在零售业平均水平之上

(二）样本选取与数据收集

本章针对测量题项的合理性与用词准确性同相关专家学者进行了商讨，最后选择了50家福建地区的零售企业主管进行调研。问卷共分为基础信息和变量测量两个部分，第一部分是零售企业的基本情况，包括年龄、企业的规模、营业情况等基本信息；第二部分是企业的经营环境、经营绩效、渠道整合的影响因素的调查，这一部分采用的是单选题，选项用的是李克特5点量表，1-5分别表示非常不同意、不同意、一般、同意、非常同意。

问卷发放时间为2019年1月1日至2019年5月1日，共计120天。本章选择永辉超市、新华都、福建苏宁易购等零售企业，采取电话联系和电邮共发放问卷300份，回收204份，其中有效问卷198份，有效问卷回收率为66%。

（三）数据分析方法

测量量表有效性时，主要考察的指标有信度评价和效度评价。本章运用因子分析法对数据的信效度进行检验，运用 AMOS 软件通过结构方程检验动态能力与企业绩效和渠道整合的结构关系，运用 SPSS 软件对渠道整合和环境不确定性做调节效应和中介效应检验。

二、研究结果

（一）问卷信效度检验

为了保证测量项的可信度，在实证研究前要对变量进行信效度分析，Fornell 和 Larcker 认为其组成信度值在 0.6 以上即可。利用 SPSS 和 AMOS 软件进行分析，表 5-2 的数据显示，渠道整合、环境的不确定性、企业绩效的各潜在变量的信度均在 0.6 以上，表示模型是可以进一步检验的。

表 5-2　验证性因子分析

一阶潜变量	观测变量	标准化载荷	AVE	CR
A 环境不确定性	A1 产业风险	0.886	0.765985969	0.87192
	A2 技术风险	0.864		
B 渠道整合	B1 渠道分离	0.820	0.475373566	0.801466
	B2 整合成本	0.528		
C 协作能力	C1 学习能力	0.894	0.663220777	0.969123
	C2 信息共享	0.885		
	C3 合作伙伴关系	0.639		
D 反应能力	D1 战略因素	0.844	0.639857378	0.968391
	D2 利用水平	0.777		
	D3 潜在竞争者	0.776		
E 风控能力	E1 发展潜力	0.906	0.609105695	0.96482
	E2 市场感知	0.801		
	E3 响应能力	0.604		

F 企业绩效	F1 财务绩效	0. 783	0. 493762026	0. 812188
	F2 客户绩效	0. 612		

从表中可以看出，各个观测变量的标准载荷值最小为 0. 528，最大为 0. 906，而临界值标准为 0. 5，这说明观测变量的效度可行，并且观测变量对潜变量的解释程度较好。

通过分析可以发现，表 5 – 2 的最小 AVE 值为 0. 475，大于表 5 – 2 矩阵中的最大值 0. 522 的平方（0. 272），因此可以说明此模型的区分效度较好。综上，可以发现研究中的各观测变量的信效度均高于检测值，数据较为合理，可以进行下一步检验分析。

表 5 – 3　相关系数矩阵

	A	B	C	D	E	F
A	1					
B	0. 502**	1				
C	0. 484**	0. 515**	1			
D	0. 07**	0. 103**	0. 106**	1		
E	0. 046*	0. 274**	0. 186**	0. 522**	1	
F	0. 327**	0. 258**	0. 053**	0. 425**	0. 379**	1

注：* 表示在 p = 0. 05 的水平上显著（双尾检验）；** 表示在 p = 0. 01 的水平上显著（双尾检验）。

（二）变量的描述性统计

对六个方面采用均值法计算各潜变量以及观测变量的得分，并进行描述性统计分析，如表 5 – 4。正态性检验的标准为偏度的绝对值小于 3，峰度的绝对值要小于 10，从表 5 – 4 可以发现，所有因素的偏度和峰度都符合上述条件，因此所有因素的数据都满足正态分布的要求，可以进一步对模型进行统计分析。

表 5－4　正态性检验

一阶潜变量	观测变量	平均值	偏度（s）	峰度（k）
A　反应能力	A1 战略因素	4.02	－1.05	0.101
	A2 利用水平	3.92	－0.812	0.85
	A3 潜在竞争者	3.96	－0.737	－0.635
B　协作能力	B1 信息共享	3.1	0.466	－1.146
	B2 学习能力	3.26	0.224	－0.297
	B3 合作伙伴关系	3.38	－0.046	－1.47
C　风控能力	C1 市场感知	3.76	－0.317	－1.22
	C2 响应能力	3.84	－0.325	－0.4
	C3 发展潜力	3.72	－0.557	－0.993
D　企业绩效	D1 财务绩效	3.66	－0.669	－0.48
	D2 客户绩效	3.84	－0.35	－1.247
E　环境不确定性	E1 技术风险	3.44	－0.374	0.574
	E2 产业风险	3.34	－0.021	－1.163
F　渠道整合	F1 渠道分离	3.36	0.118	－0.836
	F2 整合成本	3.1	－0.201	－0.937

（三）结构方程模型检验

1. 模型构建

本章选用 AMOS24.0 软件对结构方程模型进行路径检验。模型的基本原理方程如下：

$$\begin{aligned} x &= \Lambda_x \zeta + \delta \\ y &= \Lambda_y \eta + \varepsilon \end{aligned} \tag{5-1}$$

其中，ζ 表示外生潜变量，η 表示内生潜变量，x 、y 表示有影响的观测变量，Λ_x

表示 x 与 Λ 之间的因子载荷系数矩阵，Λ_y 表示 y 与 Λ 之间的因子载荷矩阵，δ 和 ε 则分别衡量无法由本公式解释的误差项。

结构模型的方程式如下：

$$\eta = B\eta + \Gamma\zeta + \xi \tag{5-2}$$

其中，$B\eta$ 为内生潜变量矩阵，$\Gamma\zeta$ 为外生潜变量矩阵，B 表示内生潜变量之间的路径系数矩阵，Γ 表示外生潜变量之间的路径系数矩阵，ξ 为内生潜变量无法解释的干扰项矩阵。

根据上一节的问卷和假设，在 AMOS 中建立出基本的结构模型，其中协作能力、反应能力、风控能力为外生潜变量，没有误差项；环境不确定性、渠道整合、企业绩效为内生潜变量，各带一个误差项；方框代表各潜变量的观测变量，圆形代表误差项（如图 5－2 所示）。

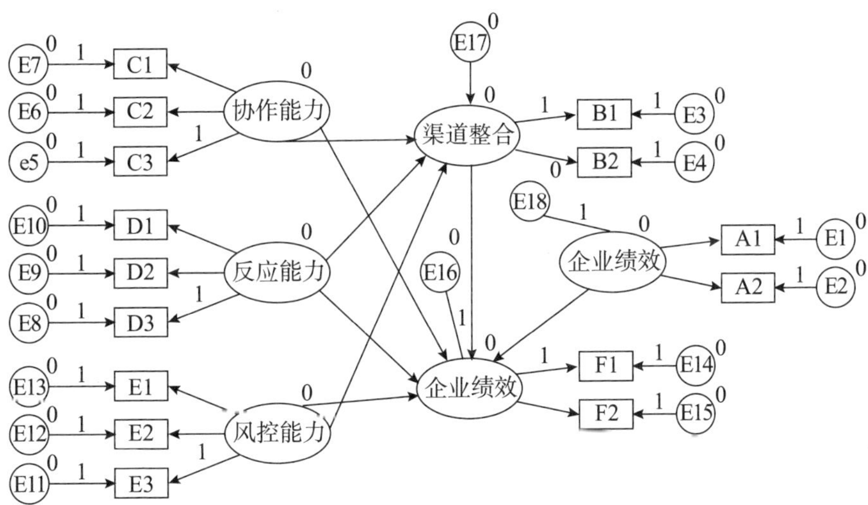

图 5－2　原始模型

2. 模型整体适配度

此次分析采用以下指标来评价研究模型：用最小样本差异 CMIN 和自由度 DF 的商表示模型适配度，用近似均方根残差 RMSEA 值来比较理论模型和拟合饱和模型的差距程度，用正规拟合指数 NFI 来说明模型较虚无模型改善的程度，用简约适配指数 PGFI 来说明模型的简约程度，增值适配指数 IFI，比较适配指数 CFI

值，非规范适配指数 TLI，规范适配指数 PNFI 值。

上文的正态性检验数据表明，各变量的数据中，最小值均为 1，最大值均为 5，各变量的偏度系数值与峰度系数值均接近 0，并且系数显著性检测达到显著。

运用极大似然法进行参数估计分析，从表 5－5 模型的各项拟合指标中可以发现：相对卡方值 1.585 小于 3，近似均方根残差 RMSEA 值 0.039 小于 0.08，达到标准；正规拟合指数 NFI 值为 0.995，大于 0.09，增值适配指数 IFI 值为 0.952，大于 0.09，比较适配指数 CFI 值为 0.918，大于 0.09，非范准适配指数 TLI 为 0.987，达到标准；PCFI 和 PNFI 值分别为 0.691 和 0.607，均大于 0.5，达到标准。综上，指标均达到标准，所以模型的拟合度已经较好，不用对结构方程的模型进行修正。

3. 路径分析显著性检验

为了对各假设路径进行验证，可以通过 CR 系数来判断模型假设是否达到显著性。当 CR 值大于 1.96 时，对应 $p<0.05$ 的显著性水平；当 CR 值大于 2.58 时，对应 $p<0.01$ 的显著性水平；当 CR 值大于 3.29 时，对应 $p<0.001$ 的显著性水平。从表 5－5 可以看出，P 值均小于 0.05，说明各假设路径之间达到显著水平，这也表明各路径之间影响关系显著。

表 5－5　结构方程模型拟合指数摘要

		拟合指数	判断标准
绝对适配指数	CMIN	393.829	
	CMIN/DF	1.940	1～3 之间
	RMSEA	0.039	小于 0.08
增值适配指数	NFI	0.995	大于 0.9
	IFI	0.952	大于 0.9
	CFI	0.918	大于 0.9
	TLI	0.987	大于 0.9
简约适配指数	PCFI	0.691	大于 0.5
	PNFI	0.607	大于 0.5

从表5－6可以看出，渠道协作能力、反应能力、风控能力对渠道整合的标准化路径系数分别为0.749、0.042、0.396，渠道协作能力、反应能力、风控能力对企业绩效的标准化路径系数分别为0.709、0.042、0.698，渠道整合对企业绩效的标准化路径系数为0.360。因此，假设H1、H2、H3得到了验证。

表5－6　路径分析检验

路径关系			标准化路径系数	S. E.	C. R.	P	检验结果
渠道整合	<---	协作能力	0.749	0.319	2.348	0.019	支持
渠道整合	<---	反应能力	0.042	0.128	－2.327	0.044	支持
渠道整合	<---	风控能力	0.396	0.150	2.635	0.008	支持
企业绩效	<---	协作能力	0.709	0.601	2.844	0.004	支持
企业绩效	<---	反应能力	0.042	0.235	4.438	***	支持
企业绩效	<---	风控能力	0.698	0.381	4.457	***	支持
企业绩效	<---	渠道整合	0.360	0.223	2.617	0.006	支持

注："***"表示P值<0.001，该估计系数在0.1%水平下显著（下同）。

（四）中介效应检验

为了检验渠道整合的中介作用，首先检验动态能力对渠道整合的预测效应，然后检验渠道的动态能力是否对企业绩效具有显著的预测效应，加入中介变量渠道整合后，考察动态能力对企业绩效的影响。若加入渠道整合这一变量后，渠道动态能力对企业绩效的效果达到显著水平，那么渠道整合就具有部分中介效应；在加入渠道整合变量后，动态能力对企业绩效的影响没有到显著水平，那么渠道整合在企业绩效和动态能力之间则起到完全中介效应。检验整理结果如表5－7所示。

表5－7　中介效应检验

中介模型假设	步骤	因变量	自变量	未标准化系数		标准化系数	t	显著性
				B	标准误差	Beta		
协作能力—渠道整合—企业绩效	第一步	渠道整合	协作能力	0.171	0.138	0.178	1.242	0.221
	第二步	企业绩效	协作能力	－0.216	0.132	－0.233	－1.640	0.008
	第三步	企业绩效	协作能力	－0.237	0.134	－0.255	－1.765	0.004
			渠道整合	0.121	0.140	0.125	0.868	0.030
反应能力—渠道整合—企业绩效	第一步	渠道整合	反应能力	－0.026	0.109	－0.035	－0.239	0.013
	第二步	企业绩效	反应能力	0.107	0.110	0.142	0.970	0.037
	第三步	企业绩效	反应能力	0.109	0.111	0.144	0.982	0.031
			渠道整合	0.083	0.151	0.081	0.554	0.002
风控能力—渠道整合—企业绩效	第一步	渠道整合	风控能力	0.284	0.126	0.317	2.263	0.028
	第二步	企业绩效	风控能力	0.082	0.135	0.089	0.606	0.047
	第三步	企业绩效	风控能力	0.071	0.144	0.077	0.491	0.026

由表5－7可以发现，协作能力、反应能力和风控能力在最后一步中仍达到显著水平，因此渠道整合在渠道的协作能力、反应能力、风控能力中起到了部分中介效应的作用。另外，为了进一步了解渠道整合在动态能力和企业绩效间的作用，本章采用置信区间法，用偏矫正 Bootstrap 抽样分别对以上三个模型假设进行进一步的检验。先选择1000个样本，如果在95%的置信区间内未包含0，说明模型的中介效应显著；如果95%的置信区间内包含0，说明模型的中介效应不显著。结果显示，置信区间分别为［－0.25，－0.30］、［－0.32，－0.20］、［0.01，0.25］，可以发现三组结果的绝对值都大于0，因此说明三个模型的中介效应均

显著。

（五）调节效应检验

通过上述路径检验可以得出环境的不确定性对于渠道整合或企业绩效都不显著。为了了解环境对渠道整合和企业绩效的影响，本章通过调节效应来继续检验环境不确定性这一变量。

通过 SPSS 软件检验其调节效应，其中，自变量是渠道整合，因变量是企业绩效，调节变量为环境不确定性。将数据中心化处理后，检查渠道整合与环境的交互项的显著性来检验环境在渠道整合与企业绩效之间的调节作用，检验结果如表 5-8 所示。

表 5-8 调节效应检验

模型		未标准化系数		标准化系数	t	显著性
		B	标准误差	Beta		
1	（常量）	0.017	0.133		0	1.000
	渠道整合中心化 3	0.036	0.155	0.034	0.229	0.020
	环境不确定性中心化	0.087	0.142	0.091	0.610	0.045
2	（常量）	0.069	0.132		-0.527	0.001
	渠道整合中心化 3	0.078	0.157	-0.075	-0.496	0.022
	环境不确定性中心化	0.145	0.139	0.152	1.042	0.003
	交互项	0.042	0.154	0.330	2.225	0.031

由上表可以发现，交互项的显著性 0.031 小于 0.05，因此效果显著，存在调节效应，说明环境不确定性在渠道整合对企业绩效的作用中具有调节效应。根据调节效应的公式，可以得出调节效应的方程为：

$$y = 0.069 + 0.078x + 0.145m + 0.042mx + e \tag{5-3}$$

为了更加直观地分析环境不确定性的调节作用，可以通过一个简单的斜率来进行检验。在公式中代入实际的数据，并用平均数加减一个标准差，将调节变量分成两组，就可以得到图5-3的简单斜率检验。结果表明，环境不确定性对渠道整合和企业绩效之间的关系存在显著的调节作用，环境越动荡，渠道整合对提升企业绩效的作用更大。

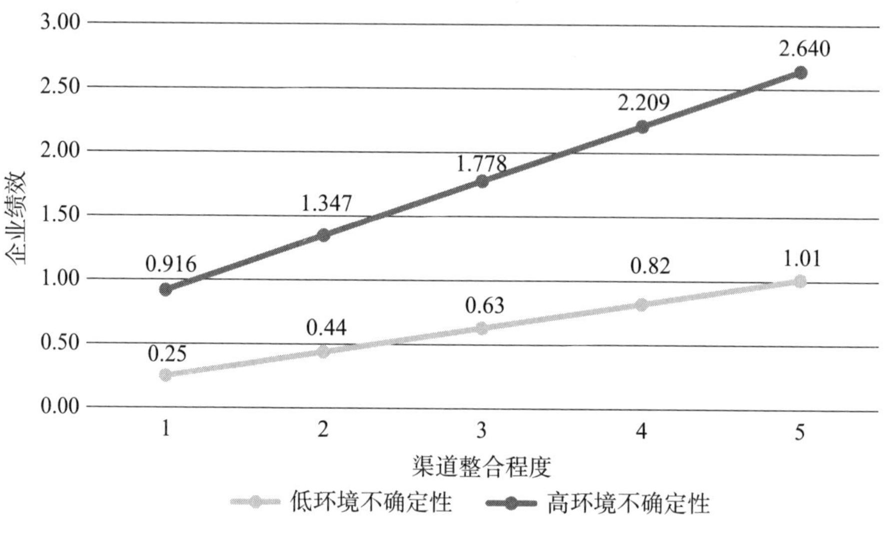

图5-3　环境不确定性的调节作用

第三节　本章小结

本章探讨了动态能力、渠道整合与企业绩效之间的关系，并将环境的不确定性作为调节变量，可以发现渠道的反应能力、协作能力、风控能力通过影响渠道整合影响了企业绩效。其中，渠道整合作为中介作用，环境的不确定性起到调节渠道整合与企业绩效关系的作用。在不确定性较大的环境里，渠道整合对企业绩效的提升价值更大。此外，由于研究条件限制，本章只能以福建地区的数据为例，采访的企业数量有限，存在一定的局限性。

如今，零售企业面临着多方面的冲击和挑战，零售渠道如何向着全渠道营销转变也是众多学者讨论的主要方向。本章的数据验证全部停留在理论阶段，没有对具体的零售企业案例进一步验证以及优化，这也是未来可以进一步研究的方向之一。

第六章　零售企业的渠道决策与整合

与发达国家相比，我国的商品流通体系发育不良，零售渠道发展滞后。互联网的发展与流通渠道的组织形式为中国零售业乃至流通业的变革与升级提供了重要契机。随着互联网的发展，快速兴起的线上零售瓜分了原有的零售市场，使得线下渠道受到了巨大的冲击。为了占据市场，零售渠道间开启价格战，但价格战带来的只会是零售市场的动荡和企业获利能力的下降。此时，零售企业开始意识到线上和线下的零售渠道具备互补优势，于是开始重新思考渠道策略。零售企业线上线下渠道的整合会产生怎样的机制，出现怎样的结果呢？

同时，在新零售的背景下，线下零售业的销售额面临持稳及下滑趋势，线上零售稳步上升，这对于传统的连锁商超来说无疑是一个较大的挑战。生鲜商品具有一定的特殊性，与常规电商产品相比，其对时效性的要求更高。传统的电子商务至今仍未全面占领生鲜市场，这也给连锁商超留下了“可乘之机”。但擅长线下零售的传统商超该如何进入线上零售的领域？已经进入线上零售领域的商超该如何整合自己的线下线上零售渠道？整合后的渠道如何融入整个零售系统之中？何种配送模式才适合整合后的零售渠道？这些都成了事关传统连锁商超未来发展的重要抉择。

激励零售渠道变革的因素是交易成本的降低和交换价值的提高。因此，本章首先提出基于交易成本影响零售企业线上线下渠道整合的因素分别是产品的不确定性、搜索成本和渠道迁移成本。由此建立理论模型，分析零售企业单一渠道竞争和渠道整合两种渠道模式对零售总额的影响。在渠道竞争的情况下，“橱窗购物”（线下检查，线上购买）现象的出现由线下渠道的定价决定，博弈定价不仅会影响线下渠道的销售额，还阻碍了线上渠道的发展。在渠道整合的情况下，会消除一部分“橱窗购物”现象，但当商品价值较高或搜索成本较低的时候，“橱窗购物”现象仍会出现。对于从“橱窗购物”转向线上购物的消费者，线上渠道能通过定价的方式剥夺消费者增加的消费者剩余，其中增加的剩余来自消费者直接线上购物减少的搜索和流通成本。市场仍存在“橱窗购物”现象对市场需求起到保留甚至扩大的作用，零售市场在这两种力量的共同作用下扩大市场零售额。本章运用算例分析论证了以上结论。

其次，本章从流通渠道的视角出发，分析我国连锁商超的零售渠道现状，结合动态能力理论，并借鉴一些优秀的连锁商超对线上线下零售渠道的整合方案，对现有连锁商超的生鲜产品零售模式进行整合，重构出一套双渠道零售模式，建立 O2O 平台，帮助连锁商超在新零售背景下夺得市场份额，保持销售额稳步增长，并利用自身的线下零售能力发展线上生鲜零售。除此之外，本章还探讨了在整合生鲜商品零售渠道之后如何优化配送模式，使之适应商品的双渠道模式。针对线下零售，强化其体验功能，拓展多种流通渠道，实现零售末端扁平化。而对于线上零售，则实现多个连锁商超共建销售平台，以实现共同配送的集聚效应。

最后，根据整合后的双渠道，将 O2O 平台分为线上 O2O 和线下 O2O，不同模式实行不同的配送方案，以此构建整合后渠道的配送模式。

第一节　本章研究内容与方法

一、研究内容

本章分为五个部分，内容如下：

第一部分，研究内容与方法。阐述了研究背景及研究意义，并确定本章的研究方向和研究理论。

第二部分，我国零售企业流通渠道现状和整合方法。通过对我国零售行业特征和线上线下渠道关系的分析，对比分析发达国家合理的零售企业流通渠道，指出我国现存商品流通渠道的问题所在，并通过合理的数据分析与实证研究给出合理的渠道整合方法，使得该商品流通渠道适应新零售的大背景。

第三部分，模型构建、模型分析和算例分析。分别建立零售企业单一渠道零售和整合双渠道零售的模型，为渠道整合决策提供模型依据，通过分析得出选择不同的渠道策略对零售企业的盈利能力以及整个零售市场的影响，并通过算例直观论证。

第四部分，生鲜商品配送模式的优化方案。根据生鲜商品配送模式的发展趋势及其配送方式所存在的问题，提出生鲜零售的配送模式优化方案。

第五部分，结论与建议。结合理论对我国的商品配送模式进行分析，设计出匹配整合后的商品流通渠道的配送模式，构建供应链环节中合理的商品流通渠道和配送模式，并从多个角度给出对策和建议。

二、研究方法

1. 文献分析

首先，本章采用文献分析法，通过对国内外相关研究成果的搜集和整理为本章的研究奠定理论基础。对渠道整合和交易成本基本概念的演变进行整理，为本章的研究做概念的界定；再通过既有研究中对零售企业渠道整合决策的评述，建立基于交易成本和消费者渠道策略选择的探究零售企业渠道整合决策的理论基础。

2. 数据调查法和比较分析法

其次，本章运用数据调查法和比较分析法。在研究背景中，通过数据收集发现国内线上线下渠道所呈现的不同状态以及竞争关系。在对福建省零售渠道的现状分析中，通过对比国内外相关数据，发现福建省零售业发展的鲜明特征以及线上线下渠道所具备的互补关系。

3. 理论分析法和算例模拟法

最后，本章运用了理论分析法和算例模拟法。在第三节中，通过模型构建，以分析客户效用最大和零售企业销售额最大化为目标，分别对单一渠道均衡和渠道整合均衡时商品流通效率和市场需求变化进行探究，最终通过算例进行模拟分析。

第二节　我国零售企业渠道现状及整合方法

一、我国零售行业特征

我国零售业有三大特征，一是商品流通体系变革滞后，二是线下零售的发展缺乏动力，三是线上零售发展迅速。

从商品流通体系来说，首先是交易市场的长期存在。在发达国家，随着流通市场的成熟，不同的商品交易市场已逐步被其他流通形式取代。但我国的商品交易市场一直和现代流通体系并存不悖，成为商品流通的重要组成部分，直到近几年才开始逐渐衰弱。因此，传统的交易市场在一段时间内仍会存在，并对零售企业线上线下的渠道整合决策产生影响。其次是地域发展不平衡，重生产，轻流通。中国地域广阔，区域间差距大，几乎每个产业都存在一定程度的区域不平衡现象。就零售行业来说，北京、上海集中多元的零售业态，能够提供最丰富、最优质的产品。相比较而言，三四线城市的产品多样性和质量就会大打折扣，更不用说其他地区了。同时，我国进出口贸易的发展程度也存在明显的不同。“扩大出口”作为改革开放后的经济政策使中国成为对外贸易大国，但我国的出口存在附加值低、出口企业生产全要素低于非出口企业的特点，并且长期忽视流通环节能够创造价值，造成国内大生产小流通的进一步激化，所以中国在成为外贸大国的同时仍是对内贸易小国。因此，降低国内零售市场的交易成本，扩大国内零售市场规模就成为当下拉动经济增长的主要手段。最后是分销体系层级多，流通效率低。在我国，供应和零售之间存在多层级的经销商，小而分散的经销商由于自身经济实力有限在很大程度上要通过电话、上门、广告和订单等传统的高交易成本方式进行交易，使零售企业的企业成本激增，阻碍了零售业的转型升级。然而在美国，分销商的重组和并购在形成大规模的经销商基础上建立了高效率、低成本的商品分销体系。对比中美两国，我们可以清晰地看出中国式的分销结构会产生大量的交易成本，分销效率是零售变革里极为重要的一环。

从实体零售发展不足来说，首先是企业竞争大，市场分散。中国实体零售的发展时间比发达国家短，业态的多元化造成了企业间的激烈竞争，以至于市场分散。2011 年，中国百货前四强企业的销售额才占总额 7.5%，而同时期的美国则是 64%。这表明我国零售市场呈现极度分散的态势，也说明网络零售对我国原本处于优势地位的实体经济产生了较大的影响。其次是经营模式的落后，服务水平不足。目前实体零售普遍存在资金和经验的困境，因此大多零售商以品牌代理的模式经营，在缓解自身资金压力的同时也会导致一些问题，比如无法掌握一手的消费者动态和偏好、经营和服务于消费者的能力退化。相反，在发达国家，经历了资本积累和管理的创新，大多零售企业选择自采自营的模式。在这种情况下，不同的零售企业能够提供差异化的商品，在面对网络零售冲击时就会有更好的抗压力。由于我国从卖方市场转向买方市场的时间还不长，虽然零售商的服务意识有所提高，但限于资本管理问题，售后服务仍有阻力，且整体服务水平较低。

从网络零售的迅速发展来说，首先是线上零售渠道快速扩张，市场集中度高。随着淘宝的出现，网购网站激增，在 2010 – 2013 年，网络零售企业从 34 家增长到 67 家。对比线下零售渠道，网络零售呈现出几家独大、市场集中的趋势，并且已经进入成熟期。其次是交易技术不断创新，服务水平不断提高。从当当网的货到付款到淘宝推出的支付宝付款，再到京东推出的白条等，已形成较为成熟的网络支付市场，培养了一大批对网络金融较为信任的消费群体，并进一步激发了消费需求和网络市场的活力。同时，为了保护消费者权益，政府推出了“新消费权益保护法”，要求网络零售给予消费者“七大无理由退货”的权利，降低消费者的网购风险。此外，我国快递服务的发展也为网络零售打下了基础，尤其是转运时长和“包邮”服务。更值得一提的是，网络零售开始致力于提供信息化、智能化服务，为消费者提供全天候、及时、优质的服务。再次是以平台模式为主，经营模式多样化。由于资金管理缺陷和交易市场的长期存在，网络零售商最初大多以单平台模式为主。理论上，平台模式能使企业有更多的资金去提升技术并提供更好的服务，提高平台的市场份额，而自营式网购网站一般来说难以达到同样的成功。美国的平台式网购市场只占据市场份额的四分之一，从近些年来看，中国的 B2C 市场平台式购物所占的份额开始下降，而自营式购物网站的市场份额开始提升。这正是多渠道营销在解决线上渠道不确定性高的问题上的突出表现，于是零售企业相关部门开始探索线上线下零售渠道互补的全渠道整合零售模式。最后是贸易覆盖面广，跨境电商、农村电商成热点。随着居民消费升级和政策的支持，网络零售商开始挖掘国际需求和农村需求。与实体零售相比，网络零售受空间和分销层级多的影响较小，并且能够通过深入偏远的地区激发需求，拉动国家经济增长。

二、线上线下渠道关系

线上渠道和线下渠道存在两种关系，一方面是由于实体零售发展不足，网络零售在短时间内获取大量市场份额所产生的渠道竞争和掠夺需求关系；另一方面是由于线上线下渠道存在优势互补、无法完全替代所产生的渠道互补、创造需求的关系。

渠道竞争和掠夺需求关系体现在以下几个方面：一是线上渠道的发展使零售企业的市场范围和产品需求进一步扩大。由于我国企业存在资金不足、管理经验不丰富以及地域人口不匹配的问题，无法实现对商品的不断扩充，也不能扩大地域范围，只能局限于本地市场。实体店的产品种类和地域问题会抑制消费者的消费需求。互联网的出现正好弥补了线下消费的缺陷，使得消费不受时空限制。二是线上流通渠道提高了交易速度，扩大了交易的规模。一般来说，零售企业的实体店会选在城市且人口较密集处，若是偏远地区的人要去购买，所花费的时间成本就会相当高，而城市消费者的时间限制严格，拥堵严重，也会导致机会成本高，反之，线上购买能减少搜索成本，降低交易成本，提升交易额，加快交易速度。互联网能促进年轻消费者的网络社群化，提高“口口相传”的覆盖面，降低宣传成本，形成需求的正反馈机制，并扩大交易规模。三是零售渠道的发展经历了“网络效应—规模经济—技术创新”的正反馈过程。对于传统的实体零售而言，我国零售市场长期处于现代化程度低、效率低的状态，由于资本实力不足而无法完成“投入—研发—投入—再研发”的反馈机制。而电子商务的出现使得企业可以直接借助网络效应，形成规模客户，扩大交易规模，获得规模经济，“投入—研发”正向激励，形成积极的反馈环。此外，电子商务还有着线下渠道所缺乏的信息积累，有助于推动零售业的再变革。

渠道整合对扩大需求的作用机制如下：一是品牌共享降低了产品的不确定性，增强了支付意愿。由于电商早期的管理体系不够完善，存在大量的伪劣产品和盗版，许多消费者承担着网络零售带来的风险，因此许多消费者对线上零售渠道销售的产品并不信任。但随着消费水平的提高和政策法规的完善，越来越多只拥有线上渠道的零售企业意识到维护产品口碑的重要性，于是线上零售业开始建立实体店或与实体店合作，产生品牌效应，消除不确定性，减少顾客的后顾之忧，提高支付意愿和定价能力。此外，实体还有助于产生晕轮效应，增加品牌黏性，提高商品的标准化程度，便于网络销售。二是服务互补降低了渠道迁徙成本，扩大了产品需求。消费者从线下转向线上的阻力来自体验感、服务和网络技能的不足，线上客户转向线下所受的阻力来自搜索成本的提高和流量红利的消失。因此，通过渠道整合让消费者拥有更多的选择是一种必然，如让客户在线上搜索、线下购买，以节约等待成本，减小不确定性，或让顾客得到体验感，在线下搜索、线上购买。基于此，线上和线下的互补就显得尤其重要，但二者也应在功能上做好各自的定位。如线下店重点提供体验和服务，并可以包含例如网络技能教学等引导服务、售后服务等，还能够作为线上渠道的仓库提供即时配送服务；而线上渠道则主要开展宣传工作和创新支付服务，以更低的成本扩大宣传的覆盖面，深挖市场需求，并通过创新支付方式提高交易的便利性。两个渠道的相辅相成有助于扩大需求，增加顾客黏性。三是数据共享，降低运营成本，提高转化率和复购率。线上渠道的优势在于拥有更精准的客户“画像”和广告投放，若将线上信息和线下会员系统相结合，就能打通渠道数据，进行线上宣传，在品牌效应的作用下降低交易成本，扩大需求规模。

三、新零售背景下我国生鲜零售的流通渠道现状

（一）我国生鲜零售发展趋势

1. 我国零售业的发展趋势

我国社会消费品零售总额一直保持双位数增长，但从近年来看，增速趋于稳

定，增长步入新常态（如图6－1）。尽管我国零售业处于增速平稳时期，但近年来网络购物的规模却仍然保持较快的增长。中国网络市场的交易规模呈现可预测的上升趋势（如图6－2）。相比之下，线下的零售市场也同其他国家一样出现了持平及下降趋势。居民的消费方式和消费理念发生了较大的转变，消费呈现出逐年升级的趋势，线上和线下零售呈现出融合趋势。

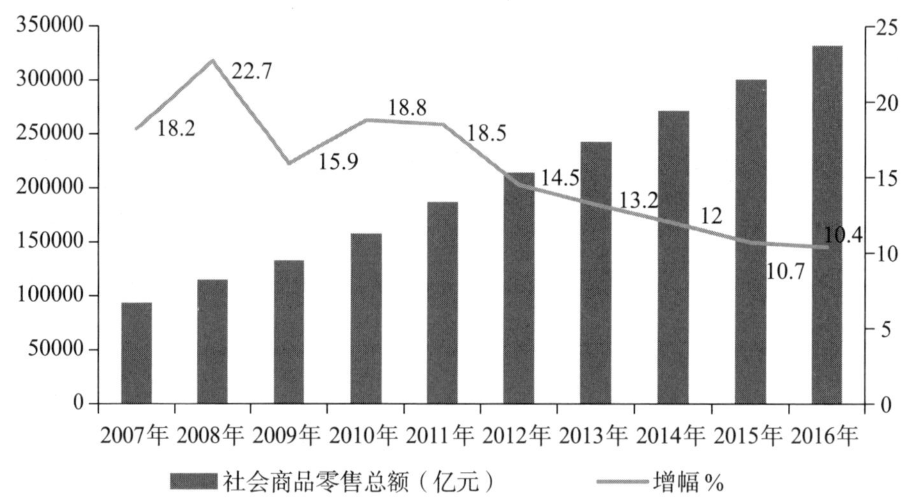

图6－1　2007—2016年中国社会消费品零售总额及增速

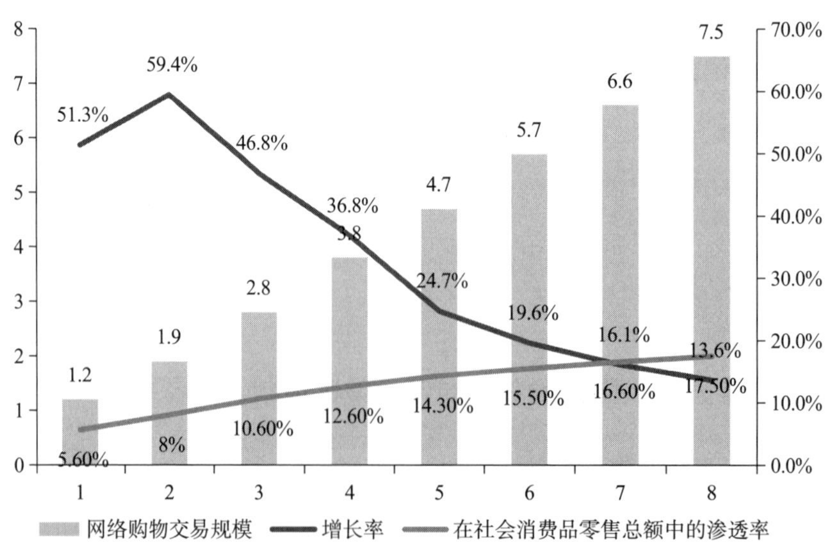

图6－2　2012—2019年中国网络购物市场交易规模

2. 我国生鲜零售发展趋势

我国生鲜的线下零售主要存在农贸市场和商超生鲜两种形式。在农贸市场和商超生鲜的竞争中，现如今的消费市场主要以农贸市场为主。农贸市场是消费者较倾向购买生鲜产品的地点，但近年来商超生鲜也有明显增长的发展态势，很多消费者表示，商超生鲜会在未来取代农贸市场。从较长的时期来看，生鲜产品处于一个新旧交替的时代，本章将主要就生鲜产品流通渠道的未来发展趋势进行研究，即商超生鲜的流通渠道。

随着互联网经济的发展，电子商务也逐渐拓展了生鲜产品的流通渠道，人们网络购物的产品从开始主要集中为服饰类向日常生活消耗品转变，消费者越来越多地在网络上购买生鲜产品。虽然国内的生鲜电商流通渠道尚未发展完善，但也明显地呈现出未来可期的态势。近年来，生鲜电商容量基本呈现出50%的年增长率（如图6－3），可以预测到生鲜电商在2018年将拥有突破千亿元的市场容量。在这种市场容量下，将有大批的电商进入生鲜领域，我国生鲜产品的线上零售将迎来一个黄金的发展时期。

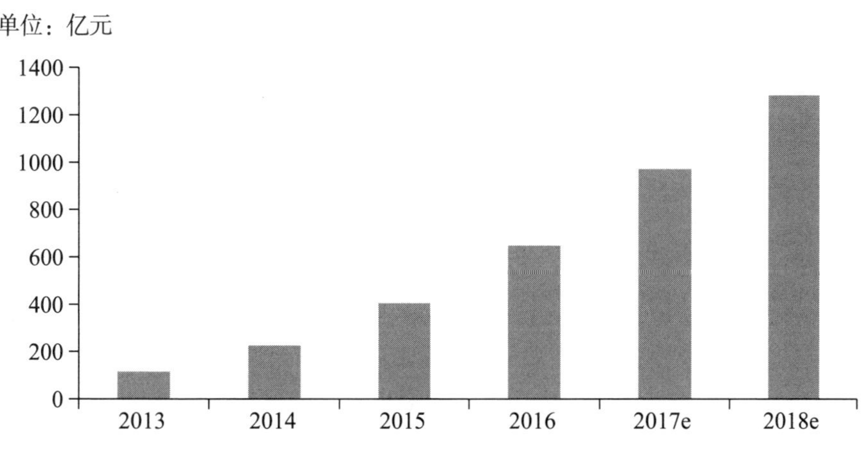

图6－3　我国生鲜电商市场容量

结合国际背景和我国现状，我们可以得出结论，在我国未来的生鲜产品零售方面，线下零售将逐渐转变为以商超生鲜为主，线上零售将呈现出良好的发展态势。所以，本章将以商超生鲜的流通渠道整合为主要研究对象，研究商超生鲜在新零售的时代背景下如何整合线上线下零售的流通渠道，更好地提高流通效率。

（二）我国生鲜商品流通渠道现状

1. 生鲜产品流通渠道的特殊性

生鲜产品是指来源于农业部门，通过种植或养殖生产而成，未经过加工或只经过初级加工的可供人们食用的动植物初级产品，包括新鲜的蔬果、水产品、禽畜肉蛋奶等（《全国高效率鲜活农产品流通“绿色通道”建设实施方案》）。

生鲜商品属于居民的生活必需品，尤其是随着我国居民生活水平不断提高，对生鲜商品的需求也逐年增加。根据数据调查显示，在2015年，我国居民人均消耗蔬菜95千克、水果40千克，已经与人均粮食的消耗量齐平。但是在同等消耗量的生鲜产品的流通渠道却与其他商品完全不同。生鲜产品自身的新鲜程度是区分于其他产品的重要特性，也是其价值所在。由于生鲜产品富含生物活性，具有易腐败变质、易损耗、无法长时间在常温下储存的特性，因此对于流通环节的时效性以及储存和运输的温度、湿度等客观条件要求较高。

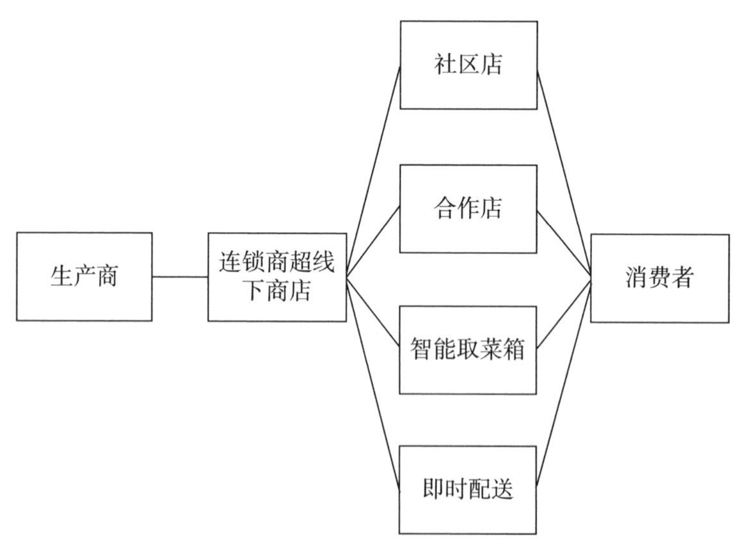

图6-4　O2O模式下连锁商超的生鲜流通渠道

综合上述研究，生鲜商品的流通渠道异于其他商品，具有一定程度的特殊性。

2. 现有商超生鲜流通渠道主要模式

现有的商超生鲜流通渠道可分为两种：一种是传统模式下“生产商 + 连锁商超 + 消费者”的模式，即消费者直接到连锁商超采购所需的生鲜商品；另一种则是在 O2O 模式下，消费者在 O2O 平台上下单，连锁商超再通过配送将生鲜商品送达。在这个过程中，线下商店承担着仓储功能、保鲜功能，O2O 平台实现了物流的信息功能、配送功能、运输功能、简单的包装和流通加工的功能。在 O2O 模式下，商超生鲜产品的流通渠道主要有以下四种结构。

第一种流通渠道是通过开放社区店实现流通环节的。在线下零售持续低迷的情况下，传统的连锁商超开始采取行动。其中有一项便是降低传统大卖场的开设数量，甚至关闭一部分卖场，转而向便利店、社区店发起攻势。如图 6 - 5 所示，卖场销售渠道逐年走低，但仍然占据了五分之一的份额，但例如杂货店、便利店、小超市等社区店渠道的销售额却逐渐增加。传统的连锁商超更偏向于社区零售业态，可以满足消费者的日常采购等需求。他们的选址更靠近社区，商品以日常消耗品为主。较有代表性的是家乐福的市场开拓由传统“大而全”的卖场转变成“小而美”的 Easy 家乐福。在这种条件下，消费者通过 O2O 平台下单，不仅可以得到线下门店的良好体验，还可根据需求选择自行提货或即时配送。

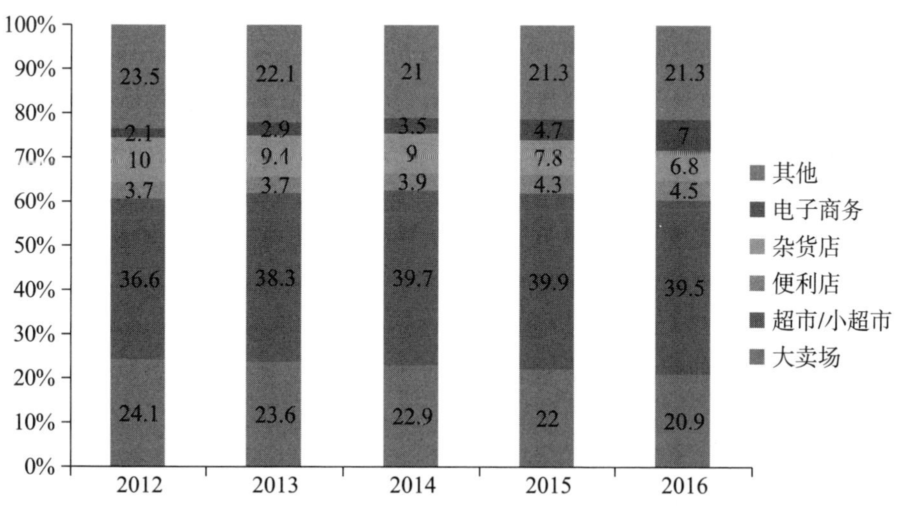

图 6 - 5　快消品城镇零售渠道占比

第二种渠道是通过合作店来实现生鲜流通。在流通渠道的机动论中，利用已有的供应链和渠道打开市场进行销售，流通就是这样实现的。合作店是指在并未开设社区店的学校、社区周边，选择原有的社区服务站、生鲜商店等签订合作协议，按照每天的需求向连锁商超订购，可以通过社区居民自行提货或合作店自行配送的方式实现商品的流通。

第三种是使用智能取菜箱。智能取菜箱是指具有保温保鲜功能、可以短时间储存生鲜农产品，通过输入密码提取物品的电子储存柜，通常设立在地铁站周边、社区内等便捷地带。将智能取菜箱作为主要流通组织的渠道是指消费者线上选购生鲜农产品，采摘完并经过 O2O 平台的仓储物流中心进行分拣包装后，直接配送至消费者选择位置的智能取菜箱中，消费者凭借收到的密码或单号提取商品。智能取菜箱模式打破了实体店营业时间的限制，消费者可以在任意时间进行商品提取，与配送上门相比，节省了流通成本。智能取菜箱摆放位置比较灵活，比固定店面更加便捷，同时保温保鲜功能也在一定程度上保障了商品的新鲜度和安全性。另外，便捷的消费方式有利于消费习惯的养成，可以增加客户对 O2O 平台的使用率。

第四种渠道则是通过即时配送的方式由商超直接配送上门。国内的即时配送行业已经初具规模，各连锁商超在开拓生鲜商品配送领域时完全可以依托现有的即时配送平台和企业，或是在订单量较高的情况下发展自营的物流。除了依托饿了么、美团等外卖平台，与京东、阿里等已经具有一定物流规模的成熟企业达成专门协议也是良好的选择。例如沃尔玛就与京东到家达成合作，专注于商超生鲜的配送，成功地打开了商超生鲜即时配送的流通渠道。

四、流通渠道整合方案设计

（一）识别流通渠道整合的机遇

根据渠道权利理论，行使渠道权利会带来两种结果："渠道合作"和"渠道冲突"。在察觉到渠道合作和渠道冲突将产生或已经发生的时候，就是识别机遇整合的关键时期。

由于渠道合作是建立在渠道权利中“彼此依赖”属性的基础之上的，所以渠道合作更倾向于来自供应链上下游的组织之间，例如原材料供应商、制造商、分销商、零售商之间的渠道合作。此时供应链上下游需要通过整合双方资源，使得双方的利益最大化，从而实现各自的目标。在渠道合作的基础上，主要体现为流通渠道层次结构的整合。一方面，可以通过减少流通渠道的长度，加快流通速度，提高流通效率。当制造商到消费者之间的层级结构逐渐减少，即减少中间商数量，就完成了渠道在层级结构上的整合。例如有些大型连锁商超开启了生鲜商品的配送业务，就是完成了商品从生产商到零售商到消费者的流通渠道整合。这种整合方案减少了中间商的数量，使得商品经过最短的路径到达消费者手中，更有效率地实现了商品的价值。

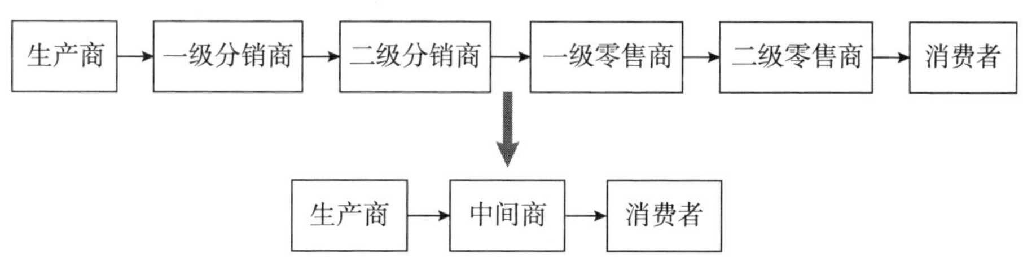

图6－6　流通渠道长度结构整合前后对比

另一方面，要识别在流通渠道发展过程中的“渠道冲突”。正确地处理渠道冲突十分重要。由于渠道冲突主要体现为不同主体目标和利益之间的分歧，若是处理得当，便会转化为渠道发展的动力；若是处理不当，便会增加流通渠道的运营成本，从而降低渠道效率。根据渠道冲突理论，保证适中的渠道冲突有利于渠道成员的进步，那么识别适中的渠道冲突和过大的渠道冲突就成了识别渠道整合机遇的关键。而在流通渠道中，渠道冲突主要体现在渠道的宽度结构上。此时，减少中间商数量或者促进中间商的合作是提高效率的关键。在这种情况下，值得推崇的是流通渠道中的机动论。因为在现行的生鲜商品零售中，线上零售和线下零售都存在着各自的优势和不足，线上零售缺乏体验，而线下零售则缺乏便利性和折扣。但由于消费者的接受服务和购买行为是可以分离的，就为中间商的互利共赢提供了可能性。在这种情况下，零售商就可以将发展线下体验店（如社区店、合作店）与线上零售相结合。另外，同样销售方式的中间商也可以“互搭便车”，例如消费者在服务更好的店里接受了服务之后选择了价格更优惠的店。这就要求中间商之间可以建立战略合作关系，促进渠道的完善和整合。

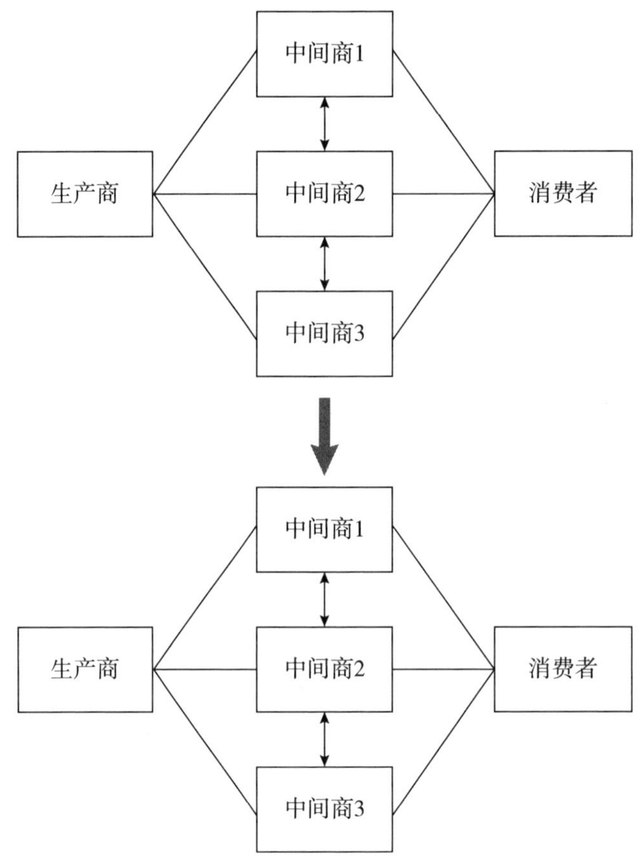

图6－7　流通渠道宽度结构整合前后对比

最后，识别战略合作的机遇。在新零售的背景下，建立渠道成员之间的高层次合作显得尤为关键。尤其是在配送渠道方面，在连锁商超刚刚开通线上零售业务的时候，可以与一些物流配送较为完善的企业建立战略合作关系，实现专业配送。针对生鲜商品的特殊性，不可选用一般物流配送，必须选用拥有即时配送领域的企业。目前我国即时配送行业的发展相对完善，充分利用同城快递配送、外卖平台以及京东、阿里等一些已经开辟并完善自身即时配送的企业合作不失为一种良好的选择。沃尔玛超市就与京东到家达成了战略合作，实现以生鲜为主的专门配送，完成了沃尔玛生鲜线上线下双渠道的整合。

在识别可整合的机遇之后，探讨技术可行性和如何实现技术发展也尤为重要。渠道整合过程中的技术可行性问题主要体现为在缩短渠道长度、整合渠道宽度的同时能否实现曾经归属于经销商和中间商的信息和商品传递功能，保证商品价值的实现。简而言之，如何实现商品从生产商直接流向消费者成为整合过程中的技术关键。

在渠道合作上，在商品流通渠道上建立连锁商超向对应合作店、社区店的每日定量配送，在信息渠道上通过 O2O 平台的搭建将线下体验和线上零售相结合，实现双渠道的融合。在协调渠道冲突的过程中，统一渠道各主体的目标，并调和各主体之间的利益。在战略合作上，综合评价市场中可选择的合作商的配送水平。由于生鲜产品有一定的特殊性，需要冷链环节保鲜、即时配送等，所以需要关注合作商是否能够满足配送生鲜产品的能力，统一双方的目标和利益，促进双方的相互补充、互利互惠。

（二）设计和完善现有渠道的商业模式

对于大多数连锁商超而言，生鲜零售基本上还停留在以传统零售方式为主的线下零售，所以本章的研究将以主要依靠传统线下零售的连锁商超为例，分析其生鲜商品的零售渠道整合方法。

1. 线下零售的整合方案

根据前文对线下零售整体发展态势的分析，在快消品领域，连锁商超大卖场的渠道逐年下降，尤其对于生鲜产品这类具有较强时效性的商品，卖场销售的比例更是逐年减少。所以，针对生鲜商品的线下零售，要尽可能外延到社区店及社区周边的合作店，以大卖场为物流转运中心和大型仓储中心，每日根据需求量将生鲜产品运送到合作店和社区店，使线下零售的流通渠道不断减少流通环节，扩展流通渠道，向着扁平化结构发展。

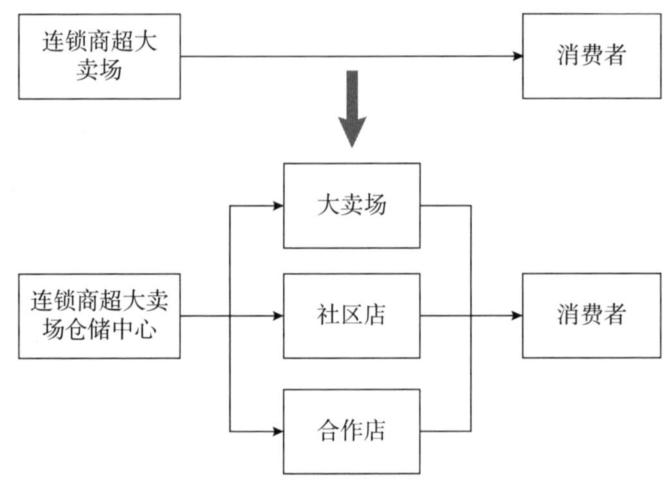

图6－8　线下流通渠道整合前后对比

其中，开设社区店还是发展合作店的选择也十分重要。在已经占有大部分市场或是购买力较弱的社区附近发展合作店，利用现有资源，整合已经存在的零售渠道，将商超本身的生鲜商品零售与之融合，获取利润。在市场还存在一定比例但购买力又达到一定水平的社区开设自己的社区店，实现零售末端的扁平化，进一步占有生鲜商品线下零售市场。

2. 线上零售的整合方案

对于线上零售，其整合过程主要涉及新型中间商以及现有的其他线上零售商的整合两个方面。

在线上零售渠道中对新型中间商进行整合，主要是对第三方支付平台、广告信息以及物流服务商进行整合。选择切实可靠而且易于消费者接受的第三方支付平台，可以保证在商品交换以及商品价值实现过程中资金流的顺利传递，避免资金链的断链问题产生。吸收电子商务中的广告信息优势，不断地优化信息的传递方式和内容，尽可能地降低线上零售缺乏体验感、信息不透明的劣势。物流也是线上零售的重要环节，鉴于生鲜商品的特殊性，零售环节的物流服务主要体现为同城范围内的即时配送，不涉及远距离和长时间的运输。所以本章将在第三节具体阐述关于如何规划适应整合后的流通渠道的配送模式。

另一方面，就是对线上零售现有零售商的整合。由于线上销售的信息流和商品流的可分离性，对现有零售商的整合主要分为两个方面，一方面是对信息流通渠道的整合，一方面是对商品流通渠道的整合。

对信息流通渠道的整合主要体现在提供商品信息和体验服务方面。对于生鲜产品而言，差异化和个性化销售的机会并不多，同类产品的区分信息主要有产地来源、生产方式等。在这种情况下，可以由几个大型连锁商超共同建立一个销售信息平台，提供生鲜类商品的信息及价格。同类商品可以实现品种和价格的竞争，不同类商品可以互相补充，构造出一个品类完善、竞争机制良好的线上销售平台。

在对商品流通渠道的整合中，可以发展共同配送业务。在一个城市的范围内，由于用户数量有限，竞争对手众多，所以一个连锁商超很难形成规模效应。由多个连锁商超共同配送，可以分摊固定的成本，订单量也有所增加，在降低成本的同时增加了销售收入，从而使得建造专门化、专业化、大型化的生鲜配送具有可行性。

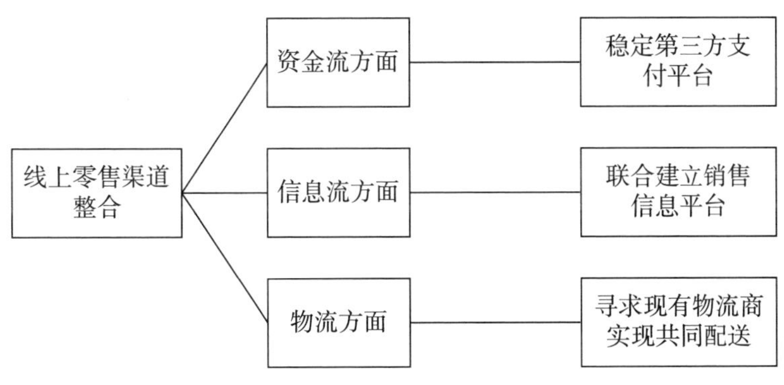

图6－9　线上零售整合过程

这种对现有的线下及线上零售的渠道整合大大抢占了同行业竞争对手的市场份额，全方位地渗透到消费者的日常采购渠道。当社区店和合作店发展到一定数量时，以及多个商超的线上销售平台达到一定规模时，市场份额就已经被占领。这样的生鲜商品销售模式具有不可复制性，保护了商业模式的知识产权。

（三）组合并重构渠道模式及文化

在渠道整合中的战略合作区别于简单的渠道合作，是渠道成员之间更高层次的合作。实现渠道成员统一发展路径，整合渠道资源，实现整体利益的最大化，就是战略合作的本质含义。

战略合作要求我们不能将线上零售渠道和线下零售渠道简单地割裂开来，而是将它们作为渠道整合的两个个体，用系统化的思想加以研究和整合。重构渠道模式就是要实现线上零售渠道和线下零售渠道的融合。

线上零售的主要优势是价格优惠、配送方便，线下零售的主要优势则为体验较好、信息透明。与此同时，双方的劣势刚好是另一方的优势。在零售渠道整合的过程中，融合二者的优势，重构零售渠道模式，就成为较好的选择。

在商品价值实现的过程中，分别要完成信息流、资金流和物流的传递。那么在整合线上零售渠道和线下零售渠道的过程中，就要利用各自渠道中传递较优的部分。

在新型中间商发展逐渐完善的电子商务中，完全保障逐渐完善的第三方支付平台已经融入了消费者的生活，它减少了现金的使用，对于企业来说也降低了一定的人力成本。

在信息流的传递过程中，要实现线上线下双渠道共同传递。线上传递店铺所拥有的产品种类和数量，避免了传统零售渠道传递中出现消费者到店却缺货所造成的不便。线下零售提供消费者所需要的消费体验，对于生鲜类产品，消费者可能需要辨别其新鲜度、线上平台信息的真伪性等。由线上的信息和线下的体验共同完成的信息流传递在很大程度上完善了传统的线上和线下的信息传递方式。

在物流的传递过程中，同样要完成两种渠道的整合。消费者可以通过线上销售平台自行选择取货方式。主要的取货方式有 4 种：第一，消费者前一天在线上下单，第二天到店自提；第二，消费者进店自选，然后通过线上平台进行交易；第三，消费者线上下单，由商超共同配送，将生鲜商品配送至智能取菜箱；第四，消费者线上下单，由商超共同配送，将生鲜商品配送到家。不同的取货方式可以适应不同消费者对于消费过程的需求以及对于需求时间和地点的差异。完美地融合线上线下物流的优势，使得消费者更加便利地享受购买生鲜的服务，有利于养成消费者的消费习惯，从而促进消费订单量的稳步提升，动态地使整个生鲜商品零售渠道得到运营和发展。

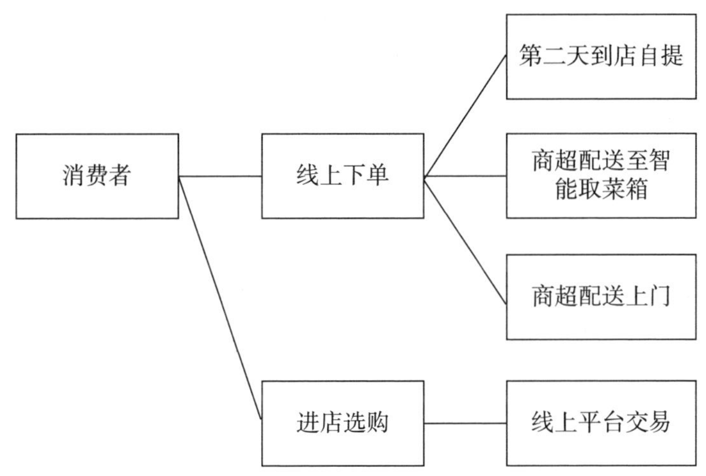

图 6-10　渠道整合后零售渠道模式

如此将原有的商业模式进行完善，再根据不同渠道的优势功能将整个渠道进行融合重构，就形成了适应新零售背景的商超生鲜零售渠道。在新零售日益发展的今天，这种双渠道供应链被广为应用在一些服装企业和化妆品企业当中。本章结合了生鲜产品的特殊性，将其应用于连锁商超的生鲜商品零售当中，具有一定的实际意义。在实际运用中，也可以采用其他类别企业的双渠道供应链协调机制，合理分配两个渠道的目标和利益，使双渠道能够更好地为企业目标和整体利益服务。

第三节　零售企业渠道整合决策

互联网技术和线上零售渠道的发展直接影响了消费者和零售企业交易各环节的交易成本，进而影响了零售企业对渠道策略的选择。交易主体对于零售渠道策略的选择受线上线下的渠道特征、所购商品属性和消费者特性的影响。从中国的零售市场来看，我们具有更加突出的特点。我国网络购物需求的扩大主要是由于线上渠道搜索和交易的便捷解决了大部分人购物空闲时间不多的问题，并且随着消费者对网络安全感和依赖性的增强，越来越多的零售商开启了全渠道互补的零售商业模式。本章通过建立理论探究零售商单一渠道模式和整合双渠道模式对商品流通效率、市场需求和企业获利能力的影响。

一、模型构建

线上渠道的开拓有利于消费者在搜索工具的帮助下更便捷地对某一商品进行价格和质量的比较，从而减少对商品的搜索成本，这也是线上渠道相较于线下渠道最大的特点。但这种便利性会导致线上渠道商品的不确定性增强。通过线上渠道，我们对某一商品的了解只能间接地通过图文说明或是部分消费者的评价获得，无法像实体渠道一样直接通过实际体验获得。当然，产品的不确定性也和产品本身的属性相关，如办公用品类的标准品，其不确定性就较小，通过简单的图文说明，消费者就能够基本了解这款产品，消除不确定性；但如果是化妆品、服装等非标准品，不确定性就通常较高，需要消费者到线下进行检查试穿才能基本了解并消除这一不确定性。此外，作为传统零售商，本身只拥有线下渠道，后期才开拓了线上渠道。因此，消费者需要花费时间和精力学习，才能实现购买渠道的转移。这其中包括消费者需要学习软件下载、网页操作、绑定支付以及消除不安全感等去改变长期形成的购物习惯所花费的成本，简单地说也就是消费者对实体渠道的黏性转移到线上渠道的成本，并且这一成本因人而异，不一样的年龄、学习能力和生活状态所耗费的成本会有较大不同。

综上，消费者的渠道选择策略取决于搜索成本、产品不确定性（标准化程度）和渠道黏性（转移成本）。本章从探究消费者购物行为各阶段的交易成本出发，分析以上三大因素如何影响消费者的渠道选择以及零售商的定价策略和渠道选择策略，并对零售商的不同渠道整合决策进行分析，探究零售商不同的渠道策略对流通效率的影响。

本章模型做以下假定：其一，假设零售商在两渠道销售产品质量和售后服务相同的商品。随着国家政策的颁布实施和消费者防范意识的增强，许多零售商能够提供线上线下无差异的产品、咨询服务、保修服务和退换货服务。其二，我们将消费者的消费环节分为搜索和购买两个阶段，并假设线上搜索无需成本，线下搜索成本包含但不限于交通成本。其三，消费者在购买阶段会受产品不确定性和对线下渠道黏性（转移成本）的影响选择不同的渠道进行购买。由于两渠道优势互补，且在搜索和购买两阶段均有成本存在，因此“橱窗购物”现象依然存在。

参考 Shy（2014）、陈文轩（2018）建模，假设市场原本只有一家传统线下零售企业，只通过线下渠道进行销售，后来新进入一个只拥有线上渠道的零售商，两渠道处于垄断竞争状态。假设线下渠道为 W，线上渠道为 O，分别以 $p_k(k = O, W)$ 向 1 单位连续的消费者出售无差异的商品，假设产品价值为 $v(v > 0)$。假设在线上渠道建立之前，线下渠道占据着整个市场需求，线上渠道出现后，消费者使用线上渠道需要产生转移成本以抵消对线下渠道的黏性，我们假设转移成本 $S_i \in [0,1]$。同时，产品的标准化程度会反映产品的不确定性，我们假设产品标准化程度 $\sigma \in (0,1)$，并且产品不确定性越大，产品期望价值越小。消费者只有通过线下渠道才能消除产品的不确定性，但需要花费搜索成本 τ（$\tau \in [0,2]$）。此外，基于消费者有限理性，假设消费者已知所有的价格信息、搜寻成本以及转移成本。消费者对于这种情况下的购买策略有三种，分别是直接在线购买（O），前往实体店购买（W）和线下体验、线上购买（WO）。由于模型构建，我们将消费者选择线上搜索、线下购物的行为（同时花费搜索成本和转移成本）假设为不合理且绝对不利己的行为。图 6－11 是消费者购买决策过程示意图：

参考注释：
p_k，($k = Q$，W)：线上线下零售价
v：产品价值
σ：产品标准化程度
τ：线下的搜寻成本
S_i：消费者 i 转移成本

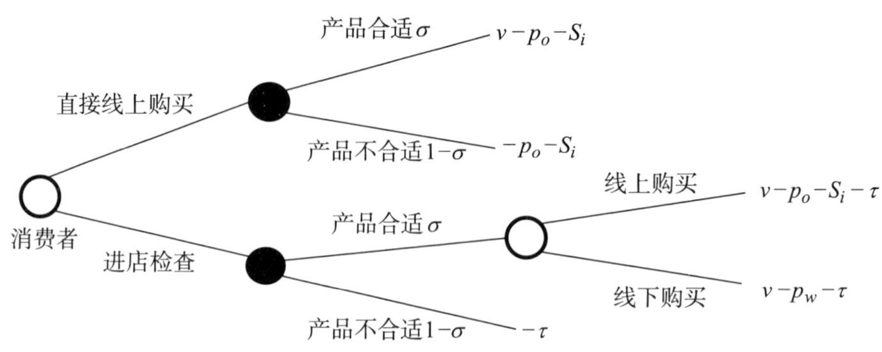

图 6－11　消费者购买决策过程

因此，我们记 $B = \{W, WO, O\}$ 为消费者的购物策略集，假设在给定价格 p_k 下，消费者 i 的净效用 $\mu(B_i \mid p_w, p_o, s_i)$ 为：

$$\begin{cases} \sigma v - p_0 - s_i, B_i = O \\ \sigma(v - p_o - s_i) - \tau, B_i = WO \\ \sigma(v - p_w) - \tau, B_i = W \end{cases}$$ 公式（6－1）

因此，我们将消费者的三种购物类型定义如下：

$B_W(p_W, p_O) = \{S_i : \mu(W \mid p_W, p_O, S_i) \geqslant \mu(B_i \mid p_W, p_O, S_i), B_i \in B\}$

$B_{WO}(p_W, p_O) = \{S_i : \mu(WO \mid p_W, p_O, S_i) \geqslant \mu(B_i \mid p_W, p_O, S_i), B_i \in B\}$

$B_O(p_W, p_O) = \{S_i : \mu(O \mid p_W, p_O, S_i) \geqslant \mu(B_i \mid p_W, p_O, S_i), B_i \in B\}$

计算得出，选择不同渠道策略的消费者测度分别为：

$B_W(p_W, p_O) = \{S_i : S_i > \text{mas}\{S_w, S_r\}\}, B_{WO}(p_W, p_O) = \{S_i : S_i > \text{mas}\{S_w, S_r\}\}$

以及

$B_O(p_W, p_O) = \{S_i : S_i \leqslant \min\{S_O, S_W\}\}$，其中 $S_r = p_W - p_O, S_W = \tau + \sigma p_W - p_O$，

$S_O = \dfrac{\tau}{1 - \sigma} - p_O$（即 $(S_O + p_O)(1 - \sigma) = \tau$），如图 6－12 所示：

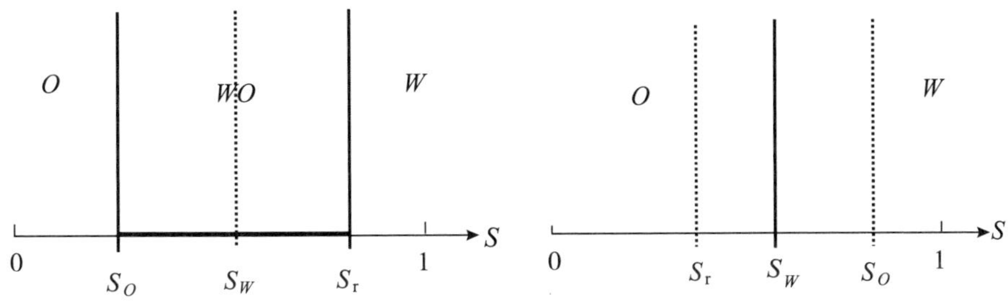

图 6－12　消费者渠道策略分布情况

显然，转移成本 s_i 越小，越可能直接通过线上渠道消费。S_r 是渠道策略 W 和 WO 的临界点，取决于 p_O 和 p_W 的差。可以解释为，消费者去线下检查，在发现商品合适后，已经发生的搜索成本就成了沉没成本，此时只有网络价格足够优惠并且这一优惠能抵消消费者的转移成本，消费者才可能转移到线上渠道购买，否则就会直接线下购买。S_0 是渠道策略 O（直接线上购买）和 WO（“橱窗购物”）的临界值，S_0 取决于 $(1-\sigma)(p_o+S_O)$ 与线下搜寻成本 τ 之间的比较。因此，对于一个消费者来说，在线上购买前是否要去线下实体对商品进行体验和检查取决于商品的标准化程度、线上价格和搜寻成本。若是搜寻成本较低，商品标准化程度低或线上渠道价格相对高，消费者会倾向于在线下渠道检查后购买。经过变形，我们可以得到 $S_W=\sigma S_r+(1-\sigma)S_O$，即直接选择线上渠道和“橱窗购物”的临界值总会在 S_o、S_r 之间，是消费者有限理性对搜索成本、不确定性和价格差的评估。

根据图 6－12，得出线上渠道和线下渠道的需求 $n_k(k=O,W)$ 分别为：

$$n_W(p_W,p_O)=\sigma\int_{S_i\in B_{W(p_w,p_O)}}dF(S_i)$$ 公式（6－2）

$$n_O(p_W,p_O)=\sigma\int_{S_i\in B_{WO(p_w,p_O)}}dF(S_i)+\int_{S_i\in B_{O(p_w,p_O)}}dF(S_i)$$

其中，$F(.)$ 是 S_i 的累积密度分布函数。

二、单一渠道均衡分析

假定两零售商独立运作，分别拥有线上或线下渠道，在市场上分别定价并销售同一款商品，处于双寡头垄断。一般来说，我们把两个零售商的边际成本和固定成本均假定为0，那么两零售商的利润为：

$$\pi_k(p_O,p_W) = p_k n_k(p_O,p_W), k = W,O \quad \text{公式（6-3）}$$

因此，对于单一渠道均衡（B_i^*,p_W^*,p_O^*）应同时满足：

a. 对任意 $\mu(B_i^*,p_W^*,p_O^*;s_i) \geqslant \mu(B_i,p_W^*,p_O^*;s_i), \forall B_i \in B$

b. $\pi_O(p_W^*,p_O^*) \geqslant \pi_O(p_W^*,p_O)$

c. $\pi_W(p_W^*,p_O^*) \geqslant \pi_W(p_W^*,p_O)$

我们将存在 *WO* 消费策略集的均衡记为Ⅰ类均衡，不存在的记为Ⅱ类均衡。由于消费者转移成本的不同且线下渠道需耗费搜索成本，所以两渠道的售价不是消费者选择消费渠道的唯一决定因素，但渠道售价的升高会抑制消费需求。不存在单一购物策略的均衡，且处于某一均衡的时候，只有消费者购物集的不同。

1. 当 $p_W < p_O$ 且 $\tau + \sigma p_W < p_O$ 时，对任意 $S_i \geqslant 0$ 均有 $\mu(W| p_W,p_O,S_i) > \mu(O| p_W,p_O,S_i)$ 且 $\mu(W| p_W,p_O,S_i) > \mu(WO| p_W,p_O,S_i)$。此时就只存在 *W* 一种购物策略的均衡，和上文矛盾，故在这种情况下不存在均衡。

2. 当 $p_W \geqslant p_O$ 且 $p_O > \frac{\tau}{1-\sigma}$ 时，对任意 S_i 均有 $\mu(WO| p_W,p_O,S_i) > \mu(O| p_W,p_O,S_i)$，然而，$\mu(W| p_W,p_O,S_i)$ 和 $\mu(WO| p_W,p_O,S_i)$ 的大小取决于 S_i 的值。所以，此时的消费者策略会有 *WO* 和 *W* 两种。

3. 当 $p_W < p_O$ 且 $\tau + \sigma p_W \geqslant 0$ 时，对任意 S_i 均有 $\mu(W| p_W,p_O,S_i) > \mu(WO| p_W,p_O,S_i)$，但 $\mu(W| p_W,p_O,S_i)$ 和 $\mu(O| p_W,p_O,S_i)$ 取决于 S_i 的值。所以，此时的消费者策略会有 *O* 和 *W* 两种。

4. 当 $p_W \geqslant p_O$ 且 $p_O \leqslant \frac{\tau}{1-\sigma}$ 时，$\mu(W| p_W,p_O,S_i) > \mu(WO| p_W,p_O,S_i)$ 对应 $S_i > p_W - p_O$，对应 $S_i < \frac{\tau}{1-\sigma} - p_O$。此时分为两种情况：

（1）当 $p_W \leqslant \frac{\tau}{1-\sigma}$ 时，任意 S_i 满足 $\mu(W| p_W,p_O,S_i) > \mu(WO| p_W,p_O,S_i)$ 和 $\mu(O| p_W,p_O,S_i) > \mu(WO| p_W,p_O,S_i)$，但 $\mu(W| p_W,p_O,S_i)$ 和 $\mu(O| p_W,p_O,S_i)$

取决于 S_i 的值，所以此时的消费者策略会有 O 和 W 两种。

（2）当 $p_W > \frac{\tau}{1-\sigma}$ 时，会存在 $\frac{\tau}{1-\sigma} - p_O \leqslant S_i \leqslant p_W - p_O$ 使得 $\mu(WO \mid p_W, p_O, S_i) > mas[\mu(W \mid p_W, p_O, S_i), \mu(O \mid p_W, p_O, S_i)]$，所以此时的消费者策略会有 WO、O 和 W 三种。将以上四种情况按均衡时消费者策略的不同进行划分，得到图 6－13 中的三种均衡（示意图）：

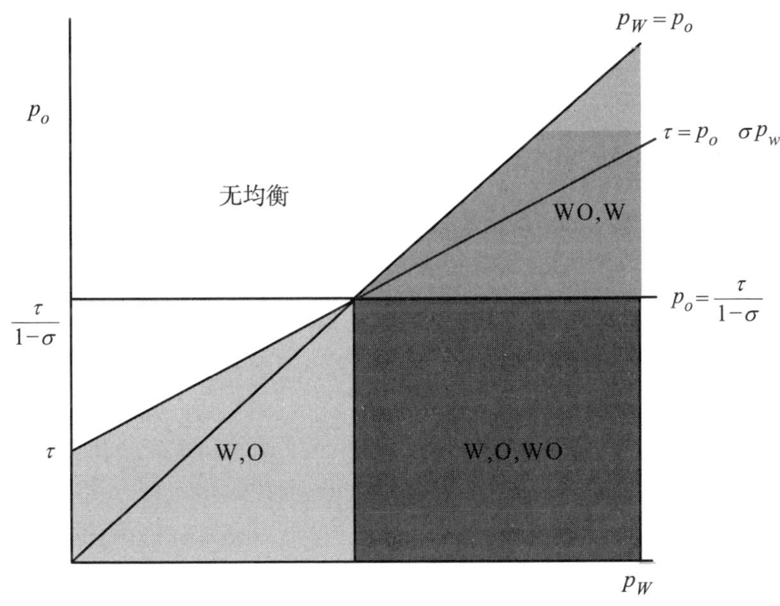

图 6－13　均衡时消费者购买策略集示意图

命题 4.1：其他条件一定时，商品价值越低，“橱窗购物”的现象越不会出现，甚至会消失。“橱窗购物”现象消失时，两渠道拥有各自的市场，互不影响各自的垄断定价。

实现Ⅰ类均衡时，$p_W > \frac{\tau}{1-\sigma}$，由于要满足 $\mu(W \mid p_W, p_O, S_i) > 0$，即还应满足 $p_W \leqslant v - \frac{\tau}{\sigma}$。但若是 $v - \frac{\tau}{\sigma} < \frac{\tau}{1-\sigma}$，即 $v < \frac{\tau}{\sigma(1-\sigma)}$，则此时不存在同时满足的 p_W，那么就不会有消费者选择 WO 这一渠道消费策略，成了Ⅱ类均衡。此时，两渠道利润对价格的最优反应函数分别为 $p_W(p_O) = \frac{1-\tau+p_O}{2\sigma}$ 和 $p_O(p_W) =$

$\frac{\tau + \sigma p_O}{2}$。由此我们可以得出，Ⅱ类均衡时的均衡价格为（$p_W^*, p_O^*$）$=$

$\left(\frac{2-\tau}{3\sigma}, \frac{1+\tau}{3}\right)$。但由于实体店价格又要满足前提条件 $p_W \leqslant \upsilon - \frac{\tau}{\sigma}$，所以若是

$\frac{2-\tau}{3\sigma} > \upsilon - \frac{\tau}{\sigma}$，即 $\upsilon < \frac{2+2\tau}{3\sigma}$，那么线下渠道会制定价格 $p_W = \upsilon - \frac{\tau}{\sigma}$ 剥夺所有消费者剩余，此时两渠道间的竞争消失，线上渠道也将制定最优价格，以实现在各自市场的垄断地位。

命题4.2：其他条件不变，商品价值较高时，线下渠道的定价决定是否存在“橱窗效应”。

证明：$p_W \leqslant \frac{\tau}{1-\sigma}$ 且 $\tau + \sigma p_W \geqslant p_O$ 是消费者不会选择 *WO* 渠道消费策略（Ⅱ类均衡）的必要条件。$p_W > \frac{\tau}{1-\sigma}$ 且 $p_W \geqslant p_O$ 是消费者会选择 *WO* 渠道消费策略（存在Ⅰ类均衡）的必要条件。由于 $p_W \leqslant \frac{\tau}{1-\sigma}$ 时不存在 *WO* 渠道消费策略，这可以解释为，当消费者去实体店检查商品后，线下的售价决定了顾客是否会在已经消耗搜索成本的前提下转移到线上渠道购买。

命题4.3：存在一个线下渠道的定价 $p_W = \frac{\tau}{1-\sigma}$ 与线上渠道的定价无关。

证明：由（6－1）、（6－2）求得线下实体和线上网络的需求 $n_k(k = W, O)$ 分别为：

$$n_w = \begin{cases} \sigma[1-(p_w - p_0)] & p_w > p_o \geqslant \frac{\tau}{1-\sigma} \\ \sigma[1-(p_w - p_0)] & p_W > \frac{\tau}{1-\sigma} > p_0 \\ \sigma[1-(\tau + \sigma p_w - p_0)] & p_W \leqslant \frac{\tau}{1-\sigma} and \tau + \sigma p_W - p_0 > 0 \\ \sigma & p_W \leqslant p_0 and \tau + \sigma p_W - p_0 \leqslant 0 \end{cases} \quad (6-3)$$

$$n_0=\begin{cases}\sigma(p_W-p_0) & p_W>p_0>\dfrac{\tau}{1-\sigma}\\ \sigma(p_W-p_0)+(1-\sigma)\left(\dfrac{\tau}{1-\sigma}-p_0\right) & p_W>\dfrac{\tau}{1-\sigma}>p_0\\ (\tau+\sigma p_W-p_0) & p_W\leqslant\dfrac{\tau}{1-\sigma}\ and\ \tau+\sigma p_W-p_0>0\\ 0 & p_W\leqslant p_0\ and\ \tau+\sigma p_W-p_0\leqslant 0\end{cases}$$

(6－4)

根据需求函数公式（6－3）和公式（6－4），我们可以得出，当产品价值足够大时，两渠道同时定价的最优反应函数为：

$$p_O(p_W)=\begin{cases}\dfrac{p_W}{2} & p_W\geqslant p_0\geqslant\dfrac{\tau}{1-\sigma}\\ \dfrac{\tau+\sigma p_W}{2} & p_0\leqslant\dfrac{\tau}{1-\sigma},\ \tau+\sigma p_W-p_0\geqslant 0\end{cases}\tag{6-5}$$

$$p_W(p_0)=\begin{cases}\dfrac{1-\tau+p_0}{2\sigma} & p_W<\dfrac{\tau}{1-\sigma},\ \tau+\sigma p_W-p_0\geqslant 0\\ \dfrac{\tau}{1-\sigma} & \dfrac{(1+\sigma)\tau}{1-\sigma}-1\leqslant p_0\leqslant\dfrac{2\tau}{1-\sigma}-1,\ \tau+\sigma p_W-p_0\geqslant 0\\ \dfrac{1+p_0}{2} & p_W>\dfrac{\tau}{1-\sigma},\ p_W\geqslant p_0\end{cases}\tag{6-6}$$

显然，当 $\frac{(1+\sigma)\tau}{1-\sigma}-1\leqslant p_O\leqslant\frac{2\tau}{1-\sigma}-1$ 时，$p_W=\frac{\tau}{1-\sigma}$，即此时 p_W 的取值与 p_O 无关。可以解释为，此时线上渠道的售价只会影响选择 *WO* 购物渠道策略的人数，但是不会影响线上、线下渠道各渠道的最终消费人数。

三、双渠道的均衡分析

互联网的发展和线上零售的兴起极大地影响了消费者的渠道选择策略，进而引发零售商对零售渠道整合决策的思考。其一，零售商对渠道整合的决策影响传统线下渠道的长度，即直接面向消费者的直接渠道或中间有中间商的间接渠道。从渠道的变迁过程我们可以知道，我国商品零售经历了从直接渠道到专业分化的间接渠道，再到生产零售一体化的过程。随着信息技术的变革和营销渠道的创新，线上渠道成为减少交易环节、降低交易成本、提高交易价值的有效方式，推动了零售业的转型升级。其二，传统零售商开始思考渠道的布局和整合。作为原本只有线下渠道的传统零售商来说，是要保持原有的渠道布局，还是在原有基础上新建线上零售渠道实现双渠道布局，再将二者整合为全渠道销售模式？根据前文所述，线上线下零售渠道呈优势互补，因此在一定条件下，零售企业更倾向于采取渠道整合策略。

根据模型构建，我们假设零售商（S）在原始状态下作为传统零售商只拥有线下间接销售渠道，要承担边际流通成本 $C_r \in [0,1]$，并且在流通过程中，零售商只制定供货价。随着互联网的发展，传统零售商在原渠道的基础上新增线上渠道，并拥有线上销售定价权。

我们假设某一零售商开设并整合双渠道，同时制定线上价格 p_O 和线下供货价 ω，追求利润最大化。假设建立线上渠道的固定成本为 F_O，实体店进货后制定售价 p_W，追求实体店利润最大化，其余假设均保持不变。因此，消费者效用函数不变，保留效用为0，两渠道的需求函数也不变。

整合双渠道后，零售商和实体店的利润 $\pi_k(k = S,W)$ 为：

$$\pi_s(w,p_O,S_O) = \begin{cases} \omega n_W & S_O = 0 \\ \omega n_W + p_O n_O - F_O & S_O = 1 \end{cases} \tag{6-7}$$

$$\pi_W = (p_W - \omega - C_r)n_W \tag{6-8}$$

其中，$S_O \in \{0,1\}$ 为零售商选择渠道策略，实行双渠道 $S_O = 1$，否则 $S_O = 0$。

命题4.4：当传统零售商只给线下零售渠道供货销售时，线下实体店的定价为 $p_W = \nu - \frac{\tau}{\sigma}$，消费者剩余为0，零售商的利润为 $\pi_S = \sigma\nu - \tau - C_r\sigma = \sigma(\nu - C_r) - \tau$。

证明：只在线下渠道购买时，消费者产生购买需求的原因必然是消费者在线下渠道购买商品所产生的效用大于保留效用，即 $\sigma(\nu - p_W) - \tau \geqslant 0$。因为实体店 W 的利润和零售价 P_W 正相关，所以实体店会制定：$p_W = \nu - \frac{\tau}{\sigma}$（令 $\sigma(\nu - p_W) - r = 0$）。又因为零售商 S 的利润和供货价 ω 成正比，且需确保实体店所获利润大于等于0，即 $p_W - \omega - C_r \geq 0$ ，所以零售商定价 $\omega = p_W - C_r = \nu - \frac{\nu}{\sigma} - C_r$（令$p_W - \omega - C_r = 0$），此时实体店和零售商的利润为 $\pi_W = 0$ 和 $\pi_S = \sigma\nu - \tau - C_r\sigma$ ，得证。

若零售商只拥有线下渠道，那么消费者只能通过线下渠道购买，而零售商会通过定价剥夺所有消费者剩余。而零售商的利润和产品价值、产品标准化程度成正比，和零售商的边际流通成本、消费者的搜索成本成反比。因此，产品价值和标准化的提高会提升消费者的支付意愿，零售商就能更好地获利。但随着流通成本和消费者搜索成本的提高，零售商的获利能力也会受到影响而下降。

命题4.5：零售商采取线上线下双渠道策略时，线下实体的消费者依旧会被剥夺全部的消费者剩余，即 $p_W = \nu - \frac{\tau}{\sigma}$，总是成立而不存在内点解均衡，但存在角点解均衡。

证明：传统零售商保持原渠道不变并新增线上渠道，此时零售商需要同时制定实体渠道供货价格和线上网络渠道的销售价格，此时符合两渠道同时定价模型。考虑到“橱窗效应”，两渠道的需求函数不变。接着用逆推分析法，先求出线下渠道利润对价格 p_W 的一阶导，获得其最优反应函数：

$$p_W(p_O, w) = \begin{cases} \frac{1}{2}(1 + p_O + \omega + C_\iota) & p_W > \frac{\iota}{1-\sigma} \\ \frac{1}{2\sigma}(1 - \iota + p_O) + \frac{1}{2}(\omega + C_\iota) & p_W \leq \frac{\iota}{1-\sigma} \end{cases} \tag{6-9}$$

其次，假设存在内点均衡，将（6－9）代入零售商利润函数，并将函数对实体店供货价格 ω 以及网店价格 p_O 求一阶导数，从而得到均衡价格：

$$(p_W, p_O, \omega) = \begin{cases} \left(\frac{\sigma+\iota}{2(1-\sigma)} + \frac{1}{4}(3 + C_r), \frac{\sigma+\iota}{2(1-\sigma)}, \frac{\sigma+\iota}{2(1-\sigma)} + \frac{1}{2}(1 - C_r)\right) \\ B_i \in \{W, WO\} \\ B_i \in \{W, WO, O\} \\ B_i \in \{W, O\} \end{cases} \tag{6-10}$$

当$B_i \in \{W,WO\}$和$B_i \in \{W,O\}$时，零售商利润海森矩阵$\begin{bmatrix} -\sigma & \sigma \\ \sigma & -\sigma \end{bmatrix}$的二阶主子式为0，即零售商利润对（$p_O,\omega$）非凹，所以不存在内解点使零售商的利润最大化。

由于$B_i \in \{W,WO,O\}$所对应的条件为$p_O < \frac{\tau}{1-\sigma} < p_W$，因此当$\tau \in (\sigma, \frac{(3+C_r)-(1+C_r)\sigma}{2})$非空时，零售商双渠道策略下有唯一内点解均衡（即市场上三种购物方式共存）。又考虑到消费者保留效用，线下渠道实体店和线上渠道的定价范围分别是：$p_W \leqslant \nu - \frac{\tau}{\sigma}$和$p_O \leqslant \min\left\{\nu - \frac{\tau}{\sigma} - S_r^r, \sigma\nu - S_O^r\right\}$。根据内点解均衡价格可以得到$S_r^r = \frac{1}{4}(3+C_r)$、$S_O^r = \frac{\tau-\sigma}{2(1-\sigma)}$，从而得到存在内点解均衡的条件是：$\sigma < \tau \leqslant \frac{\left[2\nu - \frac{1}{2}(3+C_r)\right]\sigma(1-\sigma)-\sigma^2}{2-\sigma}$。

最后代入内点解均衡进行检查，看渠道整合策略下的零售商利润是否更高。求得零售商利润$\pi_S^{ro}(p_r^{ro},p_O^{ro},\omega^{ro}) = \sigma\left[\frac{\sigma+\tau}{2(1-\sigma)} + \frac{1}{8}(1-C_r)^2\right]$，与单一渠道均衡零售商利润作差得：$\pi_S^{ro} - \pi_S^r = \sigma\left[\frac{\sigma+\tau}{2(1-\sigma)} + \frac{1}{8}(1-C_r)^2 + \frac{\tau}{\sigma} + C_r - \nu\right] = \Delta B_j$。要使得内点均衡解成立，需要满足$\Delta B_j \geqslant 0$即$\tau \geqslant \frac{\left[2\nu - 2C_r - \frac{1}{4}(1-C_r{}^2)\right]\sigma(1-\sigma)-\sigma^2}{2-\sigma}$。与内点均衡存在条件$\sigma < \tau \leqslant \frac{\left[2\nu - \frac{1}{2}(3+C_r)\right]\sigma(1-\sigma)-\sigma^2}{2-\sigma}$联立，由于$C_r \leqslant 1$，所以无解，即不存在参数组合（$\tau,\sigma,C_r$）令零售商采用双渠道时的获利能力高于其采用单渠道。

接下来我们证明双渠道均衡角点解存在，即线下实体售价定为$p_W^{ro} = \nu - \frac{\tau}{\sigma}$。已知实体售价，零售商为追求利润最大，定价如下：

$$(\mathrm{p}_O^{ro},\omega^{ro}) = \begin{cases} (\sigma v - \dfrac{\tau + \sigma C_r}{2}, v - \dfrac{\tau}{\sigma} - C_r) B_O \in B^* \\ (v - \dfrac{\tau}{2} - \dfrac{C_r}{2}, v - \dfrac{\tau}{\sigma} - C_r) B_O \notin B^* \end{cases} \tag{6-11}$$

按最优消费者策略集成立条件，当 $\frac{(2\nu - C_r)\sigma(1-\sigma)}{3-\sigma} < \tau < \nu\sigma(1-\sigma)$ 时，满足 $\mathrm{p}_O < \frac{\tau}{1-\sigma} < p_W$，即 $B_i^* \in \{W, WO, O\}$；当 $\nu\sigma(1-\sigma) \leqslant \tau < 2 - \sigma C_r$ 时，满足 $\mathrm{p}_W \leqslant \frac{\tau}{1-\sigma}$

且 $\tau + \sigma \mathrm{p}_{rj} - \mathrm{p}_O \in (0,1)$，即 $B_i^* \in \{W, O\}$，而当 $\tau \leqslant \frac{(2\nu - C_r)\sigma(1-\sigma)}{2}$ 时，满足 $\mathrm{p}_{rj} > \mathrm{p}_O \geqslant \frac{\tau}{1-\sigma}$，即 $B_i^* \in \{W, WO\}$。

接下来验证是否达到以上几种角均衡时，零售商双渠道获得的利润均高于全实体渠道销售。针对以上三种购物策略集的竞争均衡中，零售商的利润变动（$\Delta \mathrm{B} = (\pi_S^{ro}(\mathrm{p}_W^{ro}, \mathrm{p}_O^{ro}, \omega^{ro}) - \pi_S^{r})$）分别如下：

$$\Delta B = \begin{cases} \left(\dfrac{(\tau + \sigma C_r)}{2}\right)^2 & B_i \in \{W, O\} \\ \left(\dfrac{(\iota + \sigma C_r)^2}{2} - (\sigma v - \tau - \sigma C_r)\left[(1-\sigma)v - \dfrac{\iota}{\sigma}\right] \right. & B_i \in \{W, O, WO\} \\ \sigma\left(\dfrac{C_r}{2}\right)^2 & B_i \in \{W, WO\} \end{cases}$$

(6－12)

其中，若 $B_i \in \{W, O\}$ 和 $B_i \in \{W, WO\}$，零售商采用双渠道零售策略能够提高利润，而当 $B_i^* = \{W, O, WO\}$ 时，零售商的利润变动不确定。

当且仅当 $\mathrm{mas}\left\{\frac{(2\nu - C_r)\sigma(1-\sigma)}{3-\sigma}, \tau^r(\sigma, \nu, C_r)\right\} < \tau < \nu\sigma(1-\sigma)$ 时，零售商采用双渠道销售获利更大。

由此，本章亦能得出以下结论。

结论一：消费者选择线上渠道购买，零售商可以通过定价获得更多的消费者剩余。

消费者直接选择线上渠道购买将节省搜索成本，并将其转变为消费者剩余，由此线上渠道就会拥有更高的定价能力，相应地，线下定价也会随着出现一定程度的小幅增长，两渠道价格同时提高能够提高零售商的获利能力。

结论二：橱窗购物能够保留甚至扩大市场需求，增加市场总零售额。

随着近些年城市化的迅速发展，交通拥堵和工作时间约束极大地增加了搜索成本，搜索成本的提高会减少橱窗效应，转一部分线下购买为线上购买，缩小线下需求，提升了线上渠道的零售额，通过线上渠道保留了这部分消费者的市场需求。同时，大数据的匹配使得消费者更能体会到线上渠道搜索成本的降低，也进一步发掘了消费者的需求，增加了社会总需求。

结论三：理论上，零售商选择双渠道策略不改变线下实体店的售价，但会提高线上网络的消费者剩余，提高零售商的利润。零售商利润的增加来自从线下购物转移到线上购物的消费者所节约的线下搜寻成本和流通成本。

根据命题4，若存在直接选择线上渠道策略的消费者，那么选择双渠道策略的零售企业新增的利润和搜寻成本、流通成本成正比，若市场上不存在选择直接在线购物的消费者，那么增加的利润就只和流通成本成正比。这是因为，针对直接线上购买的消费者，线上渠道能够为其节约搜寻、流通成本。若是没有直接线上消费者，那么选橱窗购买的消费者耗费的搜索成本已经成为沉没成本，因此只能节约零售商的流通成本。具体来说，搜寻成本极低时，消费者会更倾向于先在线下渠道检查产品，此时会激励线上渠道的定价比实体店稍低，此时消费者“橱窗购物”节约部分流通成本，提高交易价值。但搜寻成本的增加会使消费者倾向于直接选择线上渠道，线上渠道同时节约了搜索和流通成本。这时零售商的线上定价能力提高，进而提高总利润。

结论四：从消费者效用和零售商利润角度来看，“橱窗购物”行为是一种损失，产生消费者搜寻成本浪费的同时吞噬零售商利润。零售商的渠道整合可以减少但不会消除这一行为。

顾客的异质性使得不同的消费者具有不同的转移成本，因此一种均衡价格无法得到最优结果。当搜索成本极低时，线上渠道极小的定价优势会使部分顾客选择“橱窗购物”。根据包含三种购物策略集均衡的条件，当$\tau \leqslant \nu\sigma(1-\sigma)$时，市场上定会存在橱窗购物者。具体来说，在一定的商品属性下，商品的单位价值越高或搜寻成本越低，消费者就越愿意付出较低的搜索成本进行橱窗购物，以提高期望收益。联系结论二，对于单位价值高的物品，橱窗购物有利于保留市场需求。

结论五：与选择单独线下渠道策略销售相比，选择双渠道策略销售会基本消除搜寻成本极低和产品标准化程度极低时的“橱窗购物”者，同时提高销售渠道的商品流通效率。

当零售商选择双渠道策略进行销售时，实体店没有降低线下实体店的售价吸引消费者进店检查，所以对于产品不确定性极高（即标准化程度极低）的商品，消费者会选择不去线下实体体验，不浪费搜索成本，而直接选择网上购买。对于零售商而言，这就节约了消费者的搜索成本，提高了零售商定价能力，并提高了商品的流通效率。

结论六：流通成本越低，消费者选择直接线上购物策略的概率越低，零售商选择双渠道整合策略的概率越大。

流通成本的降低使零售商更多地从线下渠道获利，同时也限制了线上渠道价格的降低。进一步说，这会降低消费者直接选择线上渠道策略的概率，使零售商获得新增线上渠道的额外收益，进而激励零售企业做出渠道整合的决策。

实际上，零售商会在预期收益和投入成本之间权衡，最后做出是否在原有线下实体的基础上开放线上渠道的决定。以渠道下沉为例，当前许多零售商开始将渠道延伸向欠发达的城市，甚至是农村等低水平发展地区。在渠道下沉的过程中，相比于线上渠道，线下渠道有更多的交易环节，从而提高了线下渠道的流通成本，且由于城市化水平较低、交通不够便捷和商业活跃度不高等问题，也将使消费者的搜索成本提高，因此渠道整合策略能增加零售商的预期收益。但我们仍需要意识到，新增线上渠道需要投入大量资金做网点、仓储中心等基础设施，并且需要大量的人员和培训投入。所以通过对预期收益和成本的评估，不是所有地区都适合渠道整合策略，线上渠道的扩张存在边界，目前对于大部分零售业来说，渠道下沉的最佳边界还是县一级城市。

四、算例分析

（一）考虑市场分割问题的定价策略

以零售企业来说，网络的发展为其提供了更多元的渠道选择。渠道模式的选择大致来说是从单一渠道到多渠道再到多渠道的整合。早期电子商务的出现使得线上零售开始兴起，线上渠道和传统商铺的线下渠道就形成了一种竞争关系，就像淘宝和传统商户之间的竞争。随着网购普及面越来越广、网络法律体系越来越规范，专营网店的零售商愈发感到成本优势和流量红利的消失，面对劣币驱逐良币现象和价格战的惨烈，许多专营线上的零售商感受到了经营的压力，甚至退出了零售市场。同时，传统零售商铺开始发现网络渠道对线下渠道有着优势互补的作用，于是开始新建或借用其他平台开设网店，对线下渠道做补充，就像永辉超市在有门店的前提下和京东到家合作，并独立开发 App，建立线上销售渠道。在双渠道模式下，企业追求利润总和的最优。

本节在前面模型的基础上考虑市场分割对零售渠道的影响，给出具体算例分析各模式下各渠道的价格策略以及零售企业的盈利能力。

假设在被分割为 N 个的市场中有一单位连续的消费者，并假设任一市场的市场份额是 ω_j（$j \in [1,N]$ 且为整数，$\sum_{1}^{N} \omega_j = 1$）。假定零售商在 N 个地区分别建立一个实体店记作 R_j（$j \in [1,N]$ 且为整数），分别以价格 P_j 在本地市场销售。而假设线上渠道以统一价格 P_O 向 N 个市场统一销售商品。假定消费者为了检查商品去实体店所产生的搜寻成本为 τ_j（降序排列）。因此，把市场 m 到市场 n 的搜索成本加权求和为 $\tau_{n-m+1} = \sum_{j=m}^{n} \omega_j \tau_j$，市场份额加权求和为 $\Omega_{n-m-1} = \sum_{j=m}^{n} \omega_j \tau_j$。其余假设不变。

计 $B^j \subseteq \{W, WO, O\}$ 为 j 地区消费者的消费策略集，给定产品价格 p_k（$k = O$，j），j 地区消费者 i 的净效用为：

$$\mu^{j}(B_{i}^{j}\mid p_{w},p_{o},s_{i})=\begin{cases}\sigma v-p_{o}-s_{i}^{j}, & B_{i}^{j}=O\\ \sigma(v-p_{O}-s_{i}^{j})-\iota_{j}, & B_{i}^{j}=WO\\ \sigma(v-p_{j})-\iota_{j}, & B_{i}^{j}=W\end{cases}\tag{6-13}$$

且三种消费者测度也不变，分别为：

$S_{W}^{j}(p_{j},p_{O})=\{S_{i}^{j}:S_{i}^{j}>\mathrm{mas}\{S_{W}^{j},S_{r_{r}}^{j}\}\}$，$S_{WO}^{j}(p_{j},p_{O})=\{S_{i}^{j}:S_{O}^{j}<S_{i}^{j}\leqslant S_{r}^{j}\}$ 以及 $S_{O}^{j}(p_{j},p_{O})=\{S_{i}^{j}:S_{i}^{j}\leqslant\min\{S_{O}^{j},S_{W}^{j}\}\}$，其中 $S_{i}^{j}=p_{j}-p_{O}$，$S_{W}=\tau_{j}+\sigma p_{j}-p_{O}$，$S_{O}^{j}=\dfrac{\tau_{j}}{1-\sigma}-p_{O}$。一般来说，我们设地区均衡时最优消费者的消费策略集如下：

$B^{j*}=\{W,WO,O\}$，$B^{j*}=\{W,O\}$ 和 $B^{j*}=\{WO,O\}$，零售商在 j 地区两渠道的需求规模分别为：

$$n_{j}(p_{j},p_{O})=\sigma\int_{s_{i}^{j}\in S_{W}^{j}(p_{j},p_{O})}dF(s_{i}^{j})\tag{6-14}$$

$$n_{O}(p_{j},p_{O})=\sum_{i=1}^{N}\sigma\int_{s_{i}^{j}\in S_{WO}^{j}(p_{j},p_{O})}dF(s_{i}^{j})+\int_{s_{i}^{j}\in S_{O}^{j}(p_{j},p_{O})}dF(S_{i}^{j})\tag{6-15}$$

其中，F（·）是 S^{i} 的累积密度分布函数。

因此，两渠道的利润函数分别为：$\pi_{j}(p_{O},p_{j})=p_{j}n_{j}(p_{j},p_{O})$，$\pi_{O}(p_{O},p_{j})=\sum_{j=1}^{N}\pi_{Oj}=p_{O}n_{O}(p_{j},p_{O})$。

两渠道处于竞争时，任意地区线下售价会和线上定价形成博弈，即价格战，此时我们可以得到在当地的最优定价均衡为：

$$p_{O}=\frac{\dfrac{\sigma}{2}+\dfrac{1-\sigma}{2}\Omega+\bar{\tau}_{n_{2}}-\dfrac{\bar{\tau}_{n_{1}}}{2}}{\dfrac{3\Omega_{n_{1}}}{2}+\left(2-\dfrac{\Omega}{2}\right)\Omega_{n_{2}-n_{1}}+\dfrac{3\sigma}{2}\Omega_{N-n_{2}}}\tag{6-16}$$

$$p_{j}=\begin{cases}\dfrac{1-\iota_{j}+p_{O}}{2\sigma} & 1\leqslant j\leqslant n_{j}\\ \dfrac{1+p_{O}^{C}}{2} & n_{1}+1\leqslant j\leqslant N\end{cases}\tag{6-17}$$

因此，此时的本地总销售额为：

$$(\pi_j,\pi_O)=\begin{cases}(\frac{\omega_j(1-\iota_j+p_O)^2\sigma}{4}),\frac{\omega_j(1+\iota_j-p_O)p_O}{2}) & B^{j*}=\{O,W\}\\(\frac{\omega_j(1+p_O)^2\sigma}{4},\frac{\omega_j(\sigma+2\iota_j(2-\sigma))p_O}{2}) & B^{j*}=\{O,WO,W\},n_1+1\leqslant j\leqslant n_2\\(\frac{\omega_j(1+p_O)^2\sigma}{4},\frac{\omega_j(1-p_O)p_O\sigma}{2}) & B^{j*}=\{WO,W\},n_2+1\leqslant j\leqslant N\end{cases} \tag{6-18}$$

在一个零售商同时拥有两个渠道时，因为同时拥有定价权，可以实现利润和最大。此时，商家会剥夺全部消费者剩余，即定价 $p_j=\upsilon-\frac{\tau_j}{\sigma}$，将其代入利润可以求得线上渠道的最优价格是 $p_O^j=\frac{2(\sigma\upsilon-\bar{\tau})+\bar{\tau}_{n2}}{2\sigma+2(1-\sigma)\Omega_{n2}}$，此时线上线下两渠道在 j 地的销售额分别如下：

$$(\pi_j,\ \pi_O)=\begin{cases}(\omega_j\ (1-\sigma v+p_O^j)\ (\sigma v-\iota_j),\ \omega_j\ (\sigma v-p_O^j)\ p_O^j)\\B^{j*}=\{O,\ W\},\ 1\leqslant j\leqslant n_1\\(\omega_j\ (1-v+\frac{\iota_j}{\sigma}+p_O^j)\ (\sigma v-\iota_j),\ \omega_j\ (\sigma v-p_O^j)\ p_O^j)\\B^{j*}=\{O,\ WO,\ W\},\ n_1+1\leqslant j\leqslant n_2\\(\omega_j\ (1-v+\frac{\iota_j}{\sigma}+p_O^j)\ (\sigma v-\iota_j),\ \omega_j\ (\sigma v-\iota_j-\sigma p_O^j)\ p_O^j)\\B^{j*}=\{WO,\ W\},\ n_2+1\leqslant j\leqslant N\end{cases} \tag{6-19}$$

（二）算例分析

假定以线上零售额/线下零售额作为对线上渠道影响力的考量。由于市场规模对线上渠道规模没有影响，并且假定规模相等有利于更直观地聚焦于搜索成本对零售商市场规模的影响。因此我们假定有 9 个（依照福建九地市划分）规模相等的市场，即 $\omega_j = \frac{1}{9}$。

1. 两渠道处于竞争时

假定搜寻成本 $\tau_j \in U[0,0.5]$，消费品标准化程度 $\sigma = 0.8$，消费品价值 $v = 4$，我们将具体数值代入（6－16）和（6－18）之中，可以得到搜寻成本对线上线下定价的影响、搜寻成本对零售商销售额的影响以及搜寻成本对线上渠道影响力的影响。由此我们得到图 6－14：

如图 6－14a，渠道竞争时，线上渠道的售价低于线下，但优势随着搜索成本的上升逐渐消失。如图 6－14b，线下渠道销售额随着搜寻成本的升高先小幅上升后下降，而线上渠道的销售额随着搜索成本的提高不断提升。因此，线上渠道影响力也随着扩大。简言之，渠道竞争时，搜索成本的升高会降低消费者进店检查的概率，从而削弱价格战的激烈程度。若是搜索成本较高（体现在交通拥挤、商业密度低等），线上渠道的竞争优势则较为突出。若是搜索成本较低的地区，线上渠道的影响力则被削弱。

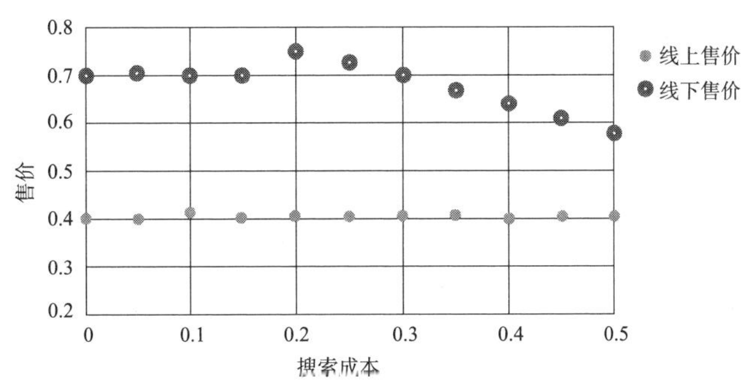

图 6－14a 网店与实体店价格

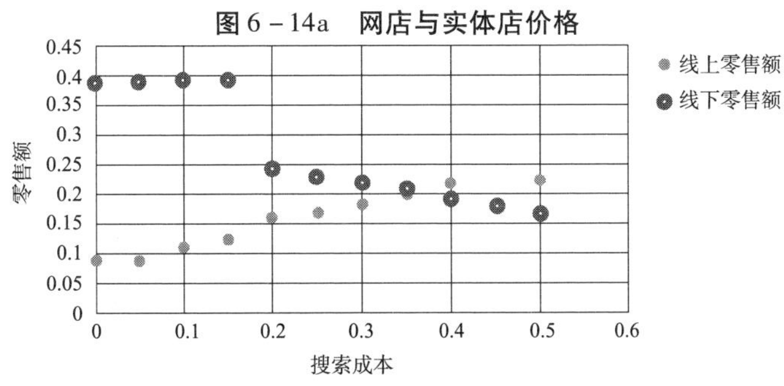

图 6－14b 网店与实体店零售额

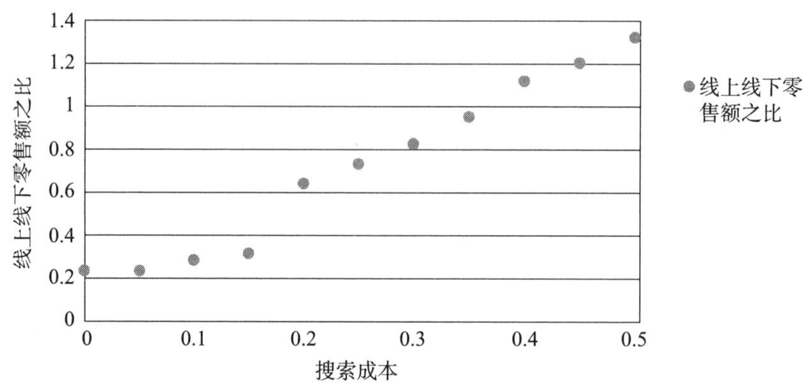

图 6－14c　线上渠道影响力（线上线下零售额之比）

2. 线上线下渠道整合

假定搜寻成本 $\tau_j \in U[0.5,1]$，消费品标准化程度 $\sigma = 0.8$，消费品价值 $\upsilon = 4$，我们将具体数值代入（6－16）、（6－19）中，可以得到搜索成本对线上线下定价的影响及搜寻成本对零售商销售额的影响。由此我们得到图 6－15。

由图 6－15a 可知，线下渠道的定价和搜索成本成反比，搜索成本的上升使线下渠道的定价能力削弱，而线上渠道的定价能力提高，甚至在搜索成本极高时会出现线上高于线下的情况。避免渠道竞争时，线上渠道定价向下扭曲。根据图 6－15b，线下渠道的销售额随着搜索成本的升高先增后减，线上渠道的销售额随着搜索成本的升高先减后增后趋于稳定，因此线上渠道的影响力先减后增。

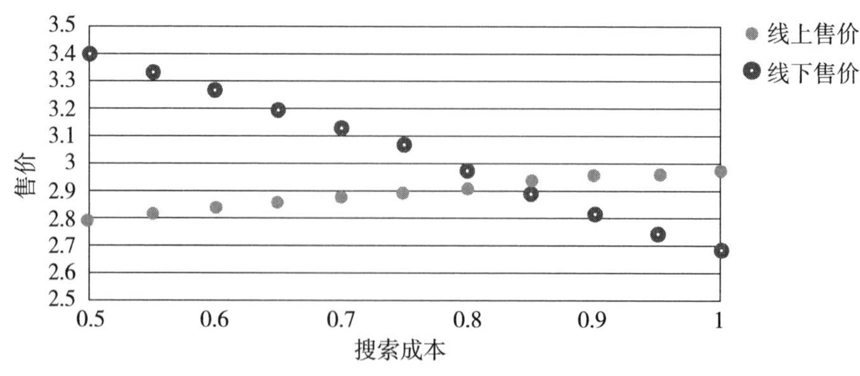

图 6－15a　网店与实体店价格

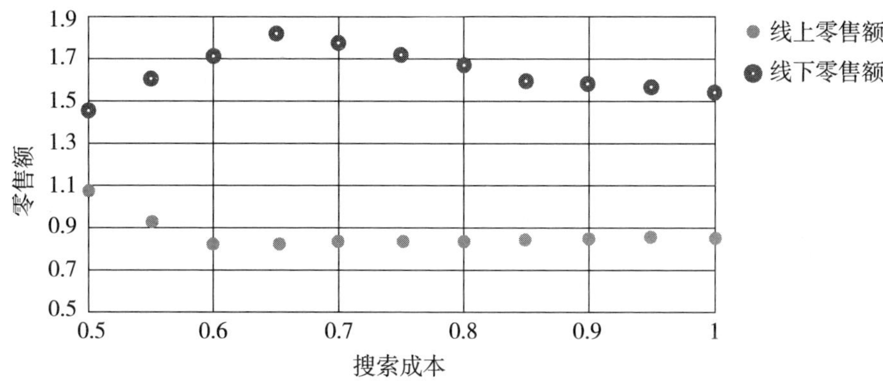

图 6 - 15b　网店与实体店零售额

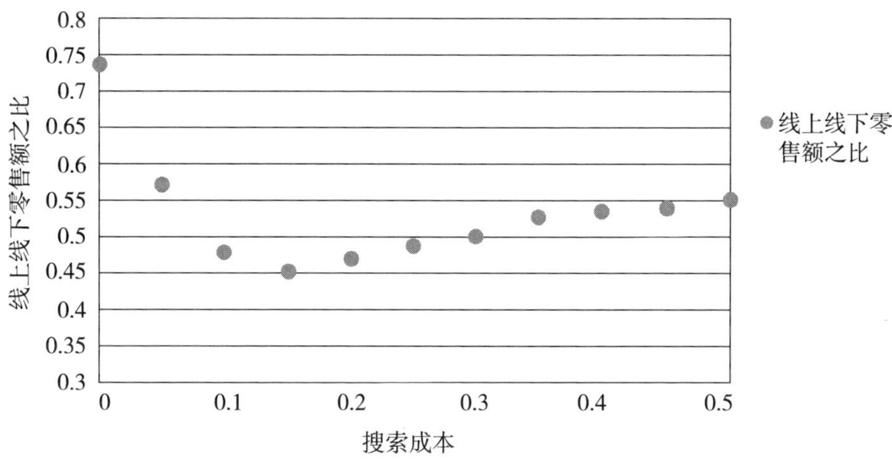

图 6 - 15c　线上渠道影响力（线上线下零售额之比）

由图 6 - 14c 可以得出，两渠道处于竞争时，随着搜索成本的降低，线上渠道的影响力也会降低；但对比图 6 - 15c 则会发现渠道的整合能够避免这个问题，当搜索成本较低时，线上渠道的影响力反而会快速上升。也就是说，随着社会生产总量的扩大，线上渠道的成本优势消失，若是渠道仍处于竞争状态，则线上渠道的盈利水平会受阻，甚至被迫退出市场。同时，线上渠道的低影响力或退出会影响市场的保留和进一步扩大。因此，此时线上渠道选择整合线下渠道策略能够在保留线上市场的基础上获得市场的进一步扩张。

第四节　生鲜商品配送模式的优化方案

一、我国生鲜商品配送模式的现状

（一）生鲜商品现有配送模式

表6－1　我国生鲜商品配送模式

配送模式	主要生鲜零售商	优势	劣势	适用企业
自建物流	沱沱工社、顺丰优选、京东、天猫等	运营成本较低 有利于供应链管理 有利于降低供应商配送成本	前期投资较大 经营风险大 超市物流库存风险增加	拥有较雄厚的资金支持、拥有较稳定的订单量的生鲜零售商
第三方物流	早期沱沱工社	有利于降低供应商配送成本 缩短交货时间 门店收货容易 有利于供应链管理 经营风险分散	不利于超市对配送环节控制 运营成本较高 配送费用不确定	在生鲜零售商的早期发展中，随着订单量的增长，自建物流的速度赶不上扩张的速度，会选择具有完善物流技术的公司进行落地配等
社区式配送	武汉家事易、深圳应云智慧平台等	降低超市成本压力 无需初始投资 集中精力建设门店 经营风险分散	将配送成本转嫁给供应商 供应商交货难、交货时间长 门店收货工作复杂 不利于供应链管理	适用于连锁超市实力不强，区域内门店数较少的生鲜零售商
便利店＋O2O模式	沃尔玛	运营成本较低 有利于供应链管理 集中精力建设门店 有利于降低供应商配送成本 经营风险分散	门店收货工作复杂	适用于订单量较大、产品种类较多，资本雄厚的传统大型商超

（二）生鲜商品配送模式现存问题

生鲜商品的配送模式主要针对生鲜商品的线上销售，但是想要满足消费者的需求并保证运营绩效是十分困难的。以 PUPU 模式为例，想要保证半小时以内的配送时间，就会对配送员数量、配送设备数量、物流成本等提出很高的要求。在订单量较小时，大量的配送员和配送设备闲置会造成固定成本的浪费；而在订单量较多时，想要实现短时间内的配送就需要配送员和配送设备的数量成倍增长，不仅会使得前期固定资产的投资增加，还难以在短时间内实现雇佣并培训出较多质量较优的配送员。

在 PUPU 模式的短时间配送存在弊端的情形下，永辉超市推出的彩食鲜业务却展现出一定的优势。彩食鲜采用前天下单第二天送达的业务具备了一定程度上的可行性。彩食鲜业务在时间上实现了准时无误，也在物流成本上降低到一定水平，使得运营绩效大大提高。但是彩食鲜业务主要针对 B2B 模式，如何将其推广成 B2C 模式就成了线上零售配送的瓶颈。

二、生鲜商品配送模式的发展趋势

由于生鲜零售配送有着短距离、及时性的特点，所以在配送模式方面可以依托现有发展的即时配送，根据现有即时配送的发展特点与趋势预测其趋势。

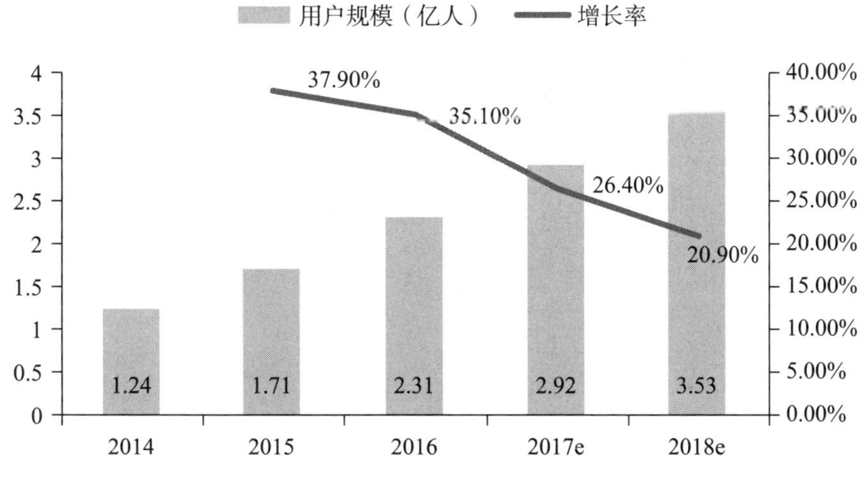

图 6－16　2014—2018 年中国即时配送行业用户规模及预测

2014 年以来，即时配送用户呈现快速增长趋势，增长率始终维持在 20% 以上。用户的激增同时也给即时市场的发展提供了基础条件和更高要求。但增长率在近两年已经呈现出逐年递减的趋势，说明市场已经趋于饱和。

在发展生鲜零售配送的过程中，保持足够数量且稳定的订单是降低配送成本、维持平台正常运营的关键。所以对订单数量的预测也显得十分重要。

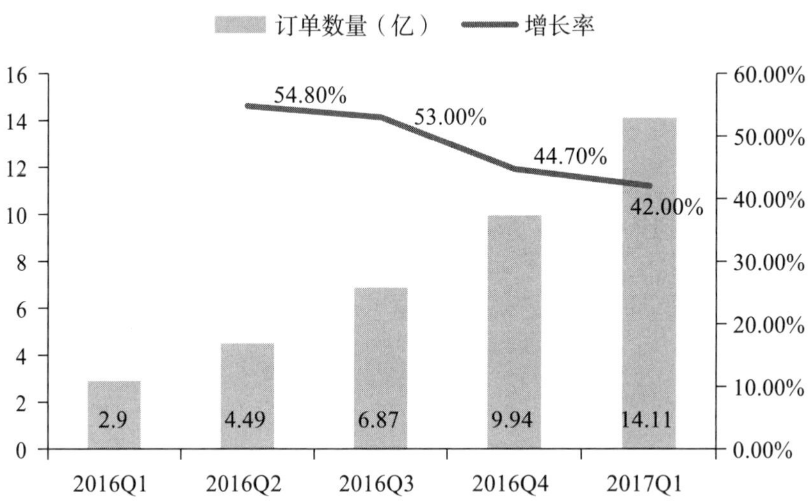

图 6－17　2016 年第一季度至 2017 年第一季度中国即时配送行业订单规模

近两年来，我国即时配送行业的订单规模保持增长势头，而增长率尽管出现了下降的趋势，但整体增速依然较快（如图 6－17）。同时，当前即时配送行业仍处于发展新用户的阶段，保持较高的订单量仍然是即时配送行业接下来的发展重点。

在即时配送中，尽管外卖业务仍占主体地位，但是近几年也有向非正餐尤其是生鲜领域发展得趋势。根据以上数据分析可以得知，在未来几年里，生鲜零售配送将拥有一个值得期待的较大订单量，这个订单量足够维持几个生鲜 O2O 平台的运营及正常盈利。

生鲜配送所需的仓储必须分散在当地近郊附近，且订单需求随机性大，充足稳定的订单源是盈利的关键，而稳定的订单普遍有两种来源：一种是充分发挥线上平台优势，如建成像美团等大规模的线上平台；另一种是以良好的线下合作为依托，例如沃尔玛等连锁商超。此外，提高服务水平打造商家效应也能使平台获得相对稳定的客户源。

相对于餐饮外卖，商超宅配具有不同的特点。由于商超宅配适应了电子商务的时代背景，所以在市场占有率上相对发展较快，市场前景值得期待。众多电商平台、O2O 平台等不同参与者均开始参与到该领域竞争中。在运营方式方面，大多数商超宅配平台的模式偏重，一方面体现在深入产品供应链，另一方面体现在自建配送团队上，造成了市场准入门槛较高。在目标用户方面，商超宅配的核心群体是对生活品质有追求或有紧急需求的用户。

在新零售的背景下，随着生鲜零售配送市场的完善，我国生鲜零售在配送方面主要有两种模式，分别为到店 O2O 和到家 O2O。到店 O2O 更关注商家向消费者提供良好的线下体验，到家 O2O 更注重向消费者提供满意的配送服务。在这方面，外卖配送给了我们很好的启示，打造 30 分钟 3 公里生活圈，将线下流量线上化，实现精细管理，通过数据化运营提升效率。例如饿了么在不断增加营销能力的同时，与阿里合作研发人工智能调度系统，不断优化算法，以提高配送效率。在连锁商超的生鲜配送方面，沃尔玛也做出了很好的示范作用。沃尔玛与京东到家达成战略合作，专注于生鲜配送。与物流系统较为成熟的大型物流公司合作配送，对于末端配送系统较不成熟的连锁商超来说不失为一种良好的选择。

三、生鲜零售的配送模式优化方案

（一）实现共同配送

在上文中对商品零售渠道的整合中已经提到，实现线上零售物流方面的整合需要较大的订单量，而保持订单量的较优方法则是联合几家大型连锁商超，实现在配送业务上的合作。建立一个在配送业务上联合运营的平台，为实现生鲜商品共同配送提供了可能性。

由于生鲜产品具有特殊性，所以其运输过程和配送过程也有更高的专业化标准要求。要想在其物流过程中保证新鲜度，就需要对物流设备提出相当高的标准。多家商超联合配送可以大大降低前期投资设备的费用，获取较晚进入市场的竞争者所不具有的优势。

1. 降低配送成本

一方面，高昂的冷链运输和配送设备成本可以由几家公司分摊，使得配送的固定成本大大降低。多家商超共同配送也使得订单量大大增加，与此同时，物流设备的利用率也随之增加，分摊到每一单的配送成本随之降低；另一方面，通过对配送过程中路径的优化，不断地优化算法，使得配送员可以在一次配送过程中同时配送来自多家商超的多笔订单，进一步促进配送人工成本的降低。

2. 降低经营风险

企业在经营配送中十分容易遇到来自内外部的各种风险。例如在配送某环节出现问题导致食品变质、运输过程不符合标准受到惩戒、来自天气或灾害等不可抗力造成的损失等，都可以由多家公司共同承担，使得企业的经营风险大大降低。

3. 提高企业的运营水平

由于多家商超共同配送，订单量较多，可以实现对于物流设备的最大限度使用，提高了设备的运行效率。在设备需要更新换代以及开发新技术时，共同配送就在一定程度上促进了配送运营水平的提高。除此之外，多家企业共同配送，配送信息就会更加透明，在增强竞争的同时也促进了服务水平的改善，从整体上促进了运营水平的提升。

（二）O2O 平台下的配送模式整合

完成对多家连锁商超的生鲜商品进行共同配送的整合后，本章的研究将连锁商超自建 O2O 平台分为两部分，分别给出关于到店 O2O 和到家 O2O 流通渠道的具体配送模式。

1. 到店 O2O

在两种 O2O 的模式下，到店 O2O 更加强调商户赋能，要求实体店为消费者提供更好的线下体验。所以在完善到店 O2O 的平台建设之后，实体店也需要提供良好的线下服务。良好的线下服务和体验同时也会为企业带来良好的企业形象，从而获取消费者信赖，并带动线上零售的发展。在这种背景下，如何提高线下服务水平就成为发展到店 O2O 模式的关键。实现货品摆放的标准化作业，定期培训实体店员工以改善服务态度和服务水平，研发 RFID 技术实现实体店的智能化等，都是 O2O 平台的线下体验店亟待改进之处。

针对到店 O2O 的运营模式，本章认为有两种可行方案：

第一种是围绕传统零售模式展开，并在一定程度上结合新型中间商的运营模式。即到店自行选购，通过 O2O 及店铺智能化自行结账，让商品流、信息流从线下实现，资金流从线上实现。这种模式较传统的零售方式节省了收银员的人工成本，也在平台建设初期促进了平台的宣传和使用。

第二种是通过线上实现资金流和信息流的传递，线下实现商品流的传递。客户可以前一天在 O2O 平台上下单，第二天到店直接自提商品。商超在这种客户群体逐渐增多时可以考虑在超市规划出专门的自提区，以保障秩序，提高服务水平。这种零售模式适用于已经完成了线下体验，将保持稳定购买的客户。对于客户而言，可以在下班后顺路到店自提，节省了客户的时间，提高了服务水平和便利性。对于超市而言，前一天下单将对第二天的生鲜商品需求量进行合理的预测，有利于供应链管理，降低库存成本和缺货成本，同时客户的自提行为也节省了配送成本。

2. 到家 O2O

在两种 O2O 的模式下，到家 O2O 更加强调为用户提供满意的服务。在到家 O2O 的模式中，如何实现将生鲜商品从配送中心到用户指定地点的转移是整个零售渠道的关键。在完善到家 O2O 模式的过程中，平台建设也十分重要，给了消费者充足的信息内容、安全的支付渠道也是实现客户满意的良好手段。在通过线上实现信息流和资金流传递、线下实现商品流传递的到家 O2O 模式中，不断地优化完善平台和配送服务就是保持稳定货源的基础。

同样，针对到家 O2O 的运营模式，本章认为有两种可行方案。

第一种就是传统的线上零售方式，配送到家。但由于生鲜产品的时效性，这种配送到户的方法又区别于其他种类的产品，反而与餐饮行业中的外卖的即时配送相似。所以，在这种情况下要打造 30 分钟 3 公里生活圈，实现满足客户紧急需求的即时配送，是提高配送服务客户满意度的可行方案。在饿了么外卖配送体系的完善中，就提出了一公里生活圈的概念，保证时效性就是配送行业的生命力所在。另外，不断地优化算法，改善配送员的抢单制度，完善恶劣天气配送业务等都是改善配送到家模式的较优方案。

第二种就是结合前卫的物流设备，根据消费者的要求投放商品的“智能取菜箱”模式。由于设备投资成本较高，所以对于智能取菜箱的投放就要综合考虑社区消费能力和社区目标客户需求。选择订单量较多、消费能力较强，且对配送时间不确定的客户较多的社区进行投放，是保证智能取菜箱实现效益的关键。在这种模式下，配送员只需将订购的生鲜商品按时投入智能取菜箱，客户将生鲜产品从取菜箱取出，便完成了商品的传递。

在O2O平台的配送模式整合中，本章的研究强调了线上线下零售的整合，使得双渠道的供应链融为一体，也在具体运作中互相促进，使得双渠道的协调机制动态地运行。

第五节　本章小结

基于对国内外文献的探究，本章从我国零售的大背景出发，建立了基于交易成本论和消费者渠道选择策略的渠道整合理论框架，从理论的角度强调了零售企业渠道整合选择的重要性。通过建立理论模型对采取单一渠道竞争策略和渠道整合策略的零售企业分别进行盈利能力和市场需求的分析，并给出具体的算例分析。最终得出，渠道竞争时，“橱窗购物”者是否出现取决于线下渠道的定价，但由于渠道处于博弈竞争的关系，所以会对线上线下的零售商的获利能力和整个零售市场的需求造成不良影响。而线上渠道的出现一方面能够使得消费者剩余增加，零售企业能够通过定价剥夺所有的消费者剩余，从而提升利润；另一方面会减少但不会消除橱窗购物者的出现，减少出现的橱窗购物者能够降低零售商的流通成本，提高零售商的获利能力，而此时仍会出现的“橱窗购物”者对于零售企业来说具有保留和扩大需求的作用。两方面力量的共同作用能使双渠道策略扩大整个零售市场的零售额。

同时，本章采用了规范性和实证性的研究方法，从新零售的大背景出发，探讨我国大型连锁商超生鲜产品的零售渠道整合方法以及适合整合后的流通渠道的配送模式。基于国内外的先行研究，本章采用了动态能力理论，以国内现有的连锁商超为基准，借鉴一些国内生鲜配送的优秀案例以及其他种类商品的渠道整合经验，分析出我国大型连锁商超生鲜商品零售渠道的几种基本结构。例如，通过合作店、社区店、直达配送和智能取菜箱这几种中间渠道。这几种渠道在整合连锁商超生鲜产品的过程中都具有借鉴意义，也是如今几家传统商超正在努力转变的方向。结合生鲜商品零售渠道的现状，本章采用动态能力理论，对现有的流通渠道商业模式进行了整合，并重构出适用于新零售模式的生鲜商品流通渠道。最后，为优化出适合新的零售渠道的配送模式，本章对现有的配送模式进行分析，对比不同配送模式的优劣，并给出了优化配送模式的方案。

本章有一定的创新之处。一方面，虽然近些年对零售企业渠道整合策略的探究呈井喷式发展，但从交易成本角度建立理论框架的研究较少，且缺乏系统性。因此本章的研究视角相对独特且理论的梳理较为系统。另一方面，基于交易成本的渠道整合研究大多只是放在理论层面，通常是从理论分析的角度提出解决对策和建议，较少通过理论模型进行研究，本章通过建立单一渠道竞争和双渠道整合两种模型较为全面地分析了不同渠道整合方式的优劣性，具有一定的现实指导意义。最后一方面，在国内外先行研究的基础上有一定的创新。一是运用动态能力理论整合零售渠道，在过往的研究中，对零售渠道整合的研究并不少，但对生鲜零售渠道整合的并不多，尤其是几乎不存在运用动态能力理论对生鲜零售渠道整合的研究。所以，本章在理论研究上的创新是十分独特的。另外，在过往的对生鲜商品零售渠道的整合中，一般都只给出了提升渠道效率的方法和整合的方案，并没有将零售渠道很好地融入整个销售环节和供应链中。本章还在整合渠道后给出了适应的配送模式优化方案，使本章既具备理论基础，又具有实践意义。

不过，本章仍有诸多不足。一是本章在模型的构建上简化了消费者的购买行为，并且只从静态、单一卖家和产品无差异化的角度建立模型，研究分析零售企业的渠道整合情况，因此本章的模型具有较大局限性，应当更多地考虑零售市场的结构因素。另外，传统连锁超市的生鲜零售是新零售背景下不多的市场缝隙，在线下零售开始持稳甚至下滑的今天，能够占领双渠道销售的连锁商超才能够适应时代的发展，维持或提升自己的市场份额。国内外对于这方面的研究也十分多样，相较之下本章也存在诸多不足，例如对动态能力理论的研究不够深入，使得本章只能浅尝辄止地对生鲜零售渠道整合提出建议，提出的解决方案还不够细化，缺乏具体的实操方式。第二，本章在对零售渠道线上零售整合过程中提出的共建销售信息平台只停留在理论上，由于各商家共享销售信息会造成商业机密的泄露，削减自身的竞争力，故暂时不具有实践意义，有待于进一步的研究和论证。另外，由于缺乏足够的数据支持，无法量化具体指标，深入分析不同指标对零售渠道和配送模式的影响程度等。

第七章　网络口碑对消费者购买意愿的影响

互联网的蓬勃发展为人们提供了一种全新的生活方式，人们只需待在家中，足不出户就能与他人沟通交流，同时还能进行网络购物、线上医疗、在线教育等日常活动。随着互联网技术的发展，我国在线零售市场份额急速扩张，2018 年，中国在线零售份额在零售行业总额的占比超过 18%，消费者在线购物需求呈现出井喷式增长趋势。根据 CNNIC 公布的《第 44 次中国互联网络发展状况统计报告》的数据显示，截至 2019 年 6 月，我国互联网的网民规模达 8. 54 亿，其中手机网民规模达 8. 47 亿。与此同时，我国网购用户群体已经达到 6. 39 亿，占网民总人数的 74. 8%；手机网购用户群体达 6. 22 亿，占手机网民总人数的 73. 4%。庞大的互联网用户为我国网络购物和网上外卖的快速发展奠定了坚实的基础，也为生鲜零售 App 的发展提供了更大的平台。

近年来，政府积极推动“互联网 +”的发展，出台了一系列扶持政策，生鲜零售成为互联网产业发展的新方向。生鲜商品是许多家庭不可或缺的必需品，在日常生活中占据着较大的比重，其借助网络平台销售具有较大的发展空间。根据艾瑞咨询数据显示，截至 2018 年，我国生鲜电商市场交易规模达到 2045 亿元。随着阿里、京东等电商巨头不断加码供应链和物流等基础建设投资，预计 2022 年，我国生鲜电商行业市场交易规模将达到 7054 亿元。生鲜零售 App 不断提升消费者生活便利性的同时，也存在许多问题。例如，与线下实体生鲜商店消费的场景相比，生鲜零售 App 依附于互联网，具有网络的虚拟性。消费者无法直接接触商品，无法准确地感知商品的质量，这就会给消费者选购商品带来一定的困难。同时，生鲜零售平台信用、商家信用、信息不对称等问题也给消费者带来了极大的困扰，使消费者在网购生鲜商品时更加谨慎。因此，生鲜零售 App 需要更多真实、有意义的信息来帮助消费者评估生鲜商品。

网络口碑的出现在很大程度上缓解了这些问题。根据 e Marketer 在 2015 年发表的关于美国消费者行为调查的报告显示，超过 90% 的消费者在购买商品之前会浏览关于商品的网络口碑信息。CNNIC 在 2016 年发布的《中国网络购物市场研究报告》指出，网络口碑成为网络用户在购买商品时主要考虑的因素之一，其中 77.5% 的网络用户在购买商品前会查看商品的网络口碑。网络口碑是消费者在完成网络购物后基于商品的品质和自身的购物体验等对该次购物行为所做出的评价。网络口碑不仅能突破时间与空间的限制，还具有丰富的形式，可以以文字、图片、视频等多种方式长久地保存在互联网世界中。此外，网络口碑能不断更新、实时增加，在消费者网购时提供有效的信息支持，帮助消费者做出正确的决策。大多数消费者在进行网络购物之前都会搜索商品各个方面的口碑信息，可以看出网络口碑已成为人们网购前重要的参考依据和信息来源。相信在未来生鲜零售 App 的发展中，网络口碑会成为一个重要的商品和服务的信息源，其对消费者购买意愿的影响力也将与日俱增。

第一节　本章研究内容与方法

一、研究内容

本章主要是在回顾关于网络口碑与消费者购买意愿文献的基础上，建立了一个关于生鲜零售 App 中商品网络口碑对消费者购买意愿影响的模型，提出相应的假设，并通过调查问卷的形式进行数据收集。通过 SPSS 23.0 对回收数据进行统计分析，以此对假设进行验证。在此基础上，运用 AMOS 23.0 软件进行结构方程模型分析，进一步深入研究影响消费者购买意愿的具体因素。本章结合事实理论从实证角度对消费者的购买意愿展开研究，以期为商贸流通优化与生鲜零售企业管理提出具有参考性的对策建议。本章分为以下五个部分：

第一部分，研究背景与研究方法。对本章的研究背景、研究意义以及研究方法进行介绍，引出下文。

第二部分，模型构建与假设提出部分。本章选择发送者专业性、关系强度、网络口碑数量、视觉线索、接收者产品涉入度、信任倾向作为网络口碑的衡量指标，引入感知风险和信任作为中介变量，将消费者购买意向作为因变量，假设构建了生鲜零售 App 中商品网络口碑对购买意愿影响的研究模型，并就研究模型提出了 15 条研究假设。

第三部分，实证设计部分。对研究变量进行界定，编制测量量表。根据各变量的测量问项设计调查问卷，而后选取小样本数据对问卷进行前测。根据前测结果对问卷进行修正，得到最终的调查问卷。

第四部分，实证分析部分。首先对受访者进行描述性统计分析，接着借助 SPSS 23.0 和 AMOS 23.0 软件对调查问卷的数据进行信效度分析和结构方程模型分析。根据分析结果对文章的研究假设进行检验，并分析检验结果。

第五部分，结论与建议部分。基于之前的数据分析和研究假设验证结果归纳本章的结论，并从口碑信息源、口碑自身以及口碑接收方三个角度对生鲜零售企业管理和运营网络口碑提出建议，以及指出本章的研究不足之处。

二、研究方法

本章将网络口碑与消费者行为意愿理论结合起来，形成理论框架，并收集了相关数据评估网络口碑对消费者购买意愿的影响，具体研究方法如下：

1. 问卷调查法

通过调查问卷收集研究所需的数据。查阅关于此方面的现有研究，借鉴国内外成熟的测量变量与测量量表，拟定问卷大纲，结合 Likert 5 级量表编制出调查问卷，并对初始问卷进行小规模访问和问卷前测，根据反馈意见修改初始问卷，并形成最终问卷。在数据收集过程中，以生鲜零售 App 用户为主要研究对象，采用随机调查的方式向其发放问卷，为之后的实证分析部分提供数据支持。

2. 统计分析法

本章通过 Credamo 平台与问卷星收集调查问卷。在回收问卷数据后，使用 SPSS 23.0 和 AMOS23.0 对回收数据进行统计分析，研究分析各个变量之间的关系，检验本章对消费者购买意愿所提出的研究假设是否成立，并对研究模型进行验证，具体包含描述性统计分析、信效度分析以及结构方程模型检验。

第二节　模型构建与假设提出

一、模型构建

本章将以上述传播过程理论、技术接受模型和详尽可能性模型为理论基础，构建概念模型。通过研究传播过程理论发现，可将影响网络口碑的传播影响因素分为三个方面：发送者（Resources）、信息（Message）以及接收者（Receiver）。学术界认为，可以把网络平台中口碑信息对购买意愿的影响过程看作消费者在互联网中对获取的口碑信息进行处理的过程。借鉴详尽可能性模型理论中提出的：消费者在参考网络口碑后做出购买决策时，涉入度高的消费者更多地依靠中央路径；涉入度低的消费者更多地依靠边缘路径，也就是说，根据消费者涉入程度的不同，网络口碑会对消费者的购买意愿产生不同程度的影响。在借鉴陈惠（2016）的网络口碑对消费者购买意愿的影响模型、杨攀（2013）的正面网络口碑对消费者行为意愿研究模型的基础上，将自变量划分为发送者特征、网络口碑特征以及接收者特征三类。

引入在网络环境中对消费者的行为研究时，先行研究常用到技术接受模型，选取感知风险作为其中一个中介变量，虚拟网络中的负面口碑和正面口碑中蕴含的负面信息会使消费者对产品产生疑虑，进而产生风险感知。风险的不确定性会对消费者的购买意愿产生影响，是基于 Yousafzai et al.（2006）对技术接受模型的扩展。同时，参考冷乾宇和柯德辉（2015）的网络口碑对生鲜商品消费者网购意愿的影响模型，以及毕继东（2010）在研究负面网络口碑时提出的网络口碑对消费者购买意愿影响因素的概念模型，本章同样引入感知风险与信任作为模型中介变量。

本章以技术接受模型为基础，结合传播过程理论和详尽可能性模型的研究成果，基于生鲜零售 App，将网络口碑、感知风险、信任以及购买意愿四个层面看作一个系统展开研究，构建了生鲜零售 App 中商品网络口碑对购买意愿的研究模型（如图 7－1 所示）。由本章的模型可以看出，文章在选择网络口碑衡量指标时，综合考虑了各方因素，最终确定以网络口碑发送者特征、信息特征以及接收者特征作为指标划分依据，选择专业性、关系强度、数量、视觉线索、产品涉入度和信任倾向共 6 个变量作为测量指标。同时，引入感知风险和信任作为中介变量，研究生鲜零售 App 中商品网络口碑对购买意愿的影响机制。

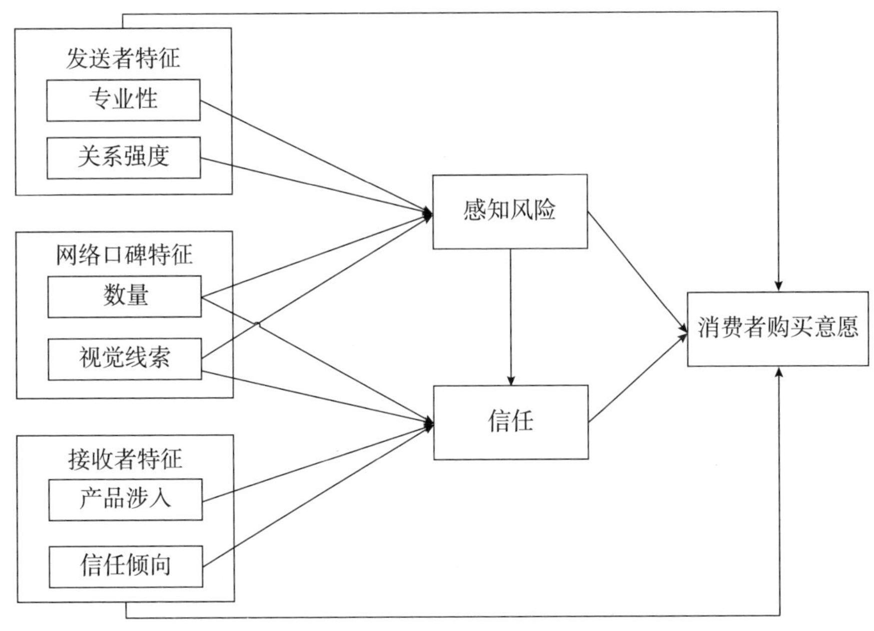

图 7－1　概念模型

二、假设提出

（一）网络口碑发送者特征

1. 发送者专业性

发送者专业性一直是国内外学者研究的重点。传播理论指出，口碑发送者的特征会对接收者产生心理上和行为上的影响，而发送者专业性是发送者主要的特征之一，专业性是指具有相关领域一定的专业知识。以往的研究认为，专业性是构成可信度的指标之一，会在一定程度上对消费者的风险感知和购买行为产生影响。口碑接收者是否会信任口碑信息的研究中指出，消费者的感知风险与信任是相互依存的关系，而在度量发送者的可信度中，专业性是一项关键指标。Bloch和Sherrell（1986）指出，消费者倾向于向专业人士寻求信息以指导自身的购买决策行为，因为专业人士对于产品或服务具备较全面的专业知识、较强的判断评价能力以及较丰富的经验。Mitchell & Dacin（1996）指出，消费者的感知风险在一定程度上可以通过专业性进行降低，如此一来便能够对口碑传播过程产生积极的影响，进而对接收者的购买决策产生重要影响。史小娜（2012）通过研究网络环境中的负面口碑发现，专业人士分享的口碑信息会给消费者带来较强的风险感知，消费者认为专业人士发布的信息更具有权威性，能够侧面说明商品的实际情况。

Gilly（2010）指出，口碑接收者的购买决策受到口碑发送者专业性的影响，并且这种影响程度会随着发送者的专业性增强而增强。同时，研究还表明，相较于专业性低的消费者，具有专业知识的消费者会更加主动地去搜索其所需的口碑信息，强化自身对产品的认识。Bansal & Voyer（2000）指出，发送者的专业性越强，口碑接收者就越容易接受口碑内容。朱怡怡和鲁成（2019）关于移动购物App的研究和陆瑾瑜等（2019）关于外卖平台的研究表明，在种类繁多的社交网络平台中，口碑质量参差不齐，因此口碑发布者的专业性在一定程度上会对消费者的购买意愿产生积极的作用。

在互联网中，消费者有充分自由的空间去表达自己对已消费商品或服务的感受。由于网络世界充斥着大量真真假假的信息，这就需要口碑接收者去判断这些网络口碑发送者的专业性与真实性。如果口碑接收者认为发送者具有很强的专业知识和很强的信任水平，那么他们就会采纳对方发送的口碑信息。

基于以上分析，本章提出以下假设：

H1a：网络口碑发送者的专业性显著影响接收者的感知风险。

H1b：网络口碑发送者的专业性显著影响接收者的购买意愿。

2. 关系强度

在一定的社会环境下，口碑的交流与传播才得以进行，并在传播过程中形成了一种影响力。人与人之间的关系有亲疏远近，而这种影响力则构成了关系强度。正是由于这种影响力的存在，口碑发送者与接收者才形成了一定的关系强度，不仅会对信息互通施加影响，还会影响口碑的传播效果，甚至还会决定消费者购买决策的制定。

早在 1987 年，Brown & Reingen（1987）就提出，可以根据口碑发送者与口碑接收者之间的关系强度将口碑信息根源划分为强关系和弱关系。其中，强关系是指口碑发送者与接收者之间有一定的接触，双方彼此认识，例如亲戚、朋友、同事；相反，弱关系是指口碑发送者与接收者的关系彼此疏远。同时，该研究还表明，双方之间的关系强度越强，其对接收者的行为影响也越明显。基于 Brown & Reingen（1987）提出的观点，Smith（2002）在其研究中也发现，大多数人在一次购物过程中所发生的购买行为会受到口碑发送者与接收者之间关系强度的显著影响。毕继东（2010）的研究表明，在互联网复杂多样的背景中，传播者与接收者之间的关系强度会对接收者的感知风险产生正向影响，并且通过回归分析指出关系强度是影响购买意愿的因素之一。杨攀（2013）认为，关系强度不仅对接收者的购买意愿有显著影响，还会对接收者的传播意愿有正向的影响。

关于口碑影响力与关系强度的既有研究都是基于传统的人际关系网络，而本章探讨的是在互联网环境中，口碑发送者与接收者之间的关系多以弱关系为主，那么在这种情况中，关系强度是否仍会对接收者的感知风险与购买意愿产生影响?

基于以上分析，本章提出以下假设：

H2a：网络口碑接收者与发送者的关系强度显著影响接收者的感知风险。

H2b：网络口碑接收者与发送者的关系强度显著影响接收者的购买意愿。

（二）网络口碑信息特征

1. 网络口碑数量

网络平台中，网络口碑数量与消费者的购买次数有直接关系，数量越多表示该商品被购买的次数越多，产品受欢迎程度越高。网络口碑数量越多，其说服效果越好，越能激起消费者对于网络口碑的信任。Liu（2006）认为，口碑数量是消费者对某一产品或服务评论的数量，在某种程度上，它反映了消费者之间就产品或服务产生的交流互动。口碑信息的数量越多，产品曝光在大众视野下的概率就越高。

消费者在做出网购决策前，一般都会通过网络查阅其他消费者关于该产品或服务的评论和看法。在互联网中，人与人之间的关系强度较弱，因此消费者看到口碑信息时并不会立刻选择相信，往往会参考多条口碑信息后再对此做出判断。当大量的口碑信息都指向同一观点时，消费者就会更倾向于相信该观点。Brooks（1957）也证明了这个结论，支持某一看法的口碑数量越多，该口碑信息的说服效果就越好。消费者越愿意相信这个看法，即口碑数量越多，该口碑越具有说服力。Godes & Mayzlin（2004）发现，消费者在搜索商品时会优先查看网络口碑数量多的商品。网络口碑数量越多，消费者越可能接触到它。在这个过程中，消费者接触到的正面网络口碑越多，越能强化口碑接收者对于产品的信任，并能弱化其感知风险。Chen（2014）认为，当网络中存在大量的口碑信息时，消费者由于从众心理，会选择相信口碑或评论数量较多的商品，进而做出购买决策。网络口碑中负面信息的增加不仅会影响消费者的信任，还会增强消费者的风险感知程度。宋亚非和王秀芹（2011）在负面口碑对消费者购买意愿的实证研究中，证明了负面网络口碑数量正向显著影响消费者的感知风险。李春发和冯建军（2019）进一步证实了这个观点，从网络口碑的数量和质量两个维度出发，研究“互联网+”环境下口碑数量对购买意愿的影响。研究结果表明，在“互联网+”环境下，口碑数量越多，消费者的信任度就越高，其购买意愿也越强烈。

消费者通过手机或电脑设备搜索某一商品的网络口碑时，若其发现该商品的网络口碑大量存在于各个网络渠道，那么消费者就会对该商品更有信心，进而强化其购买意愿。相反，当消费者发现该商品的口碑信息难以获得时，他们的购买意愿就会被削弱，甚至会放弃该商品。

基于以上分析，本章提出以下假设：

H3a：网络口碑数量显著影响接收者的感知风险。

H3b：网络口碑数量显著影响接收者的信任。

2. 口碑视觉线索

消费者在实体商店购买商品时，可以通过自身的感官对商品信息进行判断。但是由于互联网是一个虚拟世界，不同于线下商店可以直接触摸商品，消费者在网络购物时不能通过感官直接地接触商品，这会对消费者的购买意愿产生影响，甚至发展为负向网购意愿。Zheng et al.（2001）研究指出，在虚拟社区中用户发布照片的前提下，用户之间的信任与面对面时的信任程度一样，而随着用户之间互动的增加，会进一步增加彼此的信任度。

Fang & Salvendy（2003）在设计商业网页时发现，如果网页中的产品以图片的方式展示，消费者会受到产品图片视觉线索的吸引，从而放缓其浏览网页的速度。Lurie & Mason（2007）研究发现，图片、视频等视觉线索对消费者能够起到暗示作用。虚拟平台用户将其对产品或服务的评价和看法以口碑视觉线索的方式传播给其他消费者，进而在某种程度上对购买决策产生影响。另外，Davis & Khazanehi（2008）也认为，在网络环境中，在线口碑的视觉线索通过对消费者购买决策的影响而进一步对企业产品的销售情况产生影响。Karvonen & Parkkinen（2001）认为，商品在网络销售时，若包含高质量的商品图片，就能够吸引更多消费者的关注。消费者能够通过图片获取较为真实的信息，以增加其对商品的信任感。薛建儒（2008）通过研究发现，产品的视觉线索通过为消费者提供产品的情景线索，促使其感官产生激励，进而促使其购买意愿的产生。陈惠（2016）在研究网络口碑通过信任对购买意愿的间接影响中证明，网络口碑的视觉线索对信任和消费者购买意愿都存在显著的正向影响，并指出正面网络口碑数量对信任的影响大于口碑视觉线索。

无独有偶，视觉线索如今已被视为网络营销中的常规手段，许多购物平台以及第三方商家都借此吸引消费者，增加产品的好感度，并且极大地减小消费者的感知风险，同时增加对品牌的信任。网络平台中的口碑信息，其视觉线索越精致、越生动，图片越接近商品的实际情况，越能促发消费者产生购买欲望。而缺乏图片、视频的网络口碑或是不清晰的图片、视频则会在一定程度上引起消费者的反感，让消费者产生风险感知，甚至丧失购买意愿。

基于以上分析，本章提出以下假设：

H4a：网络口碑视觉线索显著影响接收者的感知风险。

H4b：网络口碑视觉线索显著影响接收者的信任。

（三）网络口碑接收者特征

1. 产品涉入度

产品涉入度能在一定程度上反映消费者对产品的重视程度。涉入程度从20世纪60年代开始进入消费者行为研究领域。Krugman（1965）认为，产品涉入度与大脑记忆有一定的联系，产品涉入度高的人对该产品的口碑信息会有清晰的记忆，而产品涉入水平较低的人一般记不住口碑信息的具体内容。Flynn & Goldsmith（1965）研究表明，高产品涉入度会使消费者产生认同感，这种认同感会驱使消费者主观能动地了解产品以及产品的相关信息，并愿意花时间去比较不同品牌之间的区别，以便购买到满意的产品；而低产品涉入度的消费者则不愿意花费过多的精力去比较品牌之间的不同，不愿意主动地搜集相关信息，只要产品达到一定的心理预期就会接受。金立印（2007）在对网络购物进行研究时也再一次证实了这个观点。

汪涛和李艳萍（2007）研究发现，在网络环境中，网络口碑接收者的产品涉入程度越高，口碑发送者的专业性与关系强度对接收者信任的影响就越大。毕继东（2010）在其研究中引入产品涉入度，研究表明，产品涉入水平越高，网络口碑对信任的影响越明显。Smith（2002）在对虚拟社区的研究中，将信任作为中介变量。研究结果表明，消费者的产品涉入水平会对其购买意愿产生直接的影响。消费者的产品涉入程度越高，其用来判断口碑真伪的知识就越丰富，这可以缓和负面网络口碑带来的影响，因此其购买意愿比较不容易受到负面口碑的影响。Doh & Hwang（2009）也认为消费者涉入度越高，其对口碑信息的判断能力也就越强。张中科和王春和（2009）将产品涉入度作为调节变量，结果表明，在网络口碑的传播过程中，口碑接收者的产品涉入度同样起到调节作用。由此可以看出，消费者具有的产品涉入水平越高，其愿意投入在搜索口碑信息上的时间和精力也就越多。

基于以上分析，本章提出以下假设：

H5a：网络口碑接收者的产品涉入度显著影响接收者的信任。

H5b：网络口碑接收者的产品涉入度显著影响接收者的购买意愿。

2. 信任倾向

不同个体信任倾向的表现存在较大的差异，个人信任倾向是信任的前提条件，与信任有着密切的关系。现有研究中关于网络环境中的信任研究，大多把个人的信任倾向作为信任的前因引入研究机理中进行分析。信任倾向展现了个体对于他人的信任程度，信任倾向越高的人，越容易相信他人所传递的信息；而信任倾向越低的人，则越不容易相信他人传递的信息。

Gefen（1997）研究电子商务中消费者的信任问题和 Smith（2002）研究虚拟社区中推荐信息对于消费者的决策影响中，通过引入个体信任倾向变量，构建研究模型，实证分析，均证明个体信任显著影响信任。Ramsey（2014）发现，通过网络渠道购买商品时，消费者若信任口碑传达的内容，会增加其购买次数；若消费者认为口碑信息不真实，则会减少购买次数。他同时发现了个体信任倾向与信任之间存在正相关关系。姜继娇和吴延栋（2015）在其研究中也指出，在一定程度上，个体信任倾向会对消费者的购买意愿产生影响。郭菲（2015）以信息传播过程理论为基础，对负面网络口碑的影响路径展开研究，通过实证分析，信任在口碑接收者的信任倾向与购买意愿间起中介作用。同时，信任倾向还对消费者的购买意愿有正向影响。Jin（2012）指出，在虚拟网络中，用户与用户以弱关系连接。这种连接方式对接收者的信任倾向与购买意愿起着一定的调节作用。研究结果表明，信任倾向会对消费者的购买意愿产生显著的正向影响。

在互联网中，消费者之间呈现出一种弱关系的特点，口碑接收者会结合自身对口碑内容的判断选择是否相信口碑信息。在弱关系连接下，个体信任倾向对购买意愿的影响会更加明显。

基于以上分析，本章提出以下假设：

H6a：网络口碑接收者的信任倾向显著影响接收者的信任。

H6b：网络口碑接收者的信任倾向显著影响接收者的购买意愿。

（四）感知风险

感知风险是消费者在购买过程中对可能出现的不确定性的估计。为了降低不确定因素发生的可能性，消费者会通过搜索网络口碑信息来降低自身的风险感知水平。

19 世纪 70 年代，Bauer 在营销学领域中提出了感知风险的概念。他认为消费者在购买过程中隐含着对结果的不确定性，这就是风险最初的概念。研究中发现，在不同程度上感知风险会对消费者的购买决策产生一定的影响。Kakkos et al.（2015）认为，消费者感知风险水平越低，其购买意愿就越高。感知风险与消费者购买商品的意愿存在显著的负相关关系。在互联网中，由于消费者之间以弱关系方式连接，导致消费者对于风险的感知更加敏感。Milyazaki et al.（2001）在网络购物研究中引入了隐私风险、安全风险等感知风险，研究其对消费者网络购物行为的影响。史小娜（2012）通过实证分析证明，感知风险对购买意愿有显著的正向影响。在负面口碑研究中，消费者的风险感知水平越高，口碑对购买意愿的影响就越明显，并且感知风险对信任同样存在显著影响。Lopez & Molina（2008）指出，感知风险和风险偏好等因素对消费者的购买决策产生显著影响。董大海等（2005）在其研究中指出，在以往关于口碑的研究中，对于感知风险变量研究的不足，在其模型中从不同角度对感知风险进行了划分，主要包括假货风险、隐私风险以及网络购物伴随风险等，研究影响消费者购买决策的主要感知风险因素。周燕和商平平（2018）认为，在网购过程中，存在诸多不确定的因素，会触发消费者产生风险感知，而感知风险会对消费者网购决策产生重要的影响。

基于以上分析，本章提出以下假设：

H7a：网络口碑接收者的感知风险显著影响接收者的信任。

H7b：网络口碑接收者的感知风险显著影响接收者的购买意愿。

（五）信任

关于信任与消费者购买意愿的关系，目前现有的研究已经比较成熟。国内外学者对此进行了大量的研究，结果表明，信任会对消费者的购买意愿产生一定的影响。网络环境中，消费者之间多以弱关系连接，缺少直接的接触。相较于传统口碑，消费者对网络口碑缺乏一定的信任感。

在20世纪末，Jarvenpaa & Tractinsky（1999）的研究表明，在网购中，消费者信任的缺乏是妨碍消费者选择电子商务活动的核心因素，并且通过实证分析得出信任对消费者的选购意愿会产生显著影响。Mcknight et al.（2002）认为，信任能够降低消费者的不确定性和风险感知，做出有利于卖家的行为，并且指出信任对消费者与不陌生的网络卖家的交易产生影响。在网购过程中，消费者所感知到的信任能够通过降低其预估的购物风险而正向影响购买意愿。陈惠（2016）在其研究中将信任作为中间变量，结果表明，网络口碑接收者的信任会对其购买意愿产生正向显著影响。Pavlou（2003）则认为，信任不仅可以直接影响消费者的购买意愿，也可以通过感知风险间接影响消费者的购买意愿。杨攀（2013）在正面网络口碑与消费者购买行为意愿的研究中，将信任作为中介变量，通过构建结构方程模型得出，接收者信任不仅对其购买意愿有显著影响，而且还会对网络口碑的再传播意愿产生显著影响。罗汉洋等（2019）的研究表明，信任对消费者的购买意愿存在显著的正向影响关系。

基于以上分析，本章提出以下假设：

H8：网络口碑接收者的信任显著影响接收者的购买意愿。

接下来，对本章提出的研究假设进行梳理，具体如表7-1所示：

表7-1　本章研究假设

序号	研究假设
H1a	网络口碑发送者的专业性显著影响接收者的感知风险
H1b	网络口碑发送者的专业性显著影响接收者的购买意愿
H2a	网络口碑接收者与发送者的关系强度显著影响接收者的感知风险
H2b	网络口碑接收者与发送者的关系强度显著影响接收者的购买意愿
H3a	网络口碑数量显著影响接收者的感知风险

续表

序号	研究假设
H3b	网络口碑数量显著影响接收者的信任
H4a	网络口碑视觉线索显著影响接收者的感知风险
H4b	网络口碑视觉线索显著影响接收者的信任
H5a	网络口碑接收者的产品涉入度显著影响接收者的信任
H5b	网络口碑接收者的产品涉入度显著影响接收者的购买意愿
H6a	网络口碑接收者的信任倾向显著接收者的信任
H6b	网络口碑接收者的信任倾向显著影响接收者的购买意愿
H7a	网络口碑接收者的感知风险显著影响接收者的信任
H7b	网络口碑接收者的感知风险显著影响接收者的购买意愿
H8	网络口碑接收者的信任显著影响接收者的购买意愿

第三节　实证分析

一、变量的定义与测量

基于国内外近年来的研究情况，并结合本章的实际内容，针对生鲜零售 App 中商品的网络口碑设计调查问卷。根据研究中需要测量的变量来确定调查问卷的基本内容。可以将问卷分为两个主要部分，第一部分为生鲜零售 App 用户基本情况调查，如性别、年龄、受教育情况、月收入，以及生鲜零售 App 使用经验等；第二部分是在生鲜零售 App 中商品网络口碑影响下消费者购买意愿的调查，根据本章模型中的各个变量设计测量问题，每个问题争取做到语句通俗易懂、语义明确。该部分的测量问题均采用 Likert 5 级量表进行度量。以下是对本章模型中涉及的各个变量的定义、测量指标以及参考来源的说明。

（一）变量定义

根据现有的研究成果，本章变量主要涉及三个方面：网络口碑发送者相关特征、网络口碑相关特征以及网络口碑接收者相关特征。其中，网络口碑发送者相关特征包括发送者专业性、发送者与接收者的关系强度；网络口碑相关特征包括网络口碑数量、网络口碑视觉线索；网络口碑接收者相关特征包括接收者产品涉入度、接收者信任倾向。各变量的定义如表7-2所示：

表7-2　变量定义表

变量	定义
发送者专业性	网络口碑发送者本身所具有的知识和经验及接受者所感知其能够提供真实可靠信息的程度
关系强度	网络口碑接收者对其与发送者和口碑来源网站亲密程度和熟悉程度的感知
网络口碑数量	关于某产品或服务的网络口碑的总数
网络口碑视觉线索	网络口碑发送者针对某产品或服务发布的文字、图片、视频信息
产品涉入度	网络口碑接收者感知到网络口碑涉及产品或服务与个人的相关程度
信任倾向	口碑接收者选择相信他人的一般意愿，与信任方与被信任方有关
感知风险	口碑信息接收者对于口碑内容所涉及的产品信息感到的不确定性以及不利后果的可能
信任	消费者对传播者善意、可靠性和传播内容的确信程度
消费者购买意愿	网络口碑对接收者购买意愿所产生的影响

（二）变量测量

本章在参考现有研究中的成熟量表，以及进行小规模范围的访谈基础上，根据研究的实际需要，对本章模型中涉及的6个自变量、2个中介变量及1个因变量共9个变量的测量问题和参考来源进行说明，具体如表7-3所示。

表 7－3 变量测量表

变量	测量题目	参考文献
发送者专业性	我认为网络口碑发布者了解此商品领域的相关知识	Bansal & Voyer（2000） Gilly et al.（2010）
	我认为网络口碑发布者经常购买类似产品，具有评论的能力	
	我认为网络口碑发布者是生鲜零售 App 的使用者，拥有丰富的经验	
关系强度	我会向网络口碑发布者提出相关问题，并期待回复	Gilly et al.（2010）
	我与网络口碑发布者有着相似之处	
	我与该网络口碑发布者很熟悉	
	我会积极响应网络口碑发布者的话题，尽力帮助他	
网络口碑数量	生鲜零售 App 上，对该商品发表的口碑信息很多	毕继东（2010） Sehubert & Selz（1999）
	该商品在网络上受到了较高的关注度	
	对我决策而言，这些口碑数量应该足够了	
网络口碑视觉线索	该网络口碑信息配有图片或视频	毕继东（2010）
	该网络口碑的文字、图片清晰	
	该网络口碑视频很形象真实	
产品涉入	该网络口碑所讨论产品是我关注的	Zaichkowsky（1985）
	该网络口碑所讨论产品对我而言是有需要	
	该网络口碑所讨论产品对我而言是有价值的	
	该网络口碑所讨论产品对我而言是有意义的	
信任倾向	我觉得人是可以信赖的	Gefen（1997） Mayer（1995）
	我通常会相信他人	
	我认为拿到的商品与生鲜零售 App 平台描述应一致	
	我认为生鲜零售 App 提供的物流能很好地保护商品（不损坏、不变质）	

续表

变量	测量题目	参考文献
感知风险	网上不能真实接触商品，这可能会使我买到不合适的商品	Bansal & Voyer（2000） Jacoby & Kaplan（1973）
	网上购买的商品，质量可能达不到我预期的效果	
	我比较在意网上购买的商品、对我可能造成财务风险	
信任	我对网络口碑发布者在该商品上的知识能力有信心	Mayer（1995）
	我觉得网络口碑发布者在发布网络口碑时是诚实的	
	我觉得网络口碑发布者发布信息是出于帮助他人的想法	
	我认为网络口碑信息总体是真实可靠的	
购买意愿	网络口碑会改变我对商品原有的态度和想法	Bansal & Voyer（2000）
	网络口碑为我的购买决策提供了有用的信息	
	如果该商品没有相关网络口碑我有可能会终止购买意向	
	网络口碑会影响我对该商品的最终购买决策	

资料来源：作者整理

二、问卷设计

（一）问卷结构

本章采用实证方法，以生鲜零售 App 的使用者为主要研究对象，探究生鲜商品网络口碑对购买意愿的影响力。借鉴现有的研究成果，并结合国内生鲜零售 App 发展的实际情况，设计出本章的调查问卷，将其分为卷首说明和问卷主体两部分。

卷首说明首先向被调查者交代本次访查的意图，定义了“网络口碑”“感知风险”等概念，便于被调查者更好地理解调查问卷的内容。问卷主体主要包括两部分内容，第一部分是生鲜零售 App 用户部分基本信息的收集整理，其中涉及的因素包括消费者的性别、受教育程度、每月用于网购生鲜商品的金额、使用生鲜零售 App 的频次等；第二部分是进行实证研究的数据收集，在生鲜零售 App 使用群体中，调查商品网络口碑对消费者购买意愿的影响。问卷根据发送者专业性、发送者与接收者的关系强度、网络口碑数量等共 9 个变量进行测量。

第一部分个人基本信息采用一般性选项模式；第二部分采用 Likert 5 级量表，从 5 个层级对各个指标进行评估，根据参与调查人员的自身情况，围绕多个问题评价打分，其中 1 表示“完全不同意”，2 表示“比较不同意”，3 表示“不能确定”，4 表示“比较同意”，5 表示“完全同意”。

（二）小规模访谈

为了更好地开展调研工作，保证问卷的信度与效度，在正式进行问卷调查前，对设计好的问卷进行了小规模访谈。在笔者所在学院范围内对 16 名师生进行了小规模访谈，访谈于 2019 年 6 月初开始，主要考察问卷题目设计是否合理、是否便于理解、表达是否准确。受访者大多都表示能够理解问卷的内容，并提出了修改意见。最后，结合小规模访谈结果，对本章从内容设计、语言描述、题目顺序方面初步筛选测量问题并进行修改，确保问卷的合理性与有效性。

（三）问卷预测试

为了保证问卷的质量，在正式展开问卷调查之前，一般要对问卷进行预测试，以分析相关变量度量的有效性，保证调查的可靠性和有效性达到研究的标准。本章选取小样本数据对问卷内容进行测试。通过 Credamo 调查平台发放问卷 150 份，通过一星期的数据收集，最终得到有效问卷 107 份。而后根据回收的数据，利用 SPSS 23.0 对 107 份有效问卷进行信度和效度分析。

1. 信度分析

信度是指反复度量同一变量时测量结果一致性的程度。测量信度中常用的方法有重测信度法、折半信度法、复本信度法等，本章测量问项采用 Likert 5 级量表，故本章信度分析适合采用克朗巴哈（Cronbach′s α）信度系数来检查调查问卷研究变量在各种测量题项中的一致水平。Cronbach′s α 介于 0 和 1

之间，越接近 1，表示问卷信度越好。一般认为 Cronbach's α > 0.7，则变量有较好的信度。

根据表 7 - 4 可以得出，本章研究的专业性、关系强度、数量、视觉线索、产品涉入、信任倾向、感知风险、信任、购买意愿共 9 个变量的 Cronbach's α 系数分别为 0.837、0.764、0.846、0.837、0.778、0.891、0.816、0.855、0.844，均大于 0.7 的检验标准，因此可以推断出各个变量均具有较好的信度水平。

表 7 - 4　信度分析

因素	Cronbach's α	题项
专业性	0.837	3
关系强度	0.764	4
数量	0.846	3
视觉线索	0.837	4
产品涉入	0.778	4
信任倾向	0.891	4
感知风险	0.816	3
信任	0.855	4
购买意愿	0.844	4

2. 效度分析

效度分析一般需要对问卷的内容效度和结构效度进行测量。其中，内容有效性是指测量题目与测量变量的适用性以及逻辑一致性。本章的调查问卷是基于对成熟量表的整理，以及后续小型访谈结果初步拟定的问卷，并进一步修改和完善了问卷题目的措辞和表述方式。因此，可以认为该问卷具有满足要求的内容效度。

结构效度是指问卷的测量题项在多大程度上能够正确地反映所测量的理论概

念，是本章的重要内容。文章通过对收集的数据进行探索性因子分析（Exploratory Factor Analysis，EFA），以检验证明问卷的结构效度。在进行因子分析之前，先进行 KMO 样本测度（Kaiser - Meyer - Olkin）和 Bartlet 球体检验（Bartlett's Sphericity Test）。KMO 的值越接近1，越适合做因子分析，一般认为大于0.6时比较适合。而 Bartlet 统计值的显著性概率小于等于 α 时，适合做因子分析。

首先，对量表进行 KMO 和 Bartlett's 球形检验，结果如表7-5所示：

表7-5　KMO and Bartlett's 检验

检验方法		数值
取样足够度的 Kaiser - Meyer - Olkin 度量		0.840
Bartlett 的球形检验	近似卡方	1980.521
	df	528
	Sig.	0

从表7-5可以看出，KMO = 0.84，大于0.7，Bartlett's 球形检验值显著（Sig. <0.001），表明问卷数据符合因子分析的前提要求。接着对问卷进行探索性因子分析，使用主成分分析方法，提取特征根大于1的因子共9个，因子旋转时，采用方差最大正交旋转进行因子分析，分析结果见表7-6。

表7-6　探索性因子分析结果

题项	成分								
	信任倾向	信任	购买意愿	视觉线索	关系强度	专业性	产品涉入	感知风险	数量
TT1	0.856	0.096	0.043	0.120	0.072	0.051	0.017	0.078	0.181
TT4	0.832	0.060	-0.002	0.103	0.144	0.130	0.159	-0.024	0.045
TT3	0.780	0.162	0.108	0.096	0.051	0.149	0.108	-0.043	0.204
TT2	0.768	0.144	0.182	-0.028	0.257	0.250	0.122	0.125	0.082
TR1	0.117	0.783	0.145	0.118	0.051	0.061	0.127	0.006	0.206

续表

题项	成分								
	信任倾向	信任	购买意愿	视觉线索	关系强度	专业性	产品涉入	感知风险	数量
TR4	0. 007	0. 738	0. 159	0. 192	0. 120	0. 096	0. 052	0. 249	0. 132
TR3	0. 230	0. 736	0. 140	0. 125	0. 104	0. 013	0. 107	0. 134	0. 186
TR2	0. 139	0. 732	0. 105	0. 160	0. 093	0. 118	0. 184	0. 162	0. 112
PI1	0. 124	0. 143	0. 836	0. 045	0. 132	0. 015	0. 124	-0. 032	0. 013
PI3	0. 168	0. 150	0. 756	0. 249	0. 159	0. 126	0. 128	0. 098	-0. 053
PI4	-0. 020	0. 216	0. 725	0. 169	0. 205	0. 225	0. 166	0. 180	0. 038
PI2	0. 016	0. 060	0. 641	0. 108	0. 273	0. 229	0. 024	-0. 041	0. 090
VC4	-0. 032	0. 119	0. 013	0. 817	0. 148	0. 144	0. 049	0. 054	-0. 127
VC1	0. 127	0. 111	0. 243	0. 790	0. 032	0. 149	0. 115	0. 174	-0. 020
VC3	0. 083	0. 194	0. 141	0. 734	-0. 001	-0. 066	-0. 014	0. 215	0. 056
VC2	0. 145	0. 106	0. 104	0. 724	0. 066	0. 209	0. 112	0. 092	0. 022
RS2	0. 193	0. 090	0. 218	0. 080	0. 763	0. 095	0. 129	0. 078	0. 079
RS1	0. 273	0. 084	0. 184	0. 217	0. 754	-0. 052	0. 181	0. 141	-0. 037
RS4	0. 103	0. 103	0. 281	-0. 005	0. 737	0. 149	0. 105	0. 194	0. 020
RS3	-0. 037	0. 211	0. 129	-0. 007	0. 485	-0. 154	-0. 124	-0. 395	0. 072
SQ1	0. 194	0. 027	0. 101	0. 082	-0. 041	0. 800	0. 046	0. 188	0. 015
SQ3	0. 230	0. 206	0. 215	0. 149	0. 117	0. 78	0. 126	0. 098	0. 069
SQ2	0. 114	0. 089	0. 236	0. 218	0. 055	0. 722	0. 234	0. 077	-0. 069
PRI1	0. 060	0. 269	0. 105	0. 101	0. 142	0. 148	0. 815	0. 048	0. 080
PRI4	0. 179	0. 190	0. 132	0. 028	0. 064	0. 013	0. 787	0. 283	0. 158
PRI2	0. 209	0. 101	0. 299	0. 121	0. 065	0. 224	0. 686	0. 070	0. 222

续表

题项	成分								
	信任倾向	信任	购买意愿	视觉线索	关系强度	专业性	产品涉入	感知风险	数量
PRI3	0.069	-0.191	-0.026	0.124	0.339	0.361	0.459	-0.233	-0.065
PR1	-0.027	0.268	-0.028	0.150	0.178	0.200	-0.103	0.797	0.036
PR3	-0.005	0.089	0.135	0.215	0.115	0.145	0.12	0.748	0.161
PR2	0.134	0.212	0.064	0.207	-0.003	-0.018	0.231	0.721	0.023
NU1	0.135	0.224	0.001	-0.012	0.010	0.036	0.042	-0.045	0.861
NU2	0.223	0.131	0.152	-0.050	0.090	-0.121	0.121	0.076	0.774
特征值	3.207	2.963	2.879	2.871	2.461	2.455	2.433	2.424	2.417
方差百分比	9.719	8.98	8.725	8.699	7.459	7.438	7.373	7.344	7.324
累积 %	9.719	18.699	27.423	36.122	43.581	51.02	58.393	65.737	73.061

注：TT——信任倾向；TR——信任；PI——购买意愿；VC——视觉线索；RS——关系强度；SQ——专业性；PRI——产品涉入；PR——感知风险；NU——数量

由表7-6可以看出，RS3、PRI3的因子负荷值小于0.5，不符合标准，因此需要删除这两个题项，并重新执行探索性因子分析。再次对量表进行KMO和Bartlett′s球形检验，结果如表7-7所示：

表7-7　KMO and Bartlett′s 检验

检验方法		数值
取样足够度的 Kaiser-Meyer-Olkin 度量		0.851
Bartlett 的球形检验	近似卡方	1897.079
	Df	465
	Sig.	0

由表7-7可以看出，KMO=0.851，大于0.7，Bartlett′s 球形检验值显著（Sig.<0.001），表明问卷数据满足因子分析的前提要求。接着，执行后续步骤，

第二次探索性因子分析结果见表 7－8。

从表 7－8 可以看出，9 个因子累积方差解释达到 75.666%，大于 50%，表明挑选出来的 9 个因素具有典型的代表性。并且各个测量题项的因子负荷量均大于 0.5，交叉载荷均小于 0.4，每个题项均落到对应的因素中，表明量表具有良好的结构效度。在此基础上，本章确定了最终的调查问卷（见附录）。

表 7－8　第二次探索性因子分析结果

题项	成分								
	信任倾向	视觉线索	信任	购买意愿	数量	专业性	关系强度	产品涉入	感知风险
TT1	0.865	0.112	0.097	0.053	0.178	0.043	0.053	0.010	0.112
TT4	0.823	0.109	0.056	-0.015	0.047	0.140	0.175	0.163	-0.043
TT3	0.783	0.093	0.169	0.115	0.204	0.144	0.056	0.097	-0.036
TT2	0.767	-0.029	0.145	0.183	0.081	0.247	0.27	0.115	0.124
VC4	-0.011	0.805	0.107	0.047	-0.136	0.123	0.096	0.031	0.098
VC1	0.120	0.795	0.097	0.228	-0.019	0.162	0.049	0.129	0.169
VC3	0.057	0.75	0.197	0.103	0.067	-0.042	0.059	0.008	0.166
VC2	0.140	0.727	0.112	0.102	0.024	0.209	0.087	0.096	0.078
TR4	-0.002	0.192	0.776	0.167	0.138	0.078	0.146	0.026	0.226
TR1	0.120	0.119	0.770	0.149	0.203	0.066	0.030	0.154	0.025
TR3	0.209	0.139	0.739	0.114	0.193	0.032	0.147	0.136	0.096
TR2	0.163	0.145	0.713	0.138	0.097	0.105	0.029	0.196	0.225
PI1	0.121	0.048	0.127	0.825	0.014	0.026	0.128	0.151	-0.020
PI3	0.178	0.242	0.143	0.767	-0.058	0.120	0.136	0.127	0.132
PI4	-0.016	0.166	0.209	0.731	0.034	0.221	0.198	0.168	0.196
PI2	0.011	0.106	0.101	0.656	0.096	0.204	0.289	-0.028	-0.058

续表

题项	成分								
	信任倾向	视觉线索	信任	购买意愿	数量	专业性	关系强度	产品涉入	感知风险
NU1	0.135	-0.013	0.233	0.008	0.862	0.031	0.003	0.040	-0.040
NU3	0.101	-0.021	0.169	-0.08	0.844	0.086	-0.002	0.156	0.160
NU2	0.219	-0.048	0.124	0.146	0.773	-0.113	0.096	0.144	0.074
SQ1	0.194	0.082	0.015	0.095	0.011	0.807	-0.02	0.042	0.185
SQ3	0.215	0.162	0.184	0.187	0.069	0.807	0.159	0.144	0.067
SQ2	0.104	0.227	0.072	0.217	-0.071	0.74	0.092	0.236	0.052
RS2	0.170	0.095	0.09	0.203	0.088	0.096	0.804	0.128	0.019
RS1	0.256	0.227	0.089	0.179	-0.032	-0.056	0.786	0.170	0.094
RS4	0.085	0.005	0.119	0.276	0.027	0.139	0.774	0.082	0.144
PRI1	0.042	0.118	0.249	0.077	0.078	0.177	0.200	0.827	-0.001
PRI4	0.165	0.039	0.171	0.104	0.153	0.044	0.120	0.802	0.250
PRI2	0.209	0.125	0.071	0.289	0.214	0.244	0.079	0.699	0.073
PR3	0.018	0.195	0.057	0.147	0.144	0.147	0.062	0.134	0.824
PR1	-0.044	0.153	0.276	-0.054	0.039	0.211	0.228	-0.095	0.768
PR2	0.141	0.196	0.203	0.060	0.014	-0.011	-0.01	0.236	0.758
特征值	3.164	2.873	2.856	2.838	2.397	2.379	2.358	2.301	2.289
方差百分比	10.207	9.269	9.213	9.155	7.734	7.675	7.607	7.422	7.384
累积 %	10.207	19.477	28.690	37.845	45.579	53.254	60.860	68.283	75.666

三、数据收集

(一) 调研对象

本章以生鲜零售 App 用户为调研对象，研究生鲜商品网络口碑对于消费者购买意愿的影响。因此，在选择受访者时应符合下述条件：1. 受访者具备使用互联网或移动终端的能力和条件；2. 把互联网作为获取产品或服务信息的渠道之一；3. 具有多次使用生鲜零售 App 的经历；4. 在生鲜零售 App 上接触过某产品或服务的网络口碑。从中可以看出，对于互联网和智能手机使用的熟悉度是本章对于研究对象的基本要求。

在 CNNIC 公布的第 44 次《中国互联网络发展状况统计报告》中指出，截至 2019 年 6 月，我国网民主要集中在 20 ~ 49 岁，占总网民数的 65.6%，其中 20 ~ 29 岁占比高达 24.6%；在职业结构方面，学生占比最大，达到 26.0%。基于此，本章把高校在校大学生纳入调研对象。本章主要针对生鲜零售 App 的用户展开调研，所以根据艾瑞咨询公布的“生鲜电商消费者画像”，把具有一定经济基础，并且有稳定工作、住所的人群纳入本章的调查对象。综上所述，本章抽样调查的样本对象大致为：20 ~ 49 岁，具有一定的经济基础，能够熟练使用互联网或智能手机，并且曾经多次使用生鲜零售 App 的人群。

（二）调研方法

由于本章是关于生鲜零售 App 中网络口碑的调查研究，笔者认为相较于线下发放纸质问卷，通过网络发放调查问卷更为合适，因为网络问卷能很好地反映受调查对象的网络运用情况。本章的网络问卷是发布在 Credamo 平台和问卷星调查平台上的关于生鲜零售 App 中商品网络口碑的问卷，问卷受访者主要是使用过叮咚买菜、美菜、盒马鲜生等生鲜 App 的用户，生成问卷链接，借助微博、朋友圈、小红书等虚拟平台分享问卷提高问卷曝光度，通过网络平台进行在线访问可以确保受访查者与网络的接触程度。

问卷正式调研时间为 2019 年 9 月 13 日到 2019 年 12 月 6 日，共发放问卷 593 份，有效问卷 538 份，有效率为 90.7%。为保证数据真实有效，正式调研问卷回收后需进行问卷筛选工作，删除质量低或不合理的问卷，如问卷答题不完整，存在题目漏填，选项答案存在规律性，频繁出现连续多个选项答案一样的情况等。

四、实证研究分析

（一）描述性统计分析

本章共收集有效样本538份，分别从性别、年龄、学历、月收入、平均每天上网时间、生鲜网购频次等方面对调查对象的基本情况进行描述分析，具体见表7-9：

表7-9　调查对象基本信息分析

属性	类别	人数	百分比（%）
性别	男	234	43.5
	女	304	56.5
年龄	18岁以下	56	10.4
	18~25岁	205	38.1
	26~35岁	153	28.4
	36~45岁	102	19.0
	45岁以上	22	4.1
学历	高中及以下	86	16.0
	专科	168	31.2
	大学本科	236	43.9
	硕士以上	48	8.9
月收入	2000元以下	74	13.8
	2000~3999元	127	23.6
	4000~5999元	189	35.1
	6000~7999元	100	18.6
	8000以上	48	8.9
平均每天上网时间	2小时以下	145	26.9
	2~4小时	200	37.2
	4~6小时	152	28.3
	6小时以上	41	7.6

续表

属性	类别	人数	百分比（%）
生鲜网购频次	每周 4 次及以上	64	11.8
	每周 2～3 次	137	25.4
	每周 1 次	109	20.3
	每月 2～3 次	101	18.8
	每月 1 次	60	11.2
	每年 1～5 次	67	12.5

上表的问卷调查数据结果显示，在本次生鲜零售平台网络口碑对消费者购买意愿的调查中，男性 234 人，占比 43.5%，女性 304 人，占比 56.5%，可以看出女性对生鲜农产品的购买占比较大。这也与艾瑞咨询 2019 年发布的调查报告的数据相符，表明生鲜电商用户的男女比例相近，女性 52%，男性 48%。

从年龄上看，生鲜零售平台消费者的年龄普遍在 18～35 岁，共占 66.5%，其中 18～25 岁占 38.1%，26～35 岁占 28.4%，说明使用生鲜零售 App 的消费群体比较年轻，这也与我国目前整体生鲜用户的年龄段相符合。

从学历方面来看，调查对象中高中及以下占 16%，专科占 31.2%，本科占 43.9%，硕士以上占 8.9%，由此可见使用生鲜零售平台的消费者受教育程度较高，对网络也比较熟悉，对信息的搜集与处理能力也比较强。本调查数据也与艾瑞咨询《2018 年中国生鲜电商行业消费洞察报告》公布的中国生鲜网购用户学历分布数据基本一致。

从月收入情况来看，月收入 4000～5999 元的人共 189 人，占比最高，为 35.1%；其次是月收入在 2000～3999 元的，占 23.6%；月收入在 6000～7999 元的占 18.6%。总体来看，被调查对象的月收入水平一般，这也与我们在高校范围开展问卷调查有一定的关系，可以看出虽然学生群体暂时没有足够的经济能力，但他们是新型生鲜零售平台的潜在客户，他们倾向于选择便捷的购物方式和高品质的生鲜产品。

从每天上网时间看，有超过 73.1% 的被调查者每天在线时间超过 2 个小时，这表明接受调查的人群具有很强的网络黏性和相对较高的网络熟悉度，并且很可能会接触到互联网口碑，故受到口碑信息影响的可能性也很大。因此，本章样本在网络接触方面较为合理。

从生鲜网购次数来看，调查对象中11.8%的人每周网购生鲜商品的次数超过4次，25.4%的人每周会网购生鲜商品2~3次，20.3%的人每周会网购一次生鲜商品，三部分人群共占总人数的57.5%，可以看出超过一半的人较为频繁地通过网络渠道购买生鲜商品。生鲜商品是每个家庭中必不可少的食物，一日三餐都离不开生鲜商品，所以消费者对于生鲜商品的购买频次还是比较高的。

（二）信度分析

信度分析与问卷预测试的检测方法相似，本部分同样采用Cronbach's α 信度系数来检查模型中的变量在各个测量题项上的一致性水平。一般认为，Cronbach's α >0.7 则具有较优的一致性。

如表7-10所示，本次研究的专业性、关系强度、数量、视觉线索、产品涉入、信任倾向、感知风险、信任、购买意愿共9个变量的Cronbach's α 系数分别为0.827、0.855、0.82、0.854、0.813、0.871、0.808、0.87、0.845，均高于0.7。因此，可以认为各个变量均具有较好的信度水平，说明量表设置较合理，各问项具有较好的一致性，可进行下一步分析。

表7-10　信度分析结果

因素	Cronbach's α	题项数
专业性	0.827	3
关系强度	0.855	3
数量	0.82	3
视觉线索	0.854	4
产品涉入	0.813	4
信任倾向	0.871	4
感知风险	0.808	3
信任	0.87	4
购买意愿	0.845	4

（三）效度分析

在信度分析的基础之上，接下来需要对数据的效度进行检验。本章通过结构效度、收敛效度以及区分效度三者进行效度分析。

1. 结构效度

本章采用探索性因子分析来检验量表的结构效度。先对量表进行 KMO 和 Bartlett's 球形检验，判断是否适合进行探索性因子分析，结果如表 7－11 所示。表中数据显示，KMO = 0.935，大于 0.7，Bartlett's 球形检验值显著（Sig. < 0.001），表明问卷数据符合因子分析的前提要求，可以进行下一步分析。

表 7－11　KMO and Bartlett's 检验

检验方法		数值
取样足够度的 Kaiser－Meyer－Olkin 度量		0.935
Bartlett 的球形检验	近似卡方	8943.404
	df	465
	Sig.	0

对问卷数据进行探索性因子分析，使用主成分分析方法，提取特征根大于 1 的因子共 9 个，因子旋转时采用方差最大正交旋转进行因子分析，分析结果见表 7－12。

表 7－12　因子分析结果

题项	成分								
	信任倾向	信任	视觉线索	购买意愿	关系强度	产品涉入	专业性	数量	感知风险
TT1	0.817	0.105	0.117	0.062	0.11	0.087	0.068	0.087	0.114
TT4	0.795	0.134	0.123	0.156	0.127	0.147	0.124	0.066	0.034
TT3	0.778	0.123	0.049	0.148	0.133	0.038	0.117	0.149	0.081
TT2	0.76	0.143	0.103	0.171	0.197	0.154	0.135	0.050	0.066
TR3	0.121	0.768	0.124	0.216	0.151	0.104	0.118	0.148	0.154

续表

题项	成分								
	信任倾向	信任	视觉线索	购买意愿	关系强度	产品涉入	专业性	数量	感知风险
TR1	0. 111	0. 767	0. 123	0. 141	0. 141	0. 145	0. 058	0. 152	0. 110
TR4	0. 172	0. 738	0. 194	0. 194	0. 146	0. 081	0. 017	0. 162	0. 149
TR2	0. 192	0. 707	0. 222	0. 174	0. 049	0. 190	0. 129	0. 138	0. 192
VC4	0. 139	0. 071	0. 787	0. 137	0. 072	0. 109	0. 065	0. 062	0. 147
VC1	0. 065	0. 205	0. 784	0. 213	0. 053	0. 142	0. 184	0. 113	0. 166
VC3	0. 077	0. 201	0. 743	0. 152	0. 16	0. 066	0. 092	0. 166	0. 108
VC2	0. 125	0. 141	0. 686	0. 213	0. 132	0. 022	0. 186	0. 109	0. 097
PI4	0. 166	0. 196	0. 204	0. 747	0. 084	0. 172	0. 095	0. 063	0. 190
PI3	0. 121	0. 185	0. 182	0. 744	0. 125	0. 128	0. 126	0. 103	0. 109
PI1	0. 141	0. 197	0. 164	0. 741	0. 17	0. 125	0. 057	0. 063	0. 100
PI2	0. 150	0. 111	0. 174	0. 679	0. 046	0. 130	0. 092	0. 152	0. 143
RS2	0. 175	0. 113	0. 138	0. 074	0. 812	0. 123	0. 132	0. 104	0. 111
RS4	0. 165	0. 145	0. 079	0. 169	0. 796	0. 099	0. 121	0. 116	0. 101
RS1	0. 232	0. 168	0. 167	0. 134	0. 765	0. 182	0. 058	0. 081	0. 161
PRI4	0. 139	0. 122	0. 066	0. 176	0. 075	0. 829	0. 068	0. 131	0. 124
PRI1	0. 083	0. 158	0. 095	0. 135	0. 141	0. 773	0. 129	0. 129	0. 042
PRI2	0. 171	0. 131	0. 132	0. 158	0. 162	0. 729	0. 173	0. 078	0. 083
SQ1	0. 076	0. 025	0. 138	0. 041	0. 030	0. 116	0. 825	0. 085	0. 054
SQ2	0. 179	0. 116	0. 158	0. 143	0. 154	0. 114	0. 76	0. 133	0. 203
SQ3	0. 214	0. 147	0. 171	0. 176	0. 172	0. 156	0. 749	0. 155	0. 127
NU1	0. 072	0. 260	0. 117	0. 106	0. 043	0. 09	0. 200	0. 797	0. 058

续表

题项	成分								
	信任倾向	信任	视觉线索	购买意愿	关系强度	产品涉入	专业性	数量	感知风险
NU3	0.122	0.191	0.169	0.087	0.085	0.166	0.085	0.771	0.175
NU2	0.145	0.078	0.115	0.14	0.168	0.103	0.076	0.764	0.140
PR2	0.105	0.144	0.147	0.113	0.109	0.156	0.107	0.129	0.771
PR1	0.067	0.175	0.145	0.196	0.221	0.041	0.086	0.105	0.764
PR3	0.121	0.207	0.208	0.195	0.049	0.062	0.182	0.154	0.723
特征值	3.026	2.877	2.845	2.775	2.339	2.246	2.215	2.210	2.155
方差百分比	9.762	9.28	9.176	8.95	7.546	7.245	7.144	7.13	6.952
累积 %	9.762	19.042	28.219	37.169	44.715	51.96	59.104	66.234	73.186

从表 7－12 可以看出，9 个因子累积方差解释达到 73.186%，表明筛选出来的 9 个因素具有良好的代表性。各个测量题项的因子负荷量均大于 0.5，且交叉载荷均小于 0.4，每个题项均落到对应的因素中，表明量表具有较优的结构效度。

2. 收敛效度

通过前文的探索性因子分析可知，本章量表具备较优的结构效度。在进行结构方程模型分析之前，需要判断因子之间的内部结构是否与实际数据吻合。因此需要对各个变量进行验证性因子分析，以此判断变量的收敛效度是否达到要求。

结构方程模型由测量模型和结构模型两部分组成。测量模型通过确认性因子分析来研究观测变量与潜变量之间的关系，而结构方程则通过验证各条路径的统计显著性来研究潜变量之间的关系。在对结构方程模型进行拟合检验时，需要判断模型的系数是否在正常范围内。相应的参考拟合指标有很多，本章选择 9 个常用的拟合程度指标来验证模型的拟合情况，分别是 x^2/df、RMR、GFI、AGFI、NFI、IFI、TLI、CFI、RMSEA，各指标拟合标准如表 7－13 所示：

表 7－13　各指标拟合标准

模型拟合指标	最优标准值
x^2/df	<3
RMR	<0.08
GFI	>0.8
AGFI	>0.8
NFI	>0.9
IFI	>0.9
TLI	>0.9
CFI	>0.9
RMSEA	<0.08

（1）发送者特征验证性因子分析

本部分共有 2 个维度，分别是发送者专业性和发送者与接收者之间的关系强度，共包含 6 个测量题目。执行验证性因素分析后，可得到图 7－2、表 7－14 和表 7－15。

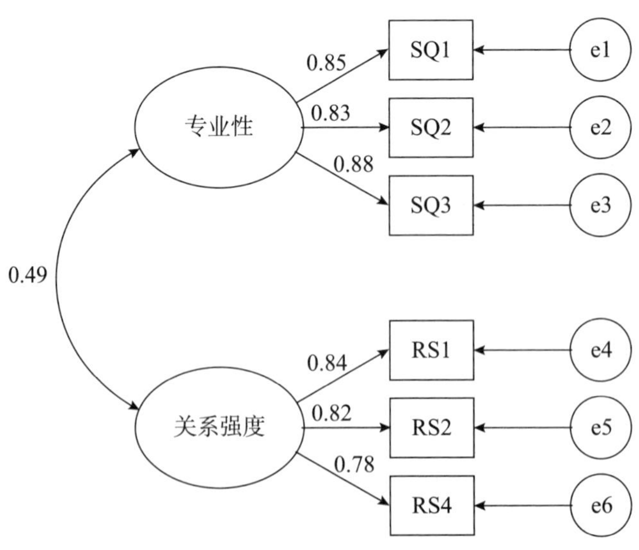

图 7－2　发送者变量指标关系

从表 7－14 可知，x^2/df 为 1.489，小于 3；AGFI、GFI、NFI、TLI、IFI、CFI 均达到 0.9 以上的标准；RMR 为 0.045，小于 0.08；RMSEA 为 0.03，小于 0.08，各个拟合指标均达到拟合标准，因此可以判定这个模型具有不错的配适度。

表 7－14　发送者特征拟合检验结果

模型拟合指标	最优标准值	统计值
x^2/df	<3	1.489
RMR	<0.08	0.045
GFI	>0.8	0.993
AGFI	>0.8	0.981
NFI	>0.9	0.992
IFI	>0.9	0.997
TLI	>0.9	0.995
CFI	>0.9	0.997
RMSEA	<0.08	0.030

由表 7－15 可知，专业性、关系强度的各个测量指标标准化因子负荷均大于 0.6，CR 值分别为 0.833、0.855，均大于 0.7；AVE 值分别为 0.628、0.663，均大于 0.5。由此可以判断，2 个变量具有良好的收敛效度。

表 7－15　发送者变量验证性因子分析结果

变量	题项	因子负荷	CR	AVE
专业性	SQ1	0.653	0.833	0.628
	SQ2	0.827		
	SQ3	0.879		
关系强度	RS1	0.843	0.855	0.663
	RS2	0.818		
	RS4	0.781		

（2）网络口碑特征验证性因子分析

本部分共有 2 个维度，分别为网络口碑数量与视觉线索，共包含 7 个测量题目。执行验证性因素分析后，可得到图 7－3、表 7－16 和表 7－17。

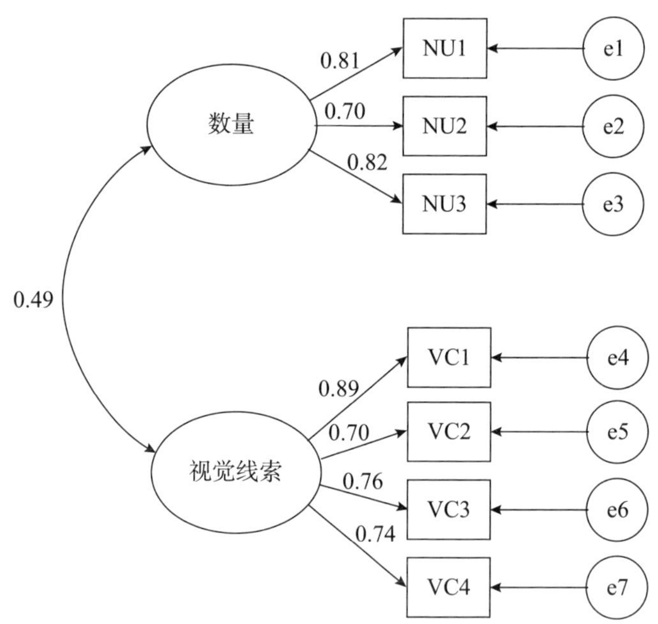

图 7－3　网络口碑变量指标关系

从表 7－16 可知，x^2/df 为 1.783，小于 3；AGFI、GFI、NFI、TLI、IFI、CFI 均达到 0.9 以上的标准；RMR 为 0.027，小于 0.08；RMSEA 为 0.038，小于 0.08，各个拟合指标均达到拟合标准，因此可以判定这个模型具有不错的配适度。

表 7－16　网络口碑特征拟合检验结果

模型拟合指标	最优标准值	统计值
x^2/df	<3	1.783
RMR	<0.08	0.027
GFI	>0.8	0.987

续表

模型拟合指标	最优标准值	统计值
AGFI	>0.8	0.973
NFI	>0.9	0.986
IFI	>0.9	0.994
TLI	>0.9	0.990
CFI	>0.9	0.994
RMSEA	<0.08	0.038

由表7－17可知，数量、视觉线索的各个测量指标标准化因素负荷均大于0.6，CR值分别为0.822、0.857，均大于0.7；AVE值分别为0.607、0.601，均大于0.5，表明2个变量具有良好的收敛效度。

表7－17　网络口碑变量验证性因子分析结果

变量	题项	因子负荷	CR	AVE
数量	NU1	0.808	0.822	0.607
	NU2	0.701		
	NU3	0.822		
视觉线索	VC1	0.886	0.857	0.601
	VC2	0.704		
	VC3	0.76		
	VC4	0.738		

（1）接收者特征验证性因素分析

本部分通过2两个维度进行分析，即接收者产品涉入与信任倾向，其中包括7个测量题目。执行验证性因素分析后，可得到图7－4、表7－18和表7－19。

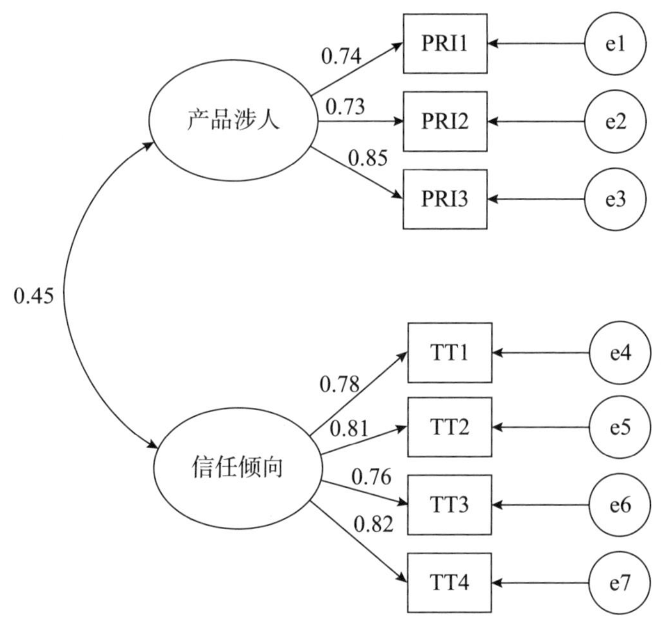

图 7－4　接受者变量指标关系

从表 7－18 可知，x^2/df 为 1.745，小于 3；AGFI、GFI、NFI、TLI、IFI、CFI 均达到 0.9 以上的标准；RMR 为 0.041，小于 0.08；RMSEA 为 0.037，小于 0.08，各个拟合指标均达到拟合标准，因此可以判定这个模型具有不错的配适度。

表 7－18　接受者特征拟合检验结果

模型拟合指标	最优标准值	统计值
x^2/df	<3	1.745
RMR	<0.08	0.041
GFI	>0.8	0.988
AGFI	>0.8	0.974
NFI	>0.9	0.987
IFI	>0.9	0.994
TLI	>0.9	0.991
CFI	>0.9	0.994
RMSEA	<0.08	0.037

由表7－19可知，产品涉入、信任倾向的各个测量指标标准化因子负荷均大于0.6，CR值分别为0.818、0.872，均大于0.7；AVE值分别为0.601、0.63，均大于0.5。由此可以判断，2个变量具有良好的收敛效度。

表7－19　接受者变量验证性因素分析结果

变量	题项	因子负荷	CR	AVE
产品涉入	PRI1	0.742	0.818	0.601
	PRI2	0.726		
	PRI4	0.851		
信任倾向	TT1	0.781	0.872	0.63
	TT2	0.807		
	TT3	0.762		
	TT4	0.824		

（2）感知风险验证性因素分析

本部分有1个维度，即感知风险，包含3个测量题目。执行验证性因素分析后，可得到图7－5、表7－20。感知风险只有3个测量题目，模型为饱和模型，无须报告模型拟合度。

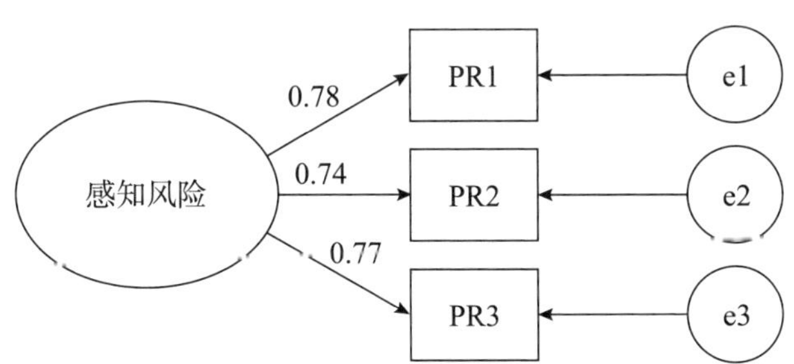

图7－5　感知风险变量指标关系

由表7－20可知，感知风险的各个测量指标标准化因子负荷均大于0.6，CR值为0.808，大于0.7；AVE值为0.584，均大于0.5。由此可以判断，该变量具有良好的收敛效度。

表 7－20　感知风险特征验证性因素分析结果

变量	题项	因素负荷	CR	AVE
感知风险	PR1	0.782	0.808	0.584
	PR2	0.735		
	PR3	0.774		

（3）信任验证性因素分析

本部分有 1 个维度，即信任，包含 4 个测量题目。执行验证性因素分析后，可得到图 7－6、表 7－21 和表 7－22。

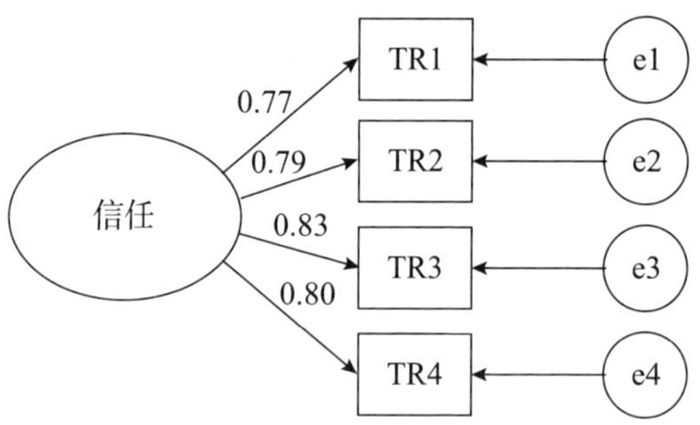

图 7－6　信任变量指标关系

从表 7－21 可知，x^2/df 为 2.356，小于 3；AGFI、GFI、NFI、TLI、IFI、CFI 均达到 0.9 以上的标准；RMR 为 0.014，小于 0.08；RMSEA 为 0.05，小于 0.08，各个拟合指标均达到拟合标准，因此可以判定这个模型具有不错的配适度。

表 7－21　信任拟合验证结果

模型拟合指标	最优标准值	统计值
x^2/df	<3	2.356
RMR	<0.08	0.014
GFI	>0.8	0.996
AGFI	>0.8	0.979
NFI	>0.9	0.996

续表

模型拟合指标	最优标准值	统计值
IFI	>0.9	0.997
TLI	>0.9	0.992
CFI	>0.9	0.997
RMSEA	<0.08	0.050

由表7－22可知，信任的各个测量指标标准化因子负荷均大于0.6，CR值为0.873，大于0.7，AVE值为0.633，大于0.5。由此可以判断，该变量具有良好的收敛效度。

表7－22　信任验证性因子分析结果

变量	题项	因素负荷	CR	AVE
信任	TR1	0.769	0.873	0.633
	TR2	0.788		
	TR3	0.827		
	TR4	0.796		

（4）购买意愿验证性因素分析

本部分有1个维度，即购买意愿，共包含4个测量题目。执行验证性因素分析后，得到图7－7、表7－23和表7－24。

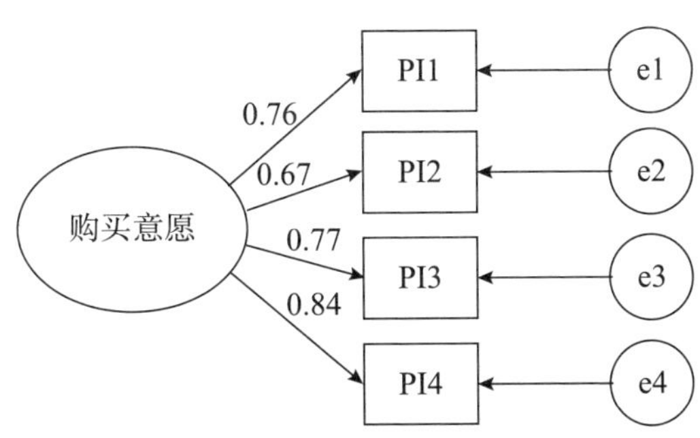

图7－7　购买意愿变量指标关系

从表7－23可知，x^2/df为2.402，小于3；AGFI、GFI、NFI、TLI、IFI、CFI均达到0.9以上的标准；RMR为0.018，小于0.08；RMSEA为0.051，小于0.08，各个拟合指标均达到拟合标准，因此可以判定这个模型具有不错的配适度。

表7－23　购买意愿拟合检验结果

模型拟合指标	最优标准值	统计值
x^2/df	<3	2.402
RMR	<0.08	0.018
GFI	>0.8	0.996
AGFI	>0.8	0.978
NFI	>0.9	0.995
IFI	>0.9	0.997
TLI	>0.9	0.990
CFI	>0.9	0.997
RMSEA	<0.08	0.051

由表7－24可知，购买意愿的各个测量指标标准化因子负荷均大于0.6，CR值为0.847，大于0.7；AVE值为0.582，大于0.5。由此可以判断，该变量具有良好的收敛效度。

表7－24　购买意愿验证性因素分析结果

变量	题项	因素负荷	CR	AVE
购买意愿	PI1	0.76	0.847	0.582
	PI2	0.665		
	PI3	0.773		
	PI4	0.842		

3. 区分效度

本章采用较严谨的 AVE 法对区别效度进行评估。当每个因素的 AVE 平方根值大于各成对变数的相关系数时，表示变量之间具有区别效度。由表 7－25 可以得出，各因素 AVE 开根号均大于对角线外的标准化相关系数，因此本次研究仍具有区分效度，斜下三角为相关系数。

表 7－25　AVE 平方根与相关系数矩阵

	专业性	关系强度	数量	视觉线索	产品涉入	信任倾向	感知风险	信任	购买意愿
专业性	0.792								
关系强度	0.392**	0.814							
数量	0.409**	0.366**	0.779						
视觉线索	0.451**	0.399**	0.416**	0.775					
产品涉入	0.411**	0.417**	0.391**	0.360**	0.775				
信任倾向	0.414**	0.473**	0.351**	0.361**	0.389**	0.794			
感知风险	0.424**	0.423**	0.431**	0.483**	0.353**	0.344**	0.764		
信任	0.377**	0.447**	0.499**	0.504**	0.443**	0.437**	0.515**	0.796	
购买意愿	0.403**	0.423**	0.396**	0.537**	0.463**	0.441**	0.495**	0.550**	0.763

（四）结构方程模型分析

1. 模型设定

本章一共设置了专业性、关系强度、数量、视觉线索、产品涉入、信任倾向、感知风险、信任、购买意愿这 9 个潜变量。现构建生鲜零售 App 中商品网络口碑对购买意愿影响的结构模型（如图 7－8 所示），以便为进一步的实证验证奠定基础。

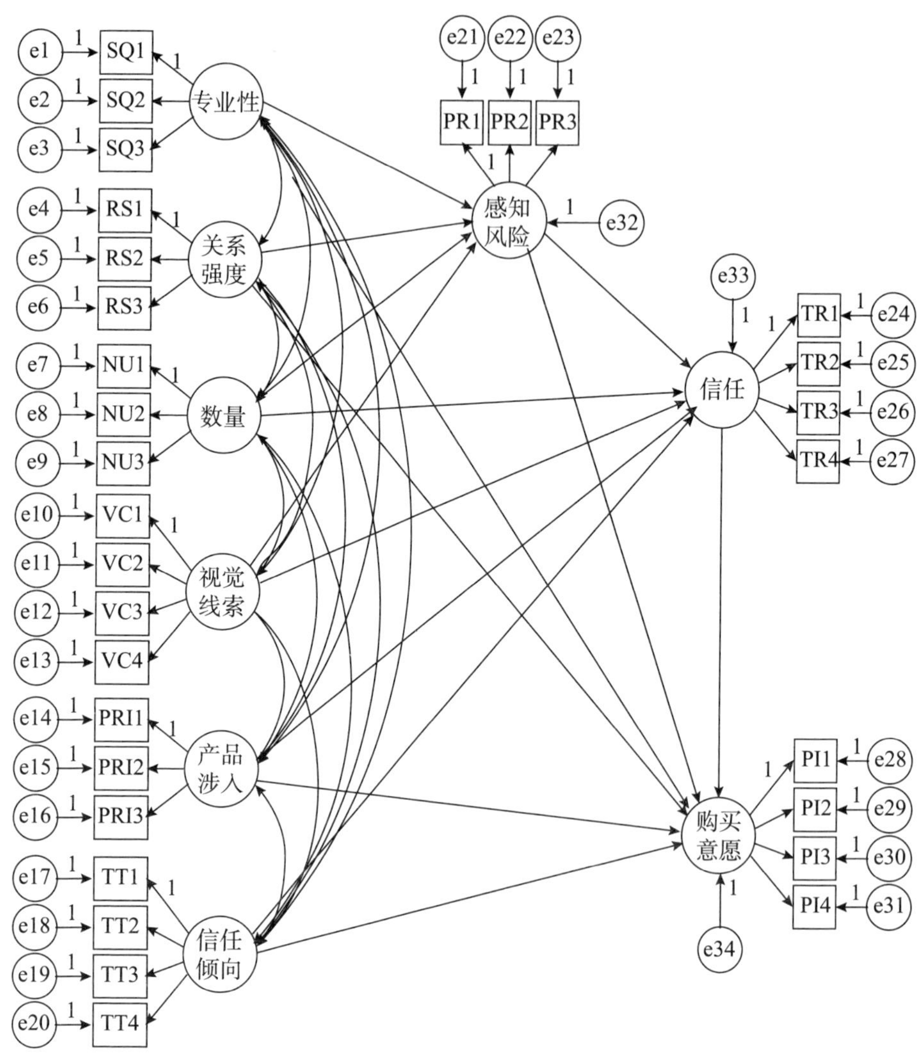

图 7-8　生鲜零售 App 中商品网络口碑对购买意愿影响结构模型

2. 模型评价

利用 AMOS 23.0 执行计算，使用最大似然法进行估计，对整个模型进行结构方程分析，结构方程模型首次运算结果如图 7-9 所示：

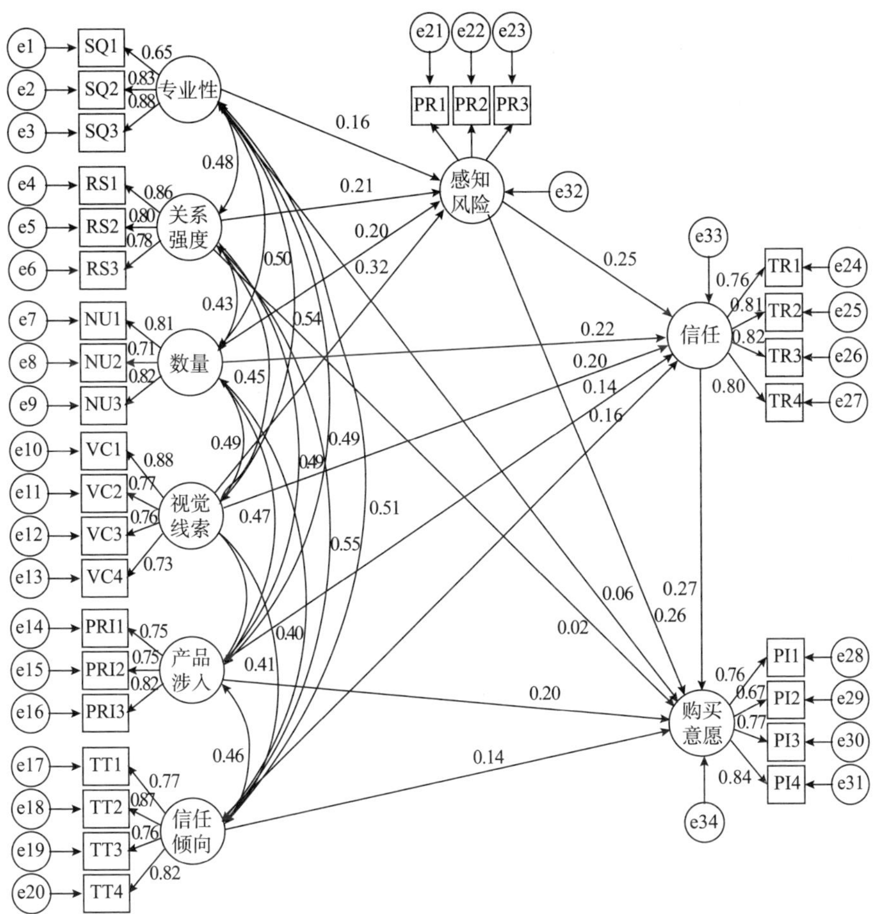

图 7－9　初始结构方程模型路径系数图

初始结构方程模型各路径系数及其显著性检验如表 7－26 所示。由此可以看出，专业性、关系强度对购买意愿的 P 值分别是 0.263 和 0.698，大于 0.01，没有通过显著性检验，因此认为假设不成立。其他假设均具有显著影响，因此需要对模型进行修正。

表 7－26　初始结构方程模型检验结果

路径	标准化系数	非标准化系数	S. E.	C. R.	P	假设
感知风险 <－－－ 专业性	0. 161	0. 178	0. 064	2. 796	0. 005	成立
感知风险 <－－－ 关系强度	0. 21	0. 173	0. 043	3. 992	***	成立
感知风险 <－－－ 数量	0. 198	0. 217	0. 061	3. 578	***	成立
感知风险 <－－－ 视觉线索	0. 316	0. 279	0. 05	5. 598	***	成立
信任 <－－－ 数量	0. 225	0. 228	0. 053	4. 302	***	成立
信任 <－－－ 视觉线索	0. 204	0. 167	0. 043	3. 871	***	成立
信任 <－－－ 产品涉入	0. 141	0. 132	0. 046	2. 85	0. 004	成立
信任 <－－－ 信任倾向	0. 163	0. 155	0. 044	3. 546	***	成立
信任 <－－－ 感知风险	0. 252	0. 233	0. 053	4. 423	***	成立
购买意愿 <－－－ 专业性	0. 06	0. 066	0. 058	1. 12	0. 263	不成立
购买意愿 <－－－ 关系强度	0. 021	0. 017	0. 045	0. 388	0. 698	不成立
购买意愿 <－－－ 产品涉入	0. 197	0. 198	0. 054	3. 688	***	成立
购买意愿 <－－－ 信任倾向	0. 136	0. 138	0. 054	2. 577	0. 01	成立
购买意愿 <－－－ 感知风险	0. 259	0. 255	0. 06	4. 227	***	成立
购买意愿 <－－－ 信任	0. 275	0. 293	0. 064	4. 591	***	成立

注：说明表中＊意义。

3. 模型修正

根据对初始结构方程模型检验结果的分析可以得到，专业性→购买意愿，关系强度→购买意愿，未能通过显著性检验，因此删除这 2 条不显著路径，对模型进行修正。修正后的结构方程模型如图 7－10 所示：

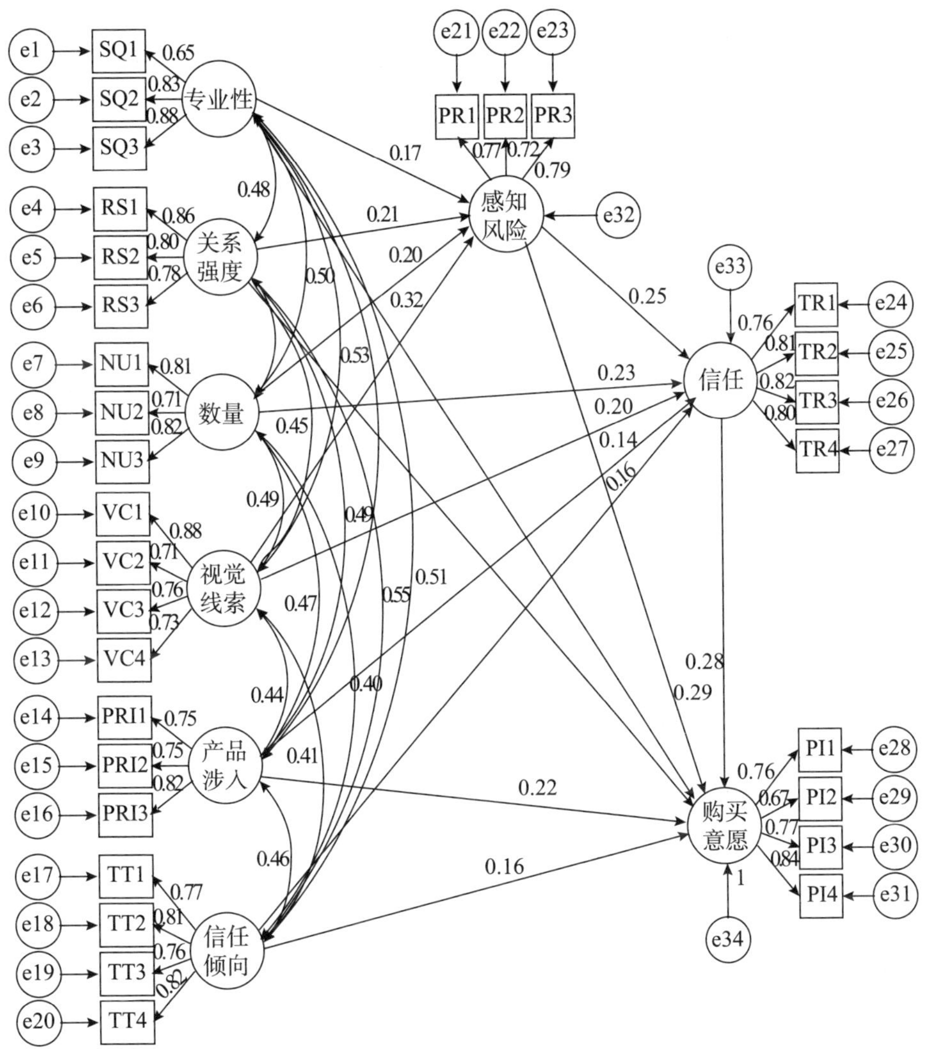

图 7－10　修正后的结构方程模型路径系数图

从表 7－27 可知，x^2/df＝1.201，小于 3；AGFI、GFI、NFI、TLI、IFI、CFI 均大于标准 0.9；RMR＝0.046，小于 0.08；RMSEA＝0.019，小于 0.08，各个拟合指标均符合一般的研究标准，因此可以认为该模型拟合度较为理想。

表 7-27　模型拟合度检验结果

模型拟合指标	最优标准值	统计值	拟合情况
x^2/df	<3	1.201	理想
RMR	<0.08	0.046	理想
GFI	>0.8	0.945	理想
AGFI	>0.8	0.933	理想
NFI	>0.9	0.947	理想
IFI	>0.9	0.991	理想
TLI	>0.9	0.989	理想
CFI	>0.9	0.991	理想
RMSEA	<0.08	0.019	理想

由表 7-28 可以得到，专业性对感知风险具有显著的正向影响，假设成立（$\beta=0.166$，$p<0.05$）；关系强度对感知风险具有显著的正向影响，假设成立（$\beta=0.209$，$p<0.05$）；数量对感知风险具有显著的正向影响，假设成立（$\beta=0.195$，$p<0.05$）；视觉线索对感知风险具有显著的正向影响，假设成立（$\beta=0.317$，$p<0.05$）；数量对信任具有显著的正向影响，假设成立（$\beta=0.226$，$p<0.05$）；视觉线索对信任具有显著的正向影响，假设成立（$\beta=0.203$，$p<0.05$）；产品涉入对信任具有显著的正向影响，假设成立（$\beta=0.140$，$p<0.05$）；信任倾向对信任具有显著的正向影响，假设成立（$\beta=0.162$，$p<0.05$）；感知风险对信任具有显著的正向影响，假设成立（$\beta=0.252$，$p<0.05$）；产品涉入对购买意愿具有显著的正向影响，假设成立（$\beta=0.216$，$p<0.05$）；信任倾向对购买意愿具有显著的正向影响，假设成立（$\beta=0.159$，$p<0.05$）；感知风险对购买意愿具有显著的正向影响，假设成立（$\beta=0.288$，$p<0.05$）；信任对购买意愿具有显著的正向影响，假设成立（$\beta=0.275$，$p<0.05$）。

表 7－28　修正后结构方程模型检验结果

路径			标准化系数	非标准化系数	S. E.	C. R.	P	假设
感知风险	<---	专业性	0.166	0.184	0.063	2.899	0.004	成立
感知风险	<---	关系强度	0.209	0.173	0.043	4.007	***	成立
感知风险	<---	数量	0.195	0.214	0.06	3.535	***	成立
感知风险	<---	视觉线索	0.317	0.281	0.05	5.651	***	成立
信任	<---	数量	0.226	0.229	0.053	4.32	***	成立
信任	<---	视觉线索	0.203	0.167	0.043	3.853	***	成立
信任	<---	产品涉入	0.140	0.132	0.047	2.84	0.005	成立
信任	<---	信任倾向	0.162	0.155	0.044	3.54	***	成立
信任	<---	感知风险	0.252	0.233	0.053	4.397	***	成立
购买意愿	<---	产品涉入	0.216	0.217	0.051	4.251	***	成立
购买意愿	<---	信任倾向	0.159	0.162	0.049	3.326	***	成立
购买意愿	<---	感知风险	0.288	0.284	0.056	5.103	***	成立
购买意愿	<---	信任	0.275	0.294	0.064	4.595	***	成立

注：说明表中*意义。

4. 假设检验

通过上述分析结果，本章提出的 15 条假设中有 2 条没有通过显著性检验，13 条假设成立，具体验证结果见表 7－29：

表 7－29　研究假设验证结果表

序号	研究假设	检验结果
H1a	网络口碑发送者的专业性显著影响接收者的感知风险	成立
H1b	网络口碑发送者的专业性显著影响接收者的购买意愿	不成立
H2a	网络口碑接收者与发送者的关系强度显著影响接收者的感知风险	成立

续表

序号	研究假设	检验结果
H2b	网络口碑接收者与发送者的关系强度显著影响接收者的购买意愿	不成立
H3a	网络口碑数量显著影响接收者的感知风险	成立
H3b	网络口碑数量显著影响接收者的信任	成立
H4a	网络口碑视觉线索显著影响接收者的感知风险	成立
H4b	网络口碑视觉线索显著影响接收者的信任	成立
H5a	网络口碑接收者的产品涉入度显著影响接收者的信任	成立
H5b	网络口碑接收者的产品涉入度显著影响接收者的购买意愿	成立
H6a	网络口碑接收者的信任倾向显著接收者的信任	成立
H6b	网络口碑接收者的信任倾向显著影响接收者的购买意愿	成立
H7a	网络口碑接收者的感知风险显著影响接收者的信任	成立
H7b	网络口碑接收者的感知风险显著影响接收者的购买意愿	成立
H8	网络口碑接收者的信任显著影响接收者的购买意愿	成立

（1）发送者特征对感知风险和购买意愿影响分析

专业性和关系强度正向影响接收者的感知风险。发送者专业性越强，在生鲜零售 App 上的购买经验越丰富，就越能提高口碑信息接收者对口碑内容的接受程度。因为其具备较权威的评价能力，其发布的网络口碑能够给接收者带来较高的感知风险。网络口碑发送者与接收者之间的连接方式强度越强，接收者就越认可网络口碑信息所传递的内容，也就越能意识到口碑信息可能带来的风险。

发布者的专业性对消费者的购买意愿没有显著影响。网络口碑发送者的专业性越高、购买经验越丰富，就越可能对网络口碑形成影响。对于相关商品或服务具有越高专业性或越多经验的消费者，其发布的网络口碑往往会成为缺乏这方面经验消费者的信息参考对象，因而对购买意愿的影响也越大。但本章的实证结果与其存在不一致性，可能存在以下三点原因。第一，随着近年来“网络刷单”被频繁曝光，商家通过“刷单”来提高销量、填写虚假好评来吸引顾客消费，使得越来越多的消费者开始怀疑这些看似评论全面、专业性较高的网络口碑的真实性。第二，作为生鲜零售 App 的用户，首先关注的是商品的信息。相较于分析发布者的特质，消费者更倾向于了解生鲜商品的信息。第三，目前大部分平台上没有可以体现口碑发布者专业程度的机制，只是简单地通过会员标识来区分普通用户和绿卡会员用户发布的网络口碑，消费者只能通过网络口碑内容去判断发布者的专业程度。

网络口碑发布者和接收者之间的关系强度不能显著影响消费者的购买意愿。在生鲜零售 App 中，人与人之间大多存在弱关系强度，即大部分以相较于传统环境更弱的方式联结。接收者在购买商品前通过网络获得的口碑信息几乎都来自与其素不相识的陌生人，接收者通常都是从陌生网友处获得所需的信息。也就是说，在这种环境中，网络口碑信息对接收者购买意愿的影响并不依赖于发布者与接收者之间的强连接关系。发布者与接收者的关系强度的影响作用不显著，网络口碑对消费者购买意愿的影响并不一定依赖于彼此之间的关系强度。

（2）网络口碑特征对感知风险和信任影响分析

网络口碑数量和视觉线索对感知风险和信任具有显著影响。研究认为，网络口碑数量越多，消费者能获取的信息内容就越多，从中能提炼到与风险有关的内容也就越多。口碑数量能够在一定程度上提升消费者对相关商品或服务的认知，并进一步强化消费者的购买意愿。口碑信息的数量越多，产品曝光在大众视野下的可能性就越大，商品也就越容易被消费者发现。浏览信息可以提高消费者对于商品或服务的认知程度。当网络口碑信息接收者初次接触某商品的口碑内容时，大多数人不会立刻相信其内容，然而当大量的口碑信息都指向同一内容时，就会在一定程度上对接收者产生影响，增加其信任度。在网络世界中，大量的网络口碑信息会引起接收者的跟风心理，让消费者更容易对口碑信息产生信任。研究表明，越来越多的消费者在查看网络口碑时会优先选择带图片或视频的口碑信息进行浏览，因为消费者更愿意相信自己看到的，相较于文字，图片和视频更让人信服。这种认可度能够增加其信任。网络口碑的视觉线索能对消费者产生直观的影响，消费者可以从网络口碑的图片、视频信息中直接得知此商品或服务的好坏，并从中察觉此商品或服务可能带来的风险。

（3）接收者特征对信任和消费者购买意愿影响分析

产品涉入和信任倾向对信任具有显著的正向影响。在生鲜零售 App 中，对网络口碑的判断在很大程度上要依靠消费者自身去筛选有用信息和判别信息的真伪，这就使得消费者更加依赖自身的产品涉入和信任倾向。消费者的产品涉入度越高，越能说明该产品对消费者的重要性，网络口碑信息对其也就越重要，因此，消费者也就越愿意相信口碑信息。作为消费者个体的信任倾向，消费者对事物的信任倾向越强，其对网络口碑的信任也就越强。

产品涉入和信任倾向对消费者购买意愿存在正向显著影响。消费者的产品涉入度对消费者决策的制定具有正向的影响作用。相较于产品涉入度低的消费者，产品涉入度高的消费者愿意花更多的时间以及精力来搜索、筛选和比较各种口碑信息，希望为其购买决策提供更全面的信息支持，以便做出最恰当的决策。消费者信任倾向越强，消费者购买意愿越强。由于互联网中口碑信息众多，消费者需要依靠自身的信任倾向去选择性地浏览口碑信息，并根据对发送者和网络口碑信息的信任程度来决定其购买意愿。

（4）感知风险和信任对消费者购买意愿影响分析

感知风险和信任均对购买意愿存在显著影响，并且感知风险对信任也有显著的影响。当消费者通过生鲜零售 App 进行网上购物时，网络口碑对购买意愿的影响程度随消费者的信任水平加深而加强。同时网络购物存在着诸多的不确定因素，会引起消费者产生感知风险。在网络购物过程中，可将消费者的购买行为看作对可能存在风险的承担行为。消费者在接触网络口碑的内容时，其对风险感知的水平越高，则网络口碑对购买意愿的影响效果越明显。关于感知风险与信任的关系，先行研究大多认为它们之间存在相互影响的关系。本章研究结论与先行研究一致。

第四节　本章小结

一、研究结论

本章基于第二章和第三章的理论基础，从网络口碑发送者特征、网络口碑信息特征、网络口碑接收者特征三个维度出发，构建了生鲜零售 App 中商品网络口碑对购买意愿的影响模型，并提出 15 条研究假设，设计了调查问卷。通过 Credamo 和问卷星调查平台共回收有效问卷 538 份，利用 SPSS 23.0 和 AMOS 23.0 统计软件处理回收的数据，进行描述性统计分析、信度分析、效度分析以及结构方程模型检验，得出以下结论：

（1）专业性、关系强度、网络口碑数量、网络口碑视觉线索对接收者感知风险存在显著的正向影响，且其影响程度大小依次为网络口碑视觉线索、关系强度、网络口碑数量、专业性。

（2）网络口碑数量、网络口碑视觉线索、产品涉入、信任倾向对信任有显著的正向影响，且其影响程度大小依次为网络口碑数量、网络口碑视觉线索、信任倾向、产品涉入。

（3）感知风险对信任存在显著的正向影响，感知风险、信任对购买意愿存在显著的正向影响，且信任的影响程度更大一些。

（4）专业性和关系强度对购买意愿不存在显著影响，即发送者特征通过感知风险对购买意愿产生间接影响。

（5）产品涉入、信任倾向对购买意愿有显著影响，其中产品涉入的影响程度大于信任倾向，即接收者特征对购买意愿有直接影响。

二、相关建议

消费者使用生鲜零售 App 网购生鲜商品不仅能极大地提高自己的生活质量，同时对生鲜零售企业的发展以及上游生鲜商品供应商和生产商都具有重大意义。

本章从口碑源头、口碑本身和口碑接收方三个方面入手，提出以下 3 点建议。

（一）从源头把控网络口碑质量。大多数消费者在生鲜零售 App 消费后都会愿意将自己对商品的感受和体验以网络口碑的形式分享给平台上其他的消费者。在 App 上，消费者不仅可以分享自己愉快的购物经验，还可以发表对于某次购物的不满情绪，这无疑会给 App 上的其他消费者带来消极的信息。大多数消费者在生鲜零售 App 上购买商品前并不知道该商品质量的好坏，所以消费者会依赖于之前消费者评论的口碑信息。若之前消费者评论的口碑信息是正面的，就会促进消费者购买该商品；若之前消费者评论的口碑信息是负面的，就会降低消费者的购买意愿。因此，生鲜零售 App 在发现负面网络口碑时，应该尽可能地解释反映的问题；对于切实存在的问题，平台应该积极主动地解决，最大限度地减少负面口碑带来的不良影响。同时，生鲜零售 App 应加强对其平台“客服中心”模块的管理，以在线客服和热线电话等多种方式解决顾客遇到的常见问题，如商品问题、配送问题、退款问题等。一般情况下，客服的有效沟通可以从根本上转变消费者的购物体验感，把一个原本不太满意的消费者转变为一个满意或比较满意的消费者，进而从根源上消除负面口碑。

（二）增加高质量生鲜商品口碑数量。根据研究发现，对生鲜商品而言，网络口碑数量与视觉线索都会对消费者的购买意愿产生显著影响。由于时间与精力的限制，消费者会选择更加直观的口碑信息来帮助自己更快地获取商品的有用信息。所以，生鲜零售平台可以将与商品相关度高、配有商品图片或视频的口碑信息放在显眼的位置，还可以在口碑信息中设置“有图/视频”选项，方便消费者浏览带有图片或视频的口碑信息。同时，生鲜零售 App 可以通过优化评价机制操作性来丰富生鲜商品口碑的图像来源。此外，App 平台还可以采取赠送购物积分、返利优惠和打折优惠券等激励措施来鼓励消费者发布生鲜商品的实际图像，分享客观的商品评价与真实的使用感。

（三）提高口碑接收者信任水平。生鲜零售 App 可以通过其官网、平台发布其品控流程、冷链物流体系、上游供应商等相关信息，与消费者进行线上沟通。App 平台还可以尝试组织一些线下活动，比如选择优质会员参观社区前置仓库、生鲜农产品基地等。一方面可以提高消费者对 App 的信任与好感，另一方面也可以帮助生鲜零售 App 在消费者心中树立良好的平台形象。如今，网络购物中的“刷单”问题日益突出。平台或商家为了吸引顾客、提高销量，人为地对网络口碑进行“控制”。随着消费者网购经验的积累，大量单纯的正面口碑已经很难取得消费者的信任，消费者会怀疑是 App 平台人为地“刷好评”。根据正常规律，对于生鲜零售 App 上的生鲜商品，其真实口碑构成应该包含正面口碑和负面口碑。所以，生鲜零售 App 可以通过把控两种口碑的比例来提高口碑接收者对平台和商品的信任水平。生鲜零售 App 可以建立平台口碑信息管理体系，制定一系列全面的管理策略与方案，对生鲜商品的网络口碑进行监管，做到快速反应，树立良好的平台形象，提高口碑接收者的好感度与信任度。

本章尚有以下几点不足：

（一）本次研究的问卷数据收集是根据受访者半年之内在生鲜零售 App 上看到的网络口碑来填写的，但是记忆终究会与受访者当时的感受存在一定的误差。半年的时间，有些记忆已经变得比较模糊，所以受访者回答问卷时只能凭借回忆到的模糊印象进行填写，有可能会出现因记忆不清而随意选择的情况，这将导致本次研究收集到的数据与真实数据存在一定的误差。

（二）目前我国大部分的生鲜零售 App 并不是纯粹的生鲜电商，其涉及领域较广，呈现多元化的发展方向，故其口碑的形成并不一定全来自生鲜零售 App，还有可能来自其他业务，甚至是非互联网环境中所产生的口碑信息，都有可能对消费者的购买意愿产生一定程度上的影响。而本章忽略了其他环境中产生的口碑对于消费者购买意愿的影响。

第八章　虚拟社区交互对消费者购买意愿的影响

在市场需求不断细化、线上零售加速提质升级的背景下，虚拟社区与线上零售的融合作为一种新型的零售发展模式，为零售的发展带来了新的生命活力。本章以消费者在虚拟社区中的交互行为为突破口，分析其对虚拟社区中消费者线上购买意愿的影响。

第一节　本章研究内容与方法

一、研究内容

本章在零售平台的虚拟社区中研究交互对网络购买意愿的影响。首先，根据文献研究构建影响机制模型，并提出相关的假设研究。其次，通过调查问卷法对模型的各个变量进行测度。最后，运用结构方程模型，验证假设研究，以说明零售平台中虚拟社区交互对消费者网购意愿的影响及具体路径。具体来说，本章主要分为以下五个部分。

第一部分，研究内容与方法。介绍本章研究的主要内容与方法，确定本章的研究框架，引导下文的实证分析与研究。

第二部分，模型构建与假设提出。以整合后的信息传播模型为基础，在虚拟社区网络环境下提出网络交互的四个测量维度；以技术接受模型为理论模型，删除“感知易用”变量，加入“认知信任”变量，构建虚拟社区交互对消费者网购意愿的影响模型，并将性别作为调节变量加入模型中。最后提出相关研究假设。

第三部分，实证研究设计。首先，在先行的研究基础上确定模型中各个变量的定义以及测量问项。其次，根据测量问项设置生成调查问卷，并说明数据收集方法。最后，对数据收集方法做出简要的说明，为下文的实证分析奠定基础。

第四部分，实证研究分析。本部分首先进行研究对象的描述性统计分析，说明样本的基本情况。而后检验调查问卷的信度、效度，以及各个变量之间的相关性。在此基础上，构建结构方程模型，以分析模型各个变量之间的影响路径及影响程度，并检验性别变量的调节作用。

第五部分，研究结论与建议。根据实证研究，得出零售平台中虚拟社区交互对网络购买意愿影响的研究结论，并从社区运营者与网络零售商两个主体角度提出提高消费者网购意愿的相关对策。

二、研究方法

本章拟将问卷调查法与统计分析法相结合，对零售平台中虚拟社区交互对消费者网购意愿的影响进行研究，以确保研究成果具有一定的科学性与实用性。

1. 问卷调查法

问卷调查法是国内外社会调查中运用比较广泛的方法，是实证数据收集的主要方法之一。本章充分利用了国内外的现有研究成果，在初步构建研究模型与基本假设的基础上设计出适用于本章研究情境的调查问卷。问卷采用 Likert 5 级量表对变量进行测量，测量问项的设置在借鉴先行研究中较为成熟的问项基础上进行了适当的修改，使其更符合本章的研究情境。最终利用 Credamo 平台进行问卷收集。

2. 统计分析法

统计分析法是将收集到的数据分类建立模型，进而分析研究对象之间的相互关系，并形成研究结论的一种测评方法。本章通过 Credamo 数据收集平台进行数据收集，并利用有效问卷的数据通过 SPSS 23. 0 与 AMOS 23. 0 软件进行数据的统计分析。具体而言，首先运用 SPSS 23. 0 软件进行数据的描述性统计分析、相关性分析、信度检验、探索性因子分析；再运用 AMOS 23. 0 软件进行验证性因子分析，并构建结构方程模型进行影响路径及影响程度分析，验证假设是否成立。

第二节　模型构建与假设提出

不同的研究模型有其专门适用的研究对象与研究范围，即使再严密的理论体系，也还是会存在现阶段研究无法完全解释的部分。Borenstein（1998）认为，模型选择的主要依据应该以是否能解决所面临的实际问题为前提，当现有的模型无法满足解决实际问题的需求时，就需要对现有模型展开不同维度上的延伸，或是创新发展。基于此，本章将基于 Davis（1989）提出的技术接受模型构建符合研究目的的概念模型，并提出相应的假设研究。

一、模型构建

（一）网络交互维度的确定

根据前述的信息传播模型相关理论可以得出，5W 模型与 Shannon – Weaver 模型之间既有相似性，又有所区别。将这两个模型结合起来看，并加入 DeFleur（1996）的反馈要素，信息传播过程中所涉及的要素主要有信源、信道、接收者、信息、噪音、效果与反馈七个因素。现以虚拟社区作为信息传播渠道，可以构建一个如图 8 – 1 的信息传播模型，其中“效果”要素是 Lasswell（1948）从宣传角度出发构建的，信源希望在发出信息后对接收者产生一定的效果。而在零售平台的虚拟社区情境中，信源对于信息发出的目的更单纯，没有明确的劝服性动机，故在此将“效果”理解为接收者的“反应”更加贴切。

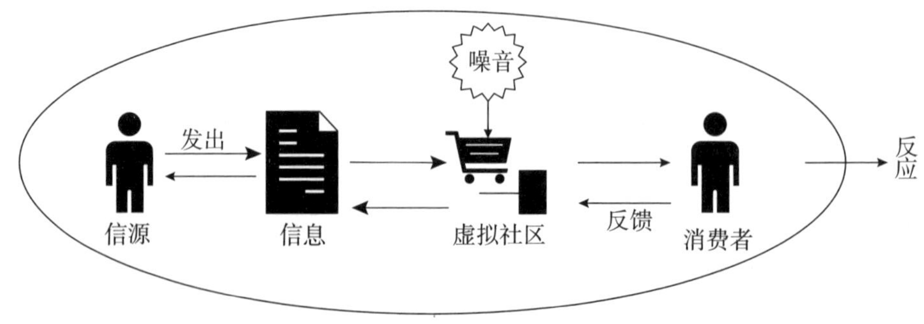

图 8 – 1　虚拟社区中的信息传播模型

社区交互的根本就是信息的交流与传播，可以将网络交互看作一个完整的信息传播过程，因为其同时具有传播过程的完整性和传播信息的动态性，并且信息传播的各个要素之间存在着影响与制约的关系。在徐美燕（2018）以及朱东红（2012）的研究中都证实了可以利用信息传播模型划分网络消费者的交互维度。徐美燕的研究结果表明，信源质量、交互信息、交互程度、交互环境可以用来解释虚拟社区环境中的消费者网络交互行为。

根据本章的研究背景，拿出信源接收者（消费者）和反馈（信息的发出与反馈）两个要素后，将信息传播模型放入虚拟社区消费者交互的应用情境中：从信源上来看，Wang & Doong（2010）在对网络零售商店代理人推荐商品的研究中发现了类似的结论，用户是否在商店中购买代理人推荐的产品，与代理人的专业水平相关。因此，本章将信源质量作为网络交互的测量变量之一。从交互信息来看，Agarwal et al.（2016）的研究表明用户对于文件管理系统操作的讨论对用户是否使用该文件管理系统有一定的正向影响。在网络交互的场景中，交互行为实际上就是信息的交互，故将信息质量作为网络交互的测量变量之一。从信道上看，在本章研究的环境中，信息传播的物质载体是零售平台中的虚拟社区。交互信息的良好传播依托于社区环境的安全性，其会对消费者社区的信任感知产生影响（徐美艳，2018）。由此，可将交互环境作为网络交互的测量变量之一。从噪音上看，在网络世界中，信息接收者与发出者之间的交互越频繁，双方越容易建立信任的关系，从而影响消费者的购买决策（常亚平等，2016）。交互频率加速了信息传播的效率，并且对信息产生影响。因此，本章将构建交互频率作为信源与信息接收者之间的联系，将交互频率作为网络交互的测量变量之一。

综上所述，本章将零售平台中虚拟社区的网络交互维度划分为：交互环境、交互频率、信源质量和信息质量四个方面，如图 8 -2 所示：

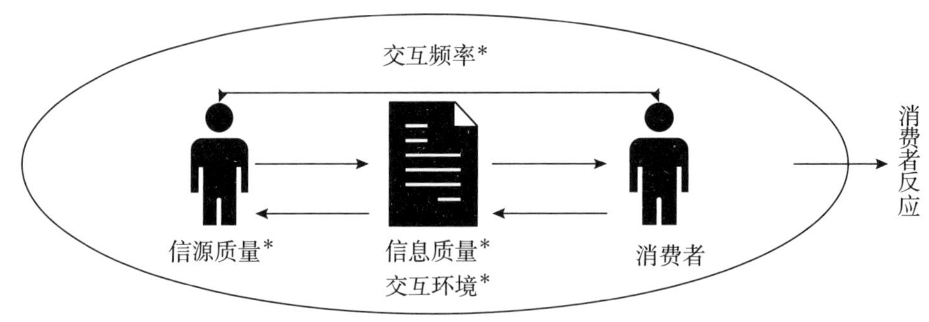

图 8－2　虚拟网络社区中交互维度构成

（二）消费者反应模型的确定

在提出技术接受模型的同时，Davis（1989）还提出了，“外部刺激—认知反应—情感反应—行为反应”这一对于新技术的反应过程。根据技术接受模型的相关理论，朱东红（2012）认为，在消费者处于虚拟社区环境中进行交互行为时，交互行为会对消费者在社区中的反应产生影响，故可以将网络交互作为外部刺激因素加入模型中，形成消费者反应模型。具体内容如下：

1. 认知反应方面

Straub（1997）以技术接受模型为基础，研究用户使用 E－mail 的情境时发现，相比感知易用性而言，感知有用性对于用户使用行为的影响更具有显著性。与上一位研究者的结论相同，Kowatsch & Maass（2010）在推荐客户使用移动代理人的情景中发现，感知有用性对于消费者的使用意愿影响显著，但感知易用性与消费者的使用意愿之间没有直接的相关关系，感知易用性会对感知有用性造成影响。

根据上述研究结论，延伸至本章在消费者虚拟社区购买的情境中，感知易用性并不是非常适用，具体有以下两点原因：一是如今各大运营平台为了方便消费者购买，对于购买操作的流程均大大简化。即使是初次购买的用户，平台也会有相关的购物索引，帮助消费者快速熟悉购买操作。特别是虚拟社区用户，大部分为有网购经验的用户，基本上不存在操作困难的问题。二是 Davis（1989）之所以提出“感知易用”这一维度，主要是考虑到在科技化、网络化还没有普及的时代，大部分人对信息技术是比较陌生的。面对新兴的科技领域，新技术是否便于使用者操作便成了影响用户使用的因素之一。随着网络的普及与发展，人们对于网络购物逐渐变得熟悉，易用性对用户网络购物的影响逐步削弱。

网络零售依托网络空间进行交易，消费者面临着交易资金与购买的产品相分离的风险，同时网络环境下交易的安全性与隐私性也备受关注，所以在网络零售中信任的产生具有更大的复杂性，“信任”也成为消费者是否选择网络购买渠道的重要前因之一（吴金典，2012）。基于现有研究，根据信任作用的主体差异，零售平台中虚拟社区所涉及的信任包括：社区成员之间的信任、社区成员对卖家的信任、社区成员对社区的信任。本章实证部分的信任将以社区成员对虚拟社区的信任为主要研究对象，以更好地剖析影响消费者网络购物的因素，提升消费者在社区平台网购商品的频率。

由于网络的虚拟性，信任的建立与线下购物相比存在一定的难度与差异。在网络环境下的信任研究成为学者们的关注点。单初和鲁耀斌（2010）从影响信任的前因入手，研究发现在虚拟社区中，信息交互与情感交互是社区中信任关系发生的重要影响前因，用户对于社区平台或者商品供应商的信任程度较高，有利于其做出积极的购买决策。Hong & Cho（2011）将信任作为中介变量，研究在网络购物时信任在感知风险与消费者购买意愿之间的中介作用。结果表明，信任对网购意愿有显著的正向影响。薛小云（2018）也提出，在网络环境下，消费者的信任程度是影响其忠诚度的重要因素，并且信任也直接影响消费者的购买意愿。

本章用“认知信任”这一维度替代“感知易用”，应用于本章的研究中。

2. 情感反应方面

在技术接受模型中，“态度”这一指标是衡量用户对于技术使用感受的好恶表现。Davis et al.（1989）最开始是为了考虑调查对象对于新技术的接受程度而提出的“态度”指标。而在本章的情境中，主要研究的是消费者网络购买态度这一情感反应，故将“态度”具体到“网购态度”。

3. 行为反应方面

技术接受模型用“行为意愿”来描述该维度。而在本章的情境中，主要研究的是消费者网购意愿这一行为，故将“行为反应”具体到“网购意愿”。

综合上述分析，本章构建了消费者反应模型，如图 8 -3 所示：

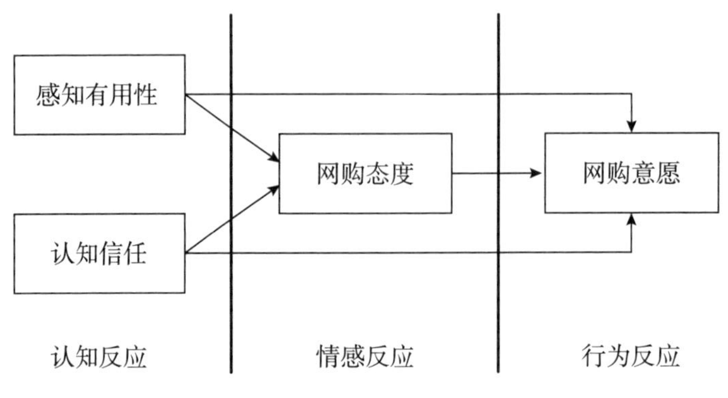

图 8 -3　消费者反应模型

（三）性别变量的调节作用

消费者之间的差异会直接影响他们对于同一商品的认知与态度（Hasan，2010），而性别差异则是消费者个体差异中最普遍也最主要的特征。考虑到男性与女性在心理认知、行为决策上存在一定的差异，故将性别作为调节变量，加入模型当中。从网络目的上来说，蒋欢和周发明认为，男女消费者对创新性接受度、信任倾向、价格感知、风险感知和售后服务各因素的认知均存在着不同程度的差异。Wei & Ran（2019）认为，女性消费者的消费心理更容易受他人的影响，从而在认知、感知方面产生偏差，冲动消费的可能性更高。Pradhana & Sastiono（2019）将男性形容为“功利的实用主义者”，认为男性更注重购物的结果以及产品本身，对产品的有用性以及可信任程度有一定的要求，受网络交互影响较小；而女性注重的是购物过程中所获得的愉快感，因此她们积极参与网络社区中的互动交流，以期找到类似的经验帮助她们做出购物决策。从认知态度上来说，性别差异对消费者关于网络购物的安全性评价没有显著差异（Hui and Wang，2007），但是女性消费者对网购所存在的风险评估会更加全面，所以其网络购买行为就显得更加谨慎（Garbarino and Strahilevitz，2004）。从情感态度上来说，女性消费者更加青睐于传统的购物方式，因为她们更加享受购物中心社交带来的乐趣，而社交式购物模式的出现也逐步让女性消费者感受到网络消费的乐趣所在。从行为态度上来说，受认知态度与情感态度的影响，男性消费者会进行更多的网络购物行为，而女性消费者身上的情感态度作用会更加明显（Manuel and Sanchez，2016）。

因此，本章认为在零售平台的虚拟社区中，交互行为对网络购买意愿的影响可能存在性别上的差异，故将性别作为调节变量加入模型中。

（四）概念模型提出

本章以技术接受模型为理论基础，根据整合后的信息传播模型确定网络交互的四个维度：交互频率、交互环境、信源质量、信息质量。在消费者反应模型部分，将变量设置为感知有用、认知信任、网络购买态度以及网络购买意愿四个部分。最终得到零售平台中虚拟社区交互对消费者网络购买意愿的影响模型，如图8-4所示：

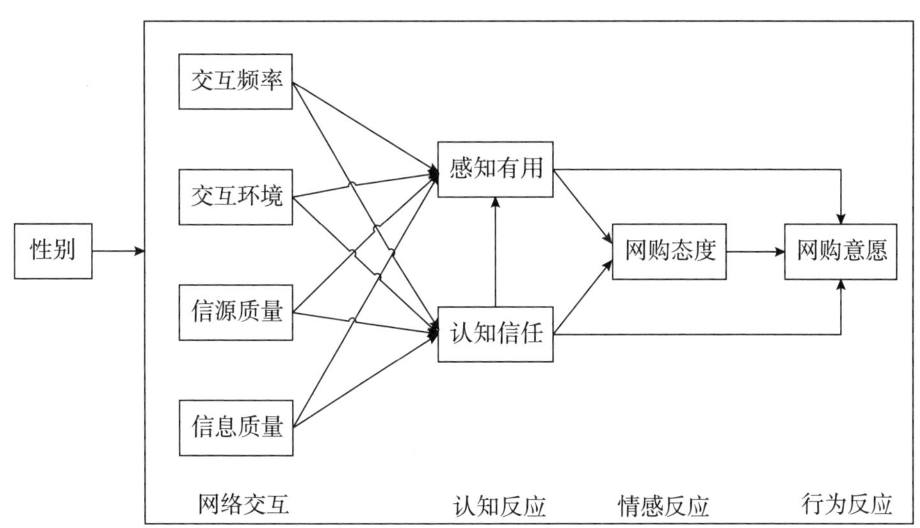

图8-4　零售平台中虚拟社区交互对网络购买意愿的影响模型图

二、假设提出

本章旨在分析网络交互的刺激对于零售平台中虚拟社区消费者网络购物意向的影响。因此，基于技术接受模型，研究构建了包含8个相关变量与1个调节变量的影响模型，下文将根据相应的假设来理清各个变量之间的关系。

（一）网购态度与网购意愿

在技术接受模型中将态度解释为：一种主观的心理倾向，主要涉及个体对于某种新技术的情感评价，其中包括喜欢或是不喜欢以及相应的程度。而延伸至本章的应用场景中，网购态度主要是指消费者对虚拟社区中所处零售平台的购物态度，其中包括喜欢或是不喜欢，以及其相应的程度。大多数研究者的结论与技术接受模型理论相似，认为购买态度是影响购买意愿的关键前因，对网络购物的态度越正面，网络购物的意愿也会越强烈（Vijayasarathy，2004）。因此，研究基于零售平台中的虚拟社区环境，做出以下假设：

H1a：网购态度对消费者的网购意愿有显著的正向影响。

（二）感知有用、认知信任与网购意愿、网购态度

在技术接受模型中，感知有用指通过利用系统或者工具以提升或增进工作效能程度的感知，在模型中，感知有用是使用新技术的态度和意向的重要影响因素（Davis，1989）。而在本章虚拟社区交互的场景中，也有类似的结论。Bhattacherjee（2001）对虚拟社区的研究中发现感知有用会影响网络购物的态度。O′Cass & Fenech（2003）的研究结果表明，在网络零售中，消费者对有用性的感知越强，那么他们的网络购买意愿也会更强。在本章所考察的场景中，消费者作为虚拟社区中的一员，当其察觉到虚拟社区对其网络购物决策的有用性后，对在社区所处平台的网络购买态度也会更加正面，网络购买意愿也会随之提升。因此，研究基于零售平台中的虚拟社区环境，做出以下假设：

H2a：感知有用对消费者的网购态度有显著的正向影响。

H2b：感知有用对消费者的网购意愿有显著的正向影响。

与传统购物相比，网络购物拥有更多的不确定性与风险性，隔着电脑屏幕，很难预测另一方的行为与目的，所以消费者的信任认知成了网络购买行为的重要影响因素。Lu et al.（2010）的研究表明，消费者对社区的认知信任会对其在评论区中的态度产生影响。对社区的信任程度越高，在社区网络购物产生正面评论的可能性也越高。张晓雯和陈岩（2015）在研究购物网站中影响消费者购买意愿的因素时，将消费者对于购物网站的信任作为影响网络购买态度的首要因素。Barnatt & Christopher（1998）在研究交易型虚拟社区时发现消费者对虚拟社区的信任有助于调节社区内买卖双方的信任，并最终影响消费者的网络购买意愿。在

本章所考察的场景中，消费者作为虚拟社区中的一员，交互过后对虚拟社区的信赖程度进一步提升，愿意相信社区有足够的能力与善意，保障网络购物中可能出现的不确定性风险，那么消费者网络购买的态度就会相对正面，网络购买意愿就会提升。因此，研究基于零售平台的虚拟社区环境，做出以下假设：

H2c：认知信任对消费者的网购态度有显著的正向影响。

H2d：认知信任对消费者的网购意愿有显著的正向影响。

（三）认知信任与感知有用

在调查用户对于网络购物技术的接受程度的研究中，Gefen & Straub（2003）发现虚拟社区中的认知信任对用户的感知有用性评价会产生显著的影响。在 Casalo et al.（2010）对线上旅游社区的研究中也有着相似的结论。Choi et al.（2012）在研究网络社区交互时发现，社区成员之间的相互信任对社区的长远发展起着重要的作用，同时成员之间的相互信任会转化为成员对社区的信任，进而对虚拟社区的感知有用性产生显著的影响。而在本章零售平台中虚拟社区交互的场景里，消费者对虚拟社区的能力、善意等方面的信任感越强，对虚拟社区能够对其购物决策带来的有用感知也就越强。因此，研究基于零售平台中的虚拟社区环境，做出以下假设：

H3a：认知信任对感知有用有显著的正向影响。

（四）网络交互与感知有用、认知信任

Gefen et al.（2003）在对技术接受模型的研究中发现，网络用户之间的交互对于用户的感知有用性和感知易用性有正向的影响。在交互频率方面，戴心来等（2015）在对虚拟学习社区的社会交互性研究中对网络论坛的交互数据进行了分析，发现不同学习者的学习效果因交互程度的不同而存在一定的差异。讨论交互越密切，对于网络课程有用性的感知也越强，反之亦然。消费者在社区交互频率越高，所获得的信息越多，人际获得感越强，则对于虚拟社区的有用性感知也会越强。在交互环境方面，范晓屏和马庆国（2009）认为，虚拟社区的环境对社区绩效有显著的影响，交互场所的界面规范性、操作便捷性以及定位准确性都会影响消费者对于社区的信任以及有用性的感知。社区环境的好坏直接影响消费者在社区中获取信息的效率与做出购买决策的效率，当社区环境越有利于购物决策时，消费者对于社区带来的有用性的感知也就越强。在信源质量方面，Bhattacherjee（2001）的研究发现，信源质量越高，用户对于有用性的感知越强。在信息质量方面，Wu 等（2014）通过研究发现，虚拟社区中的信息质量与数量会正向影响消费者对社区的有用性感知。信息质量越高，数量越多，越有利于做出购买行为。因此，研究基于零售平台中的虚拟社区环境，做出以下假设：

H4a：交互频率对认知信任有显著的正向影响。

H4b：交互环境对认知信任有显著的正向影响。

H4c：信源质量对认知信任有显著的正向影响。

H4d：信息质量对认知信任有显著的正向影响。

（五）性别的调节作用

社会学理论认为，男性与女性在交流时的目的存在差异。男性的交流更具目的性，是一种明确的信息交换，即信息有用性方面；而女性的交流则更倾向于情感的沟通，她们乐于分享（Kilbourne and Week，1997）。在网络交互对认知反应产生影响，进而对消费者的购买意愿产生影响的过程中，性别差异在三者之间的确会表现出差异性的作用关系。同时依据前文内容，研究基于零售平台中的虚拟社区环境，做出如下假设：

H5a：性别差异在网络交互影响消费者网购意愿方面具有调节作用。

综上所述，本章在第三章相关理论的基础上，针对零售平台中的虚拟社区这一网络环境，以技术接受模型为基础，结合信息传播机制，构建零售平台中虚拟社区交互对消费者网络购买意愿的影响模型。具体研究内容有：

1. 划分了网络交互的四个维度：交互频率、交互环境、信源质量和信息质量。

2. 构建了零售平台中虚拟社区交互对网络购买意愿的影响模型。

3. 根据模型内容提出 11 项研究假设，为后续的研究提供了思路和模型基础。现将本章所提出的假设汇总至表 8 -1。

表 8 - 1　假设汇总

编号	内容
H1a	网购态度对消费者的网购意愿有显著的正向影响
H2a	感知有用对消费者的网购态度有显著的正向影响
H2b	感知有用对消费者的网购意愿有显著的正向影响
H2c	认知信任对消费者的网购态度有显著的正向影响
H2d	认知信任对消费者的网购意愿有显著的正向影响
H3a	认知信任对感知有用有显著的正向影响
H4a	交互频率对认知信任有显著的正向影响
H4b	交互环境对认知信任有显著的正向影响
H4c	信源质量对认知信任有显著的正向影响
H4d	信息质量对认知信任有显著的正向影响
H5a	性别差异在网络交互影响消费者网购意愿方面具有调节作用

第三节　实证分析

一、变量的定义与测量

（一）变量的定义

本节将对上述模型中涉及的变量进行定义，其中包括网络交互维度的交互频率、交互环境、信源质量、信息质量，情感反应维度的感知有用与认知信任，情感反应维度的网购态度，行为反应维度的网购意愿。本章首先参考相关文献中的定义，再结合所研究的零售平台中虚拟社区的实际情况，修改成符合研究目的的定义（具体见表 8 - 2）。

表8-2 变量的定义

变量	定义	参考文献
交互频率	消费者在虚拟社区中的交互的频繁程度	曹维（2007）
交互环境	消费者在虚拟社区中对社区环境的感受	Hagel（1999）
信源质量	消费者在虚拟社区中感知到关于信息源头（信息发布者）的可靠程度	Bhattacherjee（2001）
信息质量	消费者在虚拟社区中感知到关于信息（侧重于信息内容）的可靠程度	朱东红（2012）
感知有用	消费者认为虚拟社区能够帮助其提高购物效率的有用程度	Davis et al.（1989）
认知信任	消费者对虚拟社区的能力、真诚、善意的信赖程度	Gefen & Straub（2003）
网购态度	消费者对在该虚拟社区所属平台购物的态度，情感上肯定或者否定	Davis et al.（1989）
网购意愿	消费者对在该虚拟社区所属平台购物的意愿强烈程度	Gefen & Straub（2000）

（二）变量的测量

为了保证各个变量测量的科学性与适用性，本章根据各变量的定义，并参考前人积累的较为成熟的测量量表，结合本章的研究目的，进行适当的调整与修改，最终形成各变量的测量量表，具体见表8-3：

表 8－3　各变量的测量量表

变量维度	题号	测量问项	参考文献
交互频率	IF1	在社区中我经常浏览我所需要的信息	曹维（2007）
	IF2	在社区中我经常会发表主题帖	
	IF3	在社区中我经常会回复他人的主题帖	
	IF4	我与社区中的其他用户交流频繁	
交互环境	ID1	社区具有明确的管理规范与制度	Hagel（1999）
	ID2	社区经常会推出主题活动与交互奖励机制	
	ID3	社区主题板块较多，页面美观大方	
	ID4	在社区内成员之间可以便捷地进行有效沟通	
信源质量	SQ1	对产品知识丰富的人对我提供了商品的正面评价	Bhattacherjee（2001）
	SQ2	对产品使用经验丰富的人对我提供了商品的正面评价	
	SQ3	我信赖的人对我提供了商品的正面评价	
信息质量	IQ1	社区成员提到的信息是对我有帮助的	朱东红（2012）
	IQ2	社区成员提到的信息是有说服力的	
	IQ3	社区成员提到的信息是有价值的	
感知有用	PU1	在社区中减少了我了解相关信息的时间	Davis（1989）
	PU2	该社区提高了我的网络购物效率	
	PU3	该社区对我网络购物是有用的	
认知信任	CT1	我认为该社区能够提供成员所需要的服务	McKnight & Chervany（2001）
	CT2	我认为该社区会履行自己的承诺	
	CT3	我认为该社区会优先考虑社区用户利益	
	CT4	我认为该社区是值得我信任的	

续表

变量维度	题号	测量问项	参考文献
网购态度	AT1	我对在社区所属平台购物感兴趣	Hernandez et al.（2009）
	AT2	我喜欢在社区所属平台购物	
	AT3	总之，我对于在社区所属平台购物的评价是正面的	
网购意愿	AS1	我会考虑在社区所属平台上购买商品	Davis（1989） 范晓屏（2007）
	AS2	我愿意在社区所属平台上购买商品	
	AS3	我最可能在社区所属平台上购买商品	
	AS4	我愿意推荐朋友在社区所属平台上购买商品	

二、问卷设计与数据收集

（一）问卷设计

本问卷各个问项的选择均以较为成熟的问卷设计为基础。通过阅读并整理先行研究的调查问卷设计，并结合零售平台中虚拟社区的特点，初步形成了本章的调查问卷。为了保证问卷的专业性与准确性，本章就问卷内容先后同 5 位“双一流”的高校教师以及电子商务协会专家进行探讨。在听取学者、专家们的宝贵意见后，对问卷进行了修改。为了确保问卷的适用性，著者邀请了 10 位属于零售平台中的虚拟社区用户进行了问卷的模拟答题。用户就问卷的措辞与表述提出了相关的意见和建议，调整后的问卷删除了不必要的修辞，使题目言简意赅，问卷信息的传达更加准确、简明。

本章主要将问卷分为三个部分，分别为问卷对象甄别部分、调查对象个人基本情况部分以及问卷的主体部分。问卷主体部分全部采用 Likert 5 级量表进行测量，从“完全不同意”到“完全同意”，记为 1 ~ 5 级。

第一部分的内容主要是问卷对象的甄别部分，对调查对象是否为虚拟社区的成员进行甄别，“是”则继续答题，“否”则结束答题。设置甄别问项的目的在于让调查对象了解本次调查研究的目的，同时可以有效避免不符合抽样调查的对象填写调查问卷，从而提高问卷数据质量。

第二部分的主要内容是调查对象的个人基本情况，包括个体特征和社区习惯特征两个方面。个体特征包括性别、年龄、学历的情况，社区习惯特征包括常访问的社区名称、访问频率以及每次停留时长等基本情况。两项特征用以辅助说明本次问卷调查受测样本的覆盖面特征。

第三部分的主要内容是问卷的主体部分。根据测量问项的设置，对交互频率、交互环境、信源质量、信息质量、感知有用、认知信任、网购态度和网购意愿分别进行测度，共设置了 28 个问项。本部分中的所有测量问项均采用 Likert 5 级量表进行测量，并赋予各测量问项由 1 至 5 的量化分数，其中 1 表示“完全不同意”，2 表示“基本不同意”，3 表示“中立立场”，4 表示“基本同意”，5 表示“完全同意”。详细问卷请见本研究附录部分。

（二）数据收集

本章的研究目的是研究零售平台中虚拟社区交互对网络购买意愿的影响。根据研究目的，本章将零售平台中的虚拟社区成员作为主要研究对象，故主要通过网络进行问卷调查。本章借助 Credamo 数据收集平台进行数据采集。Credamo 是服务于科研工作者的专业数据平台，可以更好地帮助我们完成问卷设计、随机分组、统计建模等工作。在问卷设计完成后，Credamo 的工作人员就问卷流程设计以及如何更好地控制问卷的有效性提出意见，修改后，笔者生成了问卷答题二维码与问卷链接，并发放至淘宝社区、小红书社区、蘑菇街社区、得物社区、识货社区等常用的零售平台虚拟社区中。由于京东“晒一晒”社区刚刚开放，用户流量及平台影响力较弱，故暂不作为本次研究对象。问卷发放的方式主要有：一是通过发表新帖并且在浏览量高的主题帖下方留言发布问卷链接，基于社区用户的流动性与传播性，扩大问卷的影响范围；二是以随机搜索的方式，向社区内其他成员定向推送问卷链接。Credamo 以问卷计酬的方式提高问卷质量，并具有 40% 的手动拒绝率。在收到问卷后，若认为该问卷填写不符合要求与规范，可以手动拒绝。

本研究问卷发放时间为 2019 年 9 月 25 日至 2019 年 11 月 3 日，正式问卷共计发放 483 份，回收有效问卷 431 份，有效问卷回收率 89.23%，其中 2 份问卷未通过甄别问项测试，系统自动拒绝；50 份问卷由于答题时间小于 120 秒、明显的逻辑错误、频繁出现连续多个相同选项等问题被手动拒绝。

三、数据分析方法

根据本章的研究目的与上文所提出的假设研究，实证分析部分拟采用 SPSS 23.0 和 AMOS23.0 两种统计软件进行数据的处理。主要从以下几个方面进行：首先，对回收的有效数据进行简单的初步分析与整理，其中包括对样本基本信息的描述性统计分析；其次，对问卷数据进行信度、效度以及相关性的检验分析；接下来，构建结构方程模型，对模型进行验证，以说明各个变量之间的直接影响关系，再利用 Bootstrap 法对模型的间接影响效应进行显著性分析，最后根据性别的不同进行模型分组，验证性别的调节作用。

（一）描述性统计分析

描述性统计分析是进行样本分析的一项基础性统计分析工作，主要包括整理样本的基本资料，了解样本的基本信息分布情况，为接下来的数据分析奠定基础。其中包含样本关于性别、年龄、学历以及参与社区的一些基本情况。

（二）信度分析

信度是反映各个测量问项之间相关程度的一个重要衡量指标，通常对测量分析结果的一致性、稳定性以及可靠性有一定的说明能力。在同一测量指标下，答案相同或是相近时，信度水平就会比较高，但如果相同的测量指标下给出的答案差异较大，则会出现比较低的信度，反映出测量问项设置存在不合理的地方。本章采用的是目前使用比较普遍的 Cronbach's α 系数来进行信度分析。它的取值是 0 和 1 之间，Cronbach's α 系数越高，信度水平也就越高，反映出问卷具有良好的内部一致性。Cronbach's α 系数的计算公式 8－1 为：

$$\alpha = \frac{N}{N-1}\left(1 - \frac{\sum_{i=1}^{N}\sigma_i^2}{\sigma_T^2}\right) \qquad \text{公式（8－1）}$$

其中，N 代表量表中题目的总数，σ_i^2代表第 i 题得分的题内方差，σ_T^2代表所有问项得分的总方差。

（三）效度分析

效度是反映量表是否能够准确地测量出其所想要测量特质的程度，通常对量表的准确性、有用性有一定的说明能力。测量结果与想要考察的内容吻合度越高，效度水平就会越高；反之，则效度越低。本章所采用的测量量表均来源于权威期刊或者比较成熟的研究量表，这使得本章测量量表的内容效度具有一定程度的保障。在量表的结构效度与收敛效度方面，本章拟采用探索性因子分析和验证性因子分析来进行分析。在因子分析之前需要检验测量变量的 KMO 值和 Bartett 球形检验值是否符合标准，仅有两项指标均符合标准时才可以运用 SPSS 23.0 软件进行探索性因子分析，再运用 AMOS23.0 软件进行验证性因子分析，对量表的收敛效度进行进一步的说明。

（四）相关性分析

相关性是指变量之间非确定的依存关系，具体表现为：某一变量的变化会随机引起另外一个变量发生变化。本章采用 Pearson 相关系数（双尾检验）来判断变量之间的相关关系。Pearson 相关系数等于两个变量的协方差除以标准差，如公式 8－2 所示。当变量之间的 Pearson 相关系数小于 0.7 时，则表示变量之间具有一定的相关性，不存在多重共线性问题。多重共线性是由于解释变量之间存在高度相关关系而导致模型估计失真。一般来说，如果变量之间的 Pearson 相关系数大于 0.9，那么模型就肯定存在多重共线性问题。

$$\rho_{XY}=\frac{\operatorname{cov}(X,Y)}{\sigma_X\sigma_Y}=\frac{E(XY)-E(X)E(Y)}{\sqrt{E(X^2)-E^2(X)}\sqrt{E(Y^2)-E^2(Y)}}$$

公式（8－2）

（五）结构方程模型分析

结构方程模型分析结合了因子分析技术和路径分析技术，包含了测量模型和结构模型两个基本部分。其中测量模型是对外生变量与内生潜变量之间的关系描述，而结构模型则是对不同潜变量之间的关系描述。测量模型的公式如 8 - 3 所示：

$$\begin{cases} A = \Phi_A \zeta + \alpha \\ B = \Phi_B \delta + \beta \end{cases} \qquad \text{公式（8-3）}$$

其中，A 代表外生变量，ζ 代表外生潜变量，Φ_A 代表外生变量 A 与外生潜变量 ζ 之间的关系，α 代表外生变量的误差值；B 代表内生变量，δ 代表外生潜变量，Φ_B 代表内生变量 B 与外生潜变量 δ 之间的关系，β 代表外生变量的误差值。结构模型的公式如 8 - 4 所示：

$$\lambda = a\lambda + b\mu + \nu \qquad \text{公式（8-4）}$$

其中，λ 代表内生潜变量，a 代表内生潜变量之间的关联系数，b 代表外生潜变量对内生潜变量的影响，μ 代表外生潜变量，ν 代表模型中未能解释的部分残差。结构方程模型常见的分析软件有 LISREL、AMOS、EQS，本章采用 AMOS 23.0 软件对构建的概念模型进行结构方程的分析。

介绍了结构方程模型的分析原理后，本章利用流程图（图 8 - 5），以更直观的方式展示分析思路。

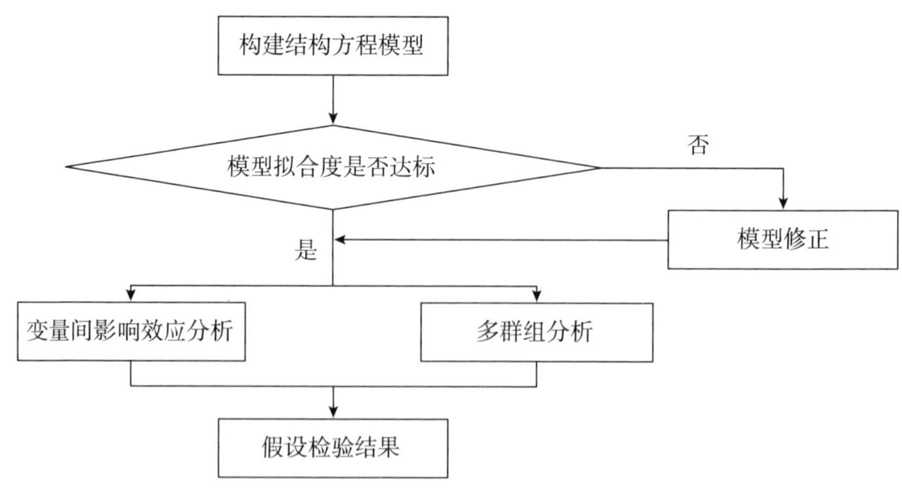

图 8 - 5　结构方程模型分析流程图

结构方程模型可以很好地解释变量的影响关系。在 AMOS23.0 软件中，有直接效应、间接效应、总效应三种结构关系。为了对各个变量之间的影响关系做出更好的说明，研究将对各个变量之间的直接效应、间接效应以及总效应进行分析评价，并采用 AMOS23.0 软件中的 Bootstrap 法对各个效应的显著性进行检验。

多群组分析用于考察不同的调节变量对于整体模型的作用程度，适用于自变量是连续型数据、调节变量是分类型数据的情况。根据对比模型卡方值的显著性判断调节作用是否存在。若卡方值在相应自由度上显著，则说明该调节变量对模型的作用显著，反之亦然。本章主要将性别作为结构方程模型的调节变量，将样本按照性别分组，试分析在零售平台中的虚拟社区环境下，性别差异在网络交互影响消费者网购意愿方面的调节作用。

四、实证研究分析

（一）样本描述性统计分析

关于基本信息的描述性统计分析，其中包括性别、年龄、学历三个方面，分别如图 8－6、图 8－7、图 8－8 所示。

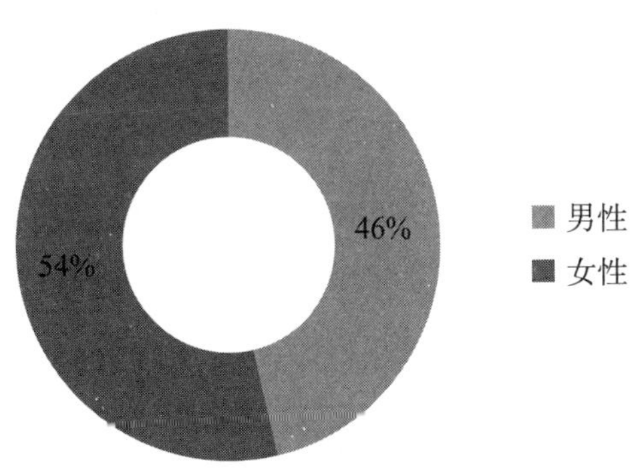

图 8－6　样本的性别构成

从图 8－6 中可以看出本次问卷调查的性别分布情况。男性与女性的分布比例相对均匀，有 200 名男性参与问卷调查，占比 46%；有 231 名女性参与问卷调查，占比 54%。这也有利于实证分析中将性别作为调节变量进行群组比较分析。

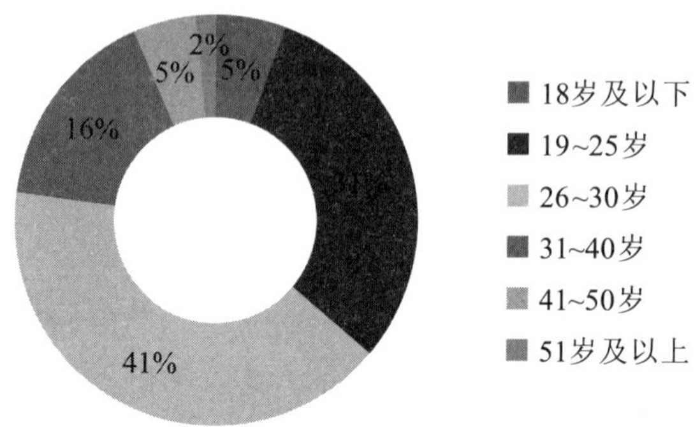

图 8－7　样本的年龄构成

从图 8－7 中可以看出本次问卷调查的年龄分布情况。调查对象多是年龄集中在 19～30 岁的青年，约占比 72%，可以从一定程度上反映出虚拟社区用户偏年轻化。具体来看，年龄在 18 岁及以下的调查对象有 25 人，占比 6%；年龄在 19～25 岁的调查对象有 138 人，占比 31%；年龄在 26～30 岁的调查对象有 185 人，占比 41%；年龄在 31～40 岁之间的调查对象有 73 人，占比 16%；年龄在 41～50 岁之间的调查对象有 23 人，占比 5%；年龄在 51 岁及以上的调查对象有 7 人，占比 2%。这与艾媒网《2019 中国网购市场发展规模与用户行为分析》报告中提到的“中国网购用户总体来说偏向年轻化，19～40 岁的网购用户就占比 70.5%”基本一致。调查对象中，青年的占比最大，不仅源于其对于新事物的接受能力较强，同时他们本身也是网络购物的主力军，因此以此为基础进行的实证分析具有一定的代表性。

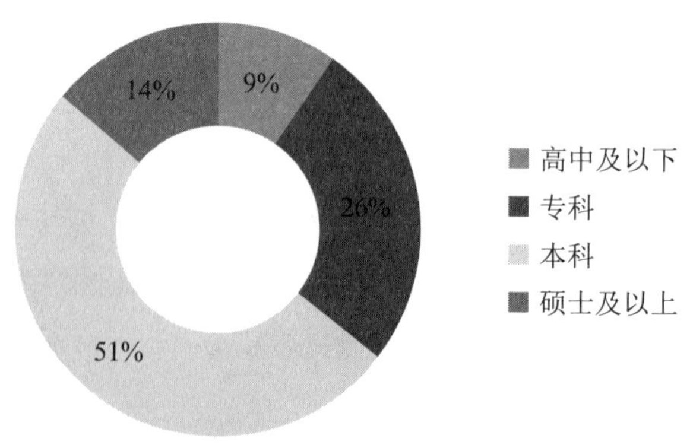

图 8－8　样本的学历构成

从图8-8中可以看出本次问卷调查的学历分布情况。学历为高中及以下的为41人，占比9%；学历专科的调查对象为112人，占比26%；学历为本科的调查对象比例较大，有218人，占比51%；硕士及以上学历的调查对象有60人，占比14%。可以看出本次问卷调查对象以本科学历为主。调查对象的学历主要集中于专科及以上，这部分人群接受了一定的教育，相比受教育程度低的群众更易学习新的事物、接纳新的知识。

从以上样本基本信息的描述性统计中可以看出，本次研究的调查对象主要是一群接受过一定程度教育的中青年虚拟社区成员。

关于样本参与虚拟社区的情况进行描述性统计分析，其中包括经常访问的社区名称、每周访问社区的频次以及每次访问的停留时间。分别如图8-9、图8-10、图8-11所示。

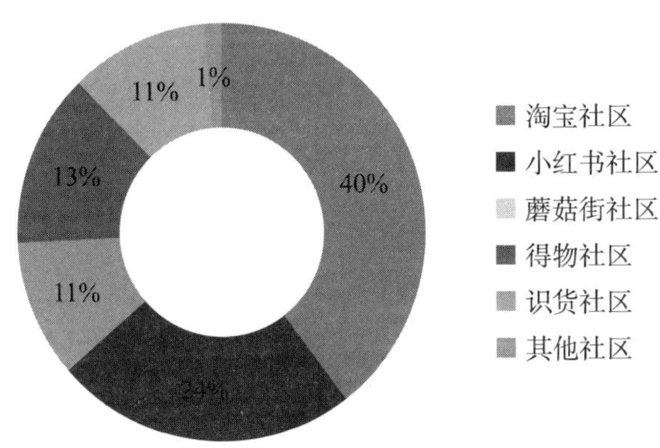

图8-9 样本经常访问购物社区分布

从图8-9中可以看出本次调查样本经常访问的购物社区分布情况。在用户最常访问的社区中，淘宝社区有171人，占比40%；小红书社区有103人，占比24%；蘑菇街社区有46人，占比11%；得物社区有58人，占比13%；识货社区有47人，占比11%；其他社区6人，占比1%。淘宝社区的用户占比最大，毕竟淘宝是中国第一大网络零售平台，发展较早，用户基数大。本次研究特地选取了两个女性用户偏多的购物社区——小红书社区与蘑菇街社区，同时选取了两个男性用户偏多的购物社区——得物社区与识货社区，通过在不同社区发布来平衡样本的性别比例，使研究更具科学性与合理性。

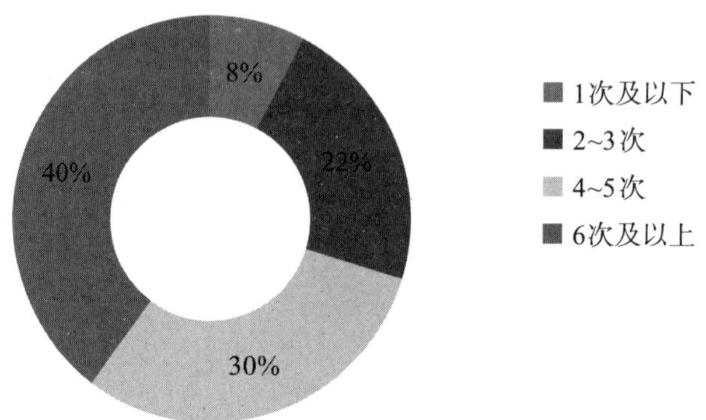

图 8－10　样本平均每周访问社区次数

从图 8－10 中可以看出本次调查样本平均每周访问社区次数的分布情况。平均每周访问社区 1 次及以下的调查对象有 33 人，占比 8%；2～3 次的调查对象有 95 人，占比 22%；4～5 次的调查对象有 131 人，占比 30%；6 次及以上的调查对象有 172 人，占比 40%。每周访问 6 次以上的调查对象比例最高，可以看出受访用户大部分有频繁访问社区的习惯。

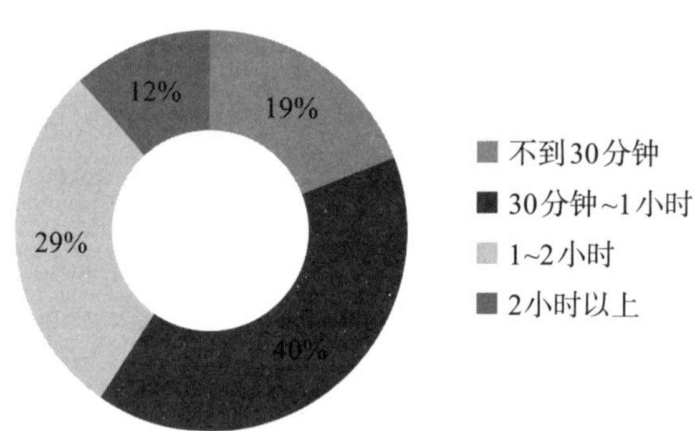

图 8－11　样本每次访问社区停留时间

从图 8－11 中可以看出本次调查样本每次停留社区时间的分布情况。每次停留社区时间不超过 30 分钟的有 82 人，占比 19%；30 分钟至 1 小时的有 174 人，占比 40%；1 小时至 2 小时的有 125 人，占比 29%；2 小时以上的有 50 人，占比 12%。调查对象每次停留时间人数最多的是 30 分钟至 1 小时。网络购物不受时间与地点的限制，消费者可以利用碎片时间浏览商品信息，更加合理、有效地安排时间。

从样本参与虚拟社区情况的描述性统计分析中可以看出，本次研究对象均属于某一虚拟社区成员，并且对虚拟社区的访问比较频繁，是一些对虚拟社区相对比较了解的用户，样本质量较高，有利于后续研究分析。

（二）信度分析

本章选用了 Cronbach's α 系数法对量表的信度进行检验。Cronbach's α 系数值越大，则问卷的内部信度越高。Cronbach's α 系数信度检验标准如表 8－4 所示。一般而言，当各个问项的 Corrected Item Total Correlation（CITC）值大于 0.6、Cronbach's α 系数大于 0.8 时，认为问卷具有较好的信度。

表 8－4 Cronbach's α 系数信度检验标准

Cronbach' α 系数	信度水平
[0, 0.3]	不可信
[0.3, 0.65]	勉强可信
[0.65, 0.70]	最小可接受区间
[0.70, 0.80]	可信
[0.80, 0.90]	很可信
[0.90, 1]	非常可信

问卷的信度分析结果如表 8－5 所示。从 Cronbach's α 系数上来看，各变量的 Cronbach's α 系数均在 0.8 以上。从 CITC 值上看，大部分问项的 CITC 值大于 0.6，符合信度检验标准，但问项 ID3 的 CITC 值小于 0.6，若删除问项 ID3 后，“交互环境”的整体 Cronbach's α 系数值将增至 0.810，故剔除问项 ID3。

表 8-5　信度分析结果

变量	编号	Corrected Item - Total Correlation	Cronbach's Alpha if Item Deleted	Cronbach's Alpha
交互频率	IF1	0.771	0.840	0.883
	IF2	0.785	0.835	
	IF3	0.695	0.869	
	IF4	0.735	0.854	
交互环境	ID1	0.709	0.700	0.801
	ID2	0.633	0.741	
	ID3	0.477	0.810	
	ID4	0.647	0.734	
信源质量	SQ1	0.769	0.797	0.869
	SQ2	0.739	0.824	
	SQ3	0.740	0.823	
信息质量	IQ1	0.769	0.786	0.865
	IQ2	0.712	0.839	
	IQ3	0.749	0.804	
认知信任	CT1	0.797	0.857	0.897
	CT2	0.735	0.880	
	CT3	0.755	0.873	
	CT4	0.797	0.857	
感知有用	PU1	0.793	0.798	0.877
	PU2	0.739	0.847	
	PU3	0.757	0.831	
网购态度	AT1	0.706	0.710	0.816
	AT2	0.619	0.799	
	AT3	0.683	0.733	
网购意愿	AS1	0.749	0.839	0.878
	AS2	0.736	0.845	
	AS3	0.681	0.865	
	AS4	0.785	0.825	

剔除后问项 ID3 后，“交互环境”的信度分析结果如表 8-6 所示。

表 8－6 剔除问项 ID3 后的“交互环境”信度分析结果

变量	编号	Corrected Item – Total Correlation	Cronbach's Alpha if Item Deleted	Cronbach's Alpha
交互环境	ID1	0.716	0.677	0.810
	ID2	0.622	0.777	
	ID4	0.642	0.757	

由上表可以看出，在删除问项 ID3 后，“交互环境”的 Cronbach's α 系数值增大为 0.810，并且各个维度的 CITC 值均大于 0.6，符合标准。这就表明了各个维度的可靠性均较高，故该问卷通过了信度检验。最终信度分析结果如表 8－7 所示。

表 8－7 剔除问项 ID3 后各变量信度分析结果

变量	编号	Corrected Item – Total Correlation	Cronbach's Alpha if Item Deleted	Cronbach's Alpha
交互频率	IF1	0.771	0.840	0.883
	IF2	0.785	0.835	
	IF3	0.695	0.869	
	IF4	0.735	0.854	
交互环境	ID1	0.716	0.677	0.810
	ID2	0.622	0.777	
	ID4	0.642	0.757	
信源质量	SQ1	0.769	0.797	0.869
	SQ2	0.739	0.824	
	SQ3	0.740	0.823	
信息质量	IQ1	0.769	0.786	0.865
	IQ2	0.712	0.839	
	IQ3	0.749	0.804	

续表

变量	编号	Corrected Item - Total Correlation	Cronbach's Alpha if Item Deleted	Cronbach's Alpha
认知信任	CT1	0.797	0.857	0.897
	CT2	0.735	0.880	
	CT3	0.755	0.873	
	CT4	0.797	0.857	
感知有用	PU1	0.793	0.798	0.877
	PU2	0.739	0.847	
	PU3	0.757	0.831	
网购态度	AT1	0.706	0.710	0.816
	AT2	0.619	0.799	
	AT3	0.683	0.733	
网购意愿	AS1	0.749	0.839	0.878
	AS2	0.736	0.845	
	AS3	0.681	0.865	
	AS4	0.785	0.825	

（三）效度分析

在通过信度检验后，研究将进行效度分析。运用 SPSS 23.0 软件进行探索性因子分析，检验问卷量表的结构效度；运用 AMOS23.0 软件进行验证性因子分析，检验问卷量表的收敛效度。

1. 探索性因子分析

本章有交互频率、交互环境、信源质量、信息质量、感知有用、认知信任、网络购买态度以及网络购买意愿共计 8 个潜变量，其中认知信任、感知有用、认知信任、网络购买态度、网络购买意愿为内生潜变量，交互频率、交互环境、信源质量、信息质量为外生潜变量。各个潜变量的观测指标可以有很多，本章在先行的研究基础上，采用主成分分析法，进行有效降维，使模型直接、清晰。在进行主成分分析之前，需要对样本进行 KMO 值和 Bartlett's 球形检验。检验标准如表 8－8 所示。

表 8－8　KMO 值和 Bartlett's 球形检验标准

检验类别	范围	因子分析适合情况
KMO 值	大于 0.9	非常适合
	[0.8，0.9]	很适合
	[0.7，0.8]	适合
	[0.6，0.7]	不太适合
	[0.5，0.6]	勉强适合
	小于 0.5	不适合
Bartlett's 球形检验	小于 0.001	适合

（1）网络交互分量表的探索性因子分析

网络交互分量表的 KMO 值和 Bartlett's 球形检验结果如表 8－9 所示。

表 8－9　网络交互分量表的 KMO 值和 Bartlett's 球形检验

检验方法		数值
取样足够度的 Kaiser－Meyer－Olkin 度量		0.861
Bartlett's 球形检验	近似卡方	3024.518
	df	78
	Sig.	0

由表 8－9 可知，KMO 值＝0.861，且 Bartlett's 球形检验值显著性水平 sig. 为 0，小于 0.001，表明问卷数据通过 KMO 值和 Bartlett's 球形检验，可以进行因子分析。探索性因子分析在因子提取时采用主成分分析方法，并以特征根大于 1，为因子提取公因子，因子旋转时采用方差最大正交旋转进行因素分析，分析结果见表 8－10。

表 8-10　网络交互分量表的探索性因子分析结果

	成分			
	交互频率	信源质量	信息质量	交互环境
IF2	0.832	0.167	0.151	0.194
IF3	0.830	0.094	0.143	0.014
IF1	0.816	0.170	0.136	0.233
IF4	0.807	0.190	0.150	0.135
SQ1	0.188	0.854	0.168	0.126
SQ2	0.150	0.850	0.152	0.132
SQ3	0.186	0.835	0.170	0.137
IQ1	0.151	0.173	0.860	0.153
IQ3	0.205	0.170	0.830	0.176
IQ2	0.149	0.153	0.828	0.159
ID1	0.139	0.158	0.151	0.846
ID2	0.095	0.078	0.121	0.825
ID4	0.223	0.153	0.202	0.760
特征值	2.954	2.390	2.357	2.217
方差百分比	22.723	18.385	18.133	17.051
累积 %	22.723	41.108	59.240	76.291

由表 8-10 可知，通过主成分分析法，一共有四个因子的特征值大于 1，特征值分别为 2.954、2.390、2.357、2.217，总解释能力达到了 76.291%，即以上 4 个因子可以解释总体所包含的 76.291% 的信息，且各测量问项的因子负荷量均大于 0.5，交叉载荷均小于 0.4，问项均准确落入相应的因素中。因此认为网络交互各个维度的结构效度良好。

（2）认知反应分量表的探索性因子分析

认知反应分量表的 KMO 值和 Bartlett's 球形检验结果如表 8-11 所示。

表 8-11　认知反应分量表的 KMO 值和 Bartlett's 球形检验

检验方法		数值
取样足够度的 Kaiser-Meyer-Olkin 度量		0.863
Bartlett's 球形检验	近似卡方	1841.276
	df	21
	Sig.	0

由表 8-11 可知，KMO 值=0.863，且 Bartlett's 球形检验值显著性水平 sig. 为 0，小于 0.001，表明问卷数据通过 KMO 值和 Bartlett's 球形检验，可以进行因子分析。探索性因子分析在因子提取时采用主成分分析方法，并以特征根大于 1，为因子提取公因子，因子旋转时采用方差最大正交旋转进行因素分析，分析结果见表 8-12。

表 8-12　认知反应分量表的探索性因子分析结果

问项	成分	
	认知信任	感知有用
CT3	0.855	0.167
CT1	0.846	0.273
CT4	0.841	0.289
CT2	0.826	0.207
PU1	0.242	0.881
PU3	0.240	0.858
PU2	0.221	0.853
特征值	3.002	2.470
方差百分比	42.885	35.285
累积 %	42.885	78.17

由表 8-12 可知，通过主成分分析法，一共有两个因子的特征值大于 1，特征值分别为 3.002、2.470，总解释能力达到了 78.17%，即以上 2 个因子可以解

释总体所包含的78.17%的信息。且各测量问项的因子负荷量均大于0.5，交叉载荷均小于0.4，问项均准确落入相应的因素中。因此认为认知反应各个维度的结构效度良好。

（3）情感反应分量表的探索性因子分析

情感反应分量表的KMO值和Bartlett's球形检验结果如表8－13所示。

表8－13　情感反应分量表的KMO值和Bartlett's球形检验

取样足够度的 Kaiser－Meyer－Olkin 度量		0.706
Bartlett's球形检验	近似卡方	458.933
	df	3
	Sig.	0

由表8－13可知，KMO值＝0.706，且Bartlett's球形检验值的显著性水平sig.为0，小于0.001，表明问卷数据通过KMO值和Bartlett's球形检验，可以进行因子分析。探索性因子分析在因子提取时采用主成分分析方法，并以特征根大于1，为因子提取公因子，因子旋转时采用方差最大正交旋转进行因素分析，分析结果见表8－14。

表8－14　情感反应分量表的探索性因子分析结果

问项	成分
	网购态度
AT1	0.879
AT3	0.866
AT2	0.823
特征值	2.199
方差百分比	73.302
累积％	73.302

由表 8－14 可知，通过主成分分析法，一共有 1 个因子的特征值大于 1，特征值为 2. 199，总解释能力达到了 73. 302%，即以上 1 个因子可以解释总体所包含的 73. 302% 的信息，且各测量问项的因子负荷量均大于 0. 5，问项均准确落入网购态度中。因此认为情感反应维度结构效度良好。

（4）行为反应分量表的探索性因子分析

行为反应分量表的 KMO 值和 Bartlett's 球形检验结果如表 8－15 所示。

表 8－15　行为反应分量表的 KMO 值和 Bartlett' s 球形检验

取样足够度的 Kaiser－Meyer－Olkin 度量		0. 826
Bartlett's 球形检验	近似卡方	891. 750
	df	6
	Sig.	0

由表 8－15 可知，KMO 值＝0. 826，且 Bartlett's 球形检验值显著性水平 sig. 为 0，小于 0. 001，表明问卷数据通过 KMO 值和 Bartlett's 球形检验，可以进行因子分析。探索性因子分析在因子提取时采用主成分分析方法，并以特征根大于 1，为因子提取公因子，因子旋转时采用方差最大正交旋转进行因素分析，分析结果见表 8－16。

表 8－16　行为反应分量表的探索性因子分析结果

问项	成分
	网购意愿
AS4	0. 887
AS1	0. 865
AS2	0. 855
AS3	0. 816
特征值	2. 931
方差百分比	73. 286
累积 %	73. 286

由表 8 - 16 可知，通过主成分分析法，一共有 1 个因子的特征值大于 1，特征值为 2.931，总解释能力达到了 73.286%，即以上 1 个因子可以解释总体所包含的 73.286% 的信息，且各测量问项的因子负荷量均大于 0.5，问项均准确落入网购意愿中。因此认为行为反应维度结构效度良好。

2. 验证性因子分析

在对变量的探索性因子分析后，仍对因子的内部结构是否与随机抽样取得的实际数据相吻合有所疑问，故接下来运用 AMOS23.0 软件进行验证性因子分析。其中拟合指标的判别标准如表 8 - 17 所示，收敛效度的检验指标如表 8 - 18 所示。

表 8 - 17　拟合指标的判别标准

模型拟合指标	最优标准值
CMIN/DF	<3
RMR	<0.08
GFI	>0.8
AGFI	>0.8
NFI	>0.9
IFI	>0.9
TLI	>0.9
CFI	>0.9
RMSEA	<0.08

表 8 - 18　收敛效度的检验指标

检验指标	最优标准值
标准因子荷载	>0.5（p<0.5）
组合信度 CR	>0.7
平均方差抽取量 AVE	>0.5

（1）网络交互分量表的验证性因子分析

网络交互分量表共有4个变量，分别为交互频率、交互环境、信源质量、信息质量，共包含13个测量题目，执行验证性因素分析后，得到图8-12及表8-19。

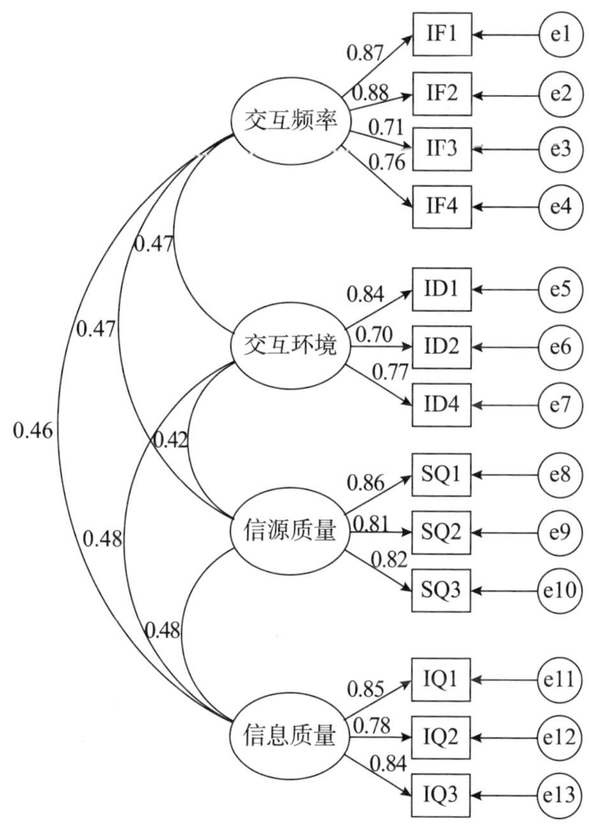

图8-12 网络交互分量表的验证性因子分析模型图

表8-19 网络交互分量表的验证性因子模型拟合度

模型拟合指标	统计值	模型是否拟合判断
CMIN	106.929	—
DF	59	—
CMIN/DF	1.812	是
RMR	0.033	是

续表

模型拟合指标	统计值	模型是否拟合判断
GFI	0.962	是
AGFI	0.942	是
NFI	0.965	是
IFI	0.984	是
TLI	0.979	是
CFI	0.984	是
RMSEA	0.043	是

从表8-20可知，CMIN/DF为1.812，小于3，各个拟合指标均符合研究标准，因此可以认为这个模型有不错的配适度。根据验证性因子分析结果，得到了标准因子荷载、CR和AVE值（如表8-20所示）。

表8-20 网络交互分量表的验证性因子分析结果

变量	问项	标准因子荷载	CR	AVE
交互频率	IF1	0.870	0.883	0.655
	IF2	0.878		
	IF3	0.713		
	IF4	0.763		
交互环境	ID1	0.838	0.813	0.594
	ID2	0.699		
	ID4	0.768		
信源质量	SQ1	0.858	0.869	0.689
	SQ2	0.812		
	SQ3	0.820		
信息质量	IQ1	0.854	0.866	0.683
	IQ2	0.780		
	IQ3	0.843		

由表8-20可知，交互频率、交互环境、信源质量、信息质量的各个测量问

项标准化因素负荷均大于0.6，CR 值分别为0.883、0.813、0.869、0.866，均大于0.7，AVE 值分别为0.655、0.594、0.689、0.683，均大于0.5。因此认为网络交互维度收敛效度良好。

（2）认知反应分量表的验证性因子分析

认知反应分量表共有2个变量，分别为认知信任、感知有用，共包含7个测量题目，执行验证性因素分析后，得到图8－13及表8－21。

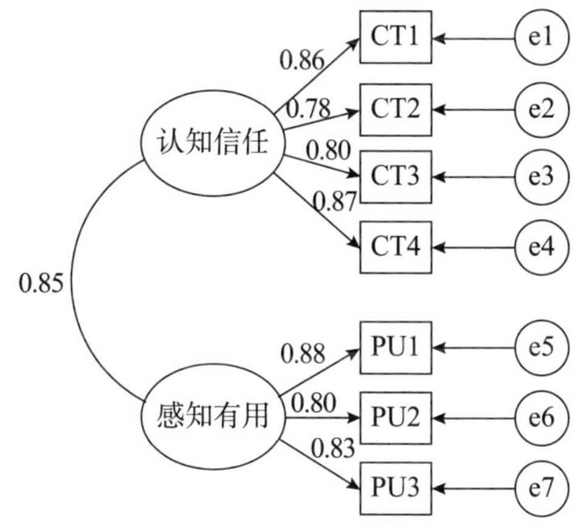

图8－13　认知反应分量表的验证性因子分析模型图

表8－21　认知反应分量表的验证性因子模型拟合度

模型拟合指标	统计值	模型是否拟合判断
CMIN	17.140	—
DF	13	—
CMIN/DF	1.318	是
RMR	0.022	是
GFI	0.989	是
AGFI	0.976	是
NFI	0.991	是
IFI	0.998	是
TLI	0.996	是
CFI	0.998	是
RMSEA	0.027	是

从表8－21可知，CMIN/DF 为1.318，小于3，各个拟合指标均符合研究标

准，因此可以认为这个模型有不错的配适度。根据验证性因子分析结果，得到了标准因子荷载、CR 和 AVE 值（如表 8－22 所示）。

表 8－22　认知反应分量表的验证性因子分析结果

变量	问项	标准因子荷载	CR	AVE
认知信任	CT1	0.864	0.897	0.686
	CT2	0.78		
	CT3	0.798		
	CT4	0.868		
感知有用	PU1	0.884	0.878	0.706
	PU2	0.803		
	PU3	0.831		

由表 8－22 可知，认知信任、感知有用的各个测量问项标准因子荷载均大于 0.6 以上，CR 值分别为 0.897、0.878，均大于 0.7；AVE 值分别为 0.686、0.706，均大于 0.5，因此认为认知反应维度收敛效度良好。

（3）情感反应分量表的验证性因子分析

情感反应分量表仅包含网购态度一个变量，共计 3 个测量题目，执行验证性因素分析后，得到图 8－14。由于 3 个问项模型恰好辨识，属于饱和模型，故没有输出关于模型拟合度的检验表。

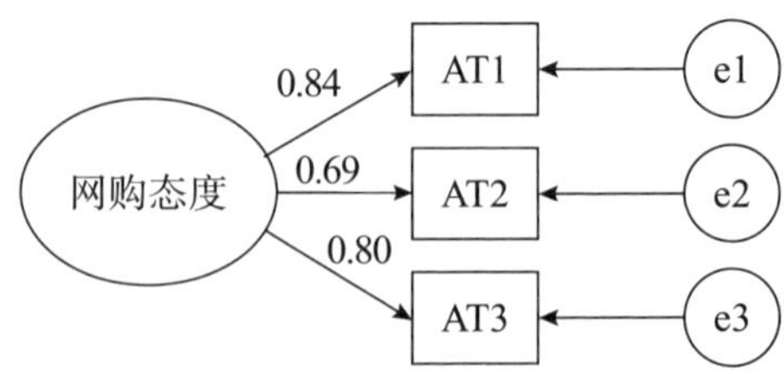

图 8－14　情感反应分量表的验证性因子分析模型图

根据验证性因子分析结果，得到了标准因子荷载、CR 和 AVE 值（如表 8－23所示）。

表 8-23　情感反应分量表的验证性因子分析结果

变量	问项	标准因子荷载	CR	AVE
网购态度	AT1	0.837	0.820	0.605
	AT2	0.693		
	AT3	0.796		

由上表可知，网购态度的各个测量问项标准因子荷载均大于 0.6，CR 值为 0.82，大于 0.7；AVE 值为 0.605，大于 0.5，因此认为情感反应维度收敛效度良好。

（4）行为反应分量表的验证性因子分析

行为反应分量表仅包含网购意愿一个变量，共计 4 个测量题目，执行验证性因素分析后，得到图 8-15 及表 8-24。

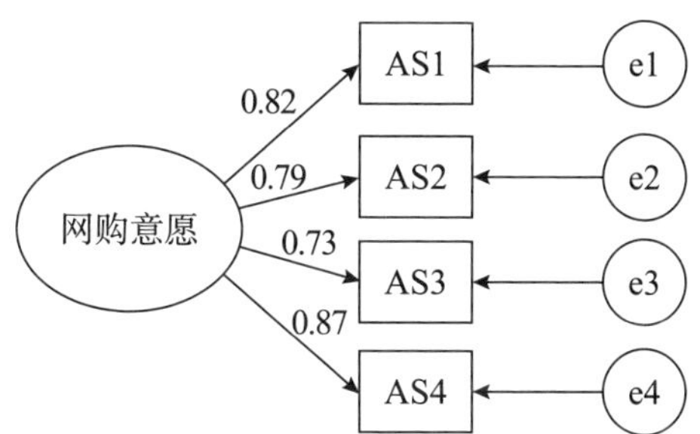

图 8-15　行为反应分量表的验证性因子分析模型图

表 8-24　行为反应分量表的验证性因子模型拟合度

模型拟合指标	统计值	模型是否拟合判断
CMIN	5.768	—
DF	2	—
CMIN/DF	2.884	是
RMR	0.016	是
GFI	0.993	是
AGFI	0.967	是

续表

模型拟合指标	统计值	模型是否拟合判断
NFI	0.994	是
IFI	0.996	是
TLI	0.987	是
CFI	0.996	是
RMSEA	0.066	是

从表8-24可知，CMIN/DF为2.884，小于3，各个拟合指标均符合研究标准，因此可以认为这个模型有不错的配适度。根据验证性因子分析结果，得到了标准因子荷载、CR和AVE值，如表8-25所示。

表8-25　行为反应分量表的验证性因子分析结果

变量	问项	标准因子荷载	CR	AVE
网购意愿	AS1	0.821	0.879	0.646
	AS2	0.794		
	AS3	0.726		
	AS4	0.868		

由表8-25可知，网购意愿的各个测量问项标准因子荷载均大于0.6，CR值为0.879，大于0.7；AVE值为0.646，大于0.5，因此认为行为反应维度收敛效度良好。

（四）相关性分析

研究运用SPSS 23.0软件计算变量间的Pearson相关系数，各变量相关系数如表8-26所示。表格斜下三角为相关系数，对角线上的值为各因素AVE的平方根值。

表 8－26 变量间 Pearson 相关系数

	交互频率	交互环境	信源质量	信息质量	认知信任	感知有用	网购态度
交互频率	0.809						
交互环境	0.387**	0.771					
信源质量	0.415**	0.355**	0.830				
信息质量	0.406**	0.410**	0.416**	0.826			
认知信任	0.406**	0.400**	0.489**	0.454**	0.828		
感知有用	0.316**	0.341**	0.426**	0.447**	0.511**	0.840	
网购态度	0.396**	0.343**	0.411**	0.464**	0.418**	0.443**	0.778
网购意愿	0.508**	0.361**	0.384**	0.497**	0.475**	0.473**	0.510**

注：* 表示 $P<0.05$，** 表示 $P<0.01$。

由表 8－26 可知，在 0.01 的显著性水平上，各个变量之间的相关性均是正向显著的，并且均低于 0.7，说明变量间不存在多重共线性问题，适合进行结构方程模型分析。并且各因素 AVE 的平方根值均大于对角线外的标准化相关系数，则可以同时说明问卷具有一定的区分效度。

（五）结构方程模型分析

本章利用 AMOS 23.0 软件进行结构方程模型的构建与检验。在构建模型之后，根据模型的拟合度评价，对模型进行修正，修正后得到最终模型，以验证前文所提出的假设。

1. 初始结构方程模型构建与检验

结构方程模型主要有结构模型和测量模型两大部分。在假设检验之前，需要构建结构方程的初始模型。椭圆形代表的是潜变量，本章共包含交互频率、交互环境、信源质量、信息质量、认知信任、感知有用、网购态度、网购意愿共 8 个潜变量。方形图表示的是各个问项所测量到的观测变量，其中，IF1—IF4 为交互频率的观测变量，ID1、ID2、ID4 为交互环境的观测变量，SQ1—SQ3 为信源质量的观测变量，IQ1—IQ3 为信息质量的观测变量，PU1—PU3 为感知有用的观测变量，CT1—CT4 为认知信任的观测变量，AT1—AT3 为网购态度的观测变量，AS1—AS4 为网购意愿的观测变量，共计 27 个观测变量。圆形代表观测变量的残差项，与各个观测变量相对应，共计 27 个残差项。

构建结构方程模型后，将问卷数据导入模型，利用 AMOS 23.0 软件执行运算，得到初始模型拟合结果（如表 8 – 27）、初始模型路径系数及统计性检验结果（如表 8 – 28 所示）、初始模型路径检验图（如图 8 – 16 所示）。

表 8 – 27　初始模型拟合度检验结果

模型拟合指标	最优标准值	统计值	模型拟合判断
CMIN	—	539.166	—
DF	—	304	—
CMIN/DF	<3	1.774	是
RMR	<0.08	0.075	是
GFI	>0.9	0.917	是
AGFI	>0.9	0.897	否
NFI	>0.9	0.926	是
IFI	>0.9	0.966	是
TLI	>0.9	0.961	是
CFI	>0.9	0.966	是
RMSEA	<0.08	0.042	是

表 8 – 28　初始模型路径系数及统计性检验结果

路径			标准化系数	非标准化系数	S. E.	C. R.	P	假设
认知信任	< - - -	交互频率	0.127	0.132	0.057	2.321	0.020	成立
认知信任	< - - -	交互环境	0.162	0.164	0.059	2.800	0.005	成立
认知信任	< - - -	信源质量	0.318	0.305	0.054	5.641	***	成立

续表

路径			标准化系数	非标准化系数	S. E.	C. R.	P	假设
认知信任	< - - -	信息质量	0. 245	0. 249	0. 058	4. 283	＊＊＊	成立
感知有用	< - - -	交互频率	0. 012	0. 013	0. 064	0. 204	0. 838	不成立
感知有用	< - - -	交互环境	0. 057	0. 064	0. 067	0. 958	0. 338	不成立
感知有用	< - - -	认知信任	0. 318	0. 349	0. 069	5. 037	＊＊＊	成立
感知有用	< - - -	信息质量	0. 249	0. 278	0. 068	4. 092	＊＊＊	成立
感知有用	< - - -	信源质量	0. 168	0. 177	0. 064	2. 760	0. 006	成立
网购态度	< - - -	认知信任	0. 302	0. 291	0. 061	4. 763	＊＊＊	成立
网购态度	< - - -	感知有用	0. 350	0. 307	0. 056	5. 439	＊＊＊	成立
网购意愿	< - - -	认知信任	0. 243	0. 232	0. 055	4. 194	＊＊＊	成立
网购意愿	< - - -	感知有用	0. 231	0. 201	0. 052	3. 866	＊＊＊	成立
网购意愿	< - - -	网购态度	0. 358	0. 355	0. 059	5. 996	＊＊＊	成立

注：＊＊＊表示P值<0. 001，该估计系数在0. 1%水平下显著。

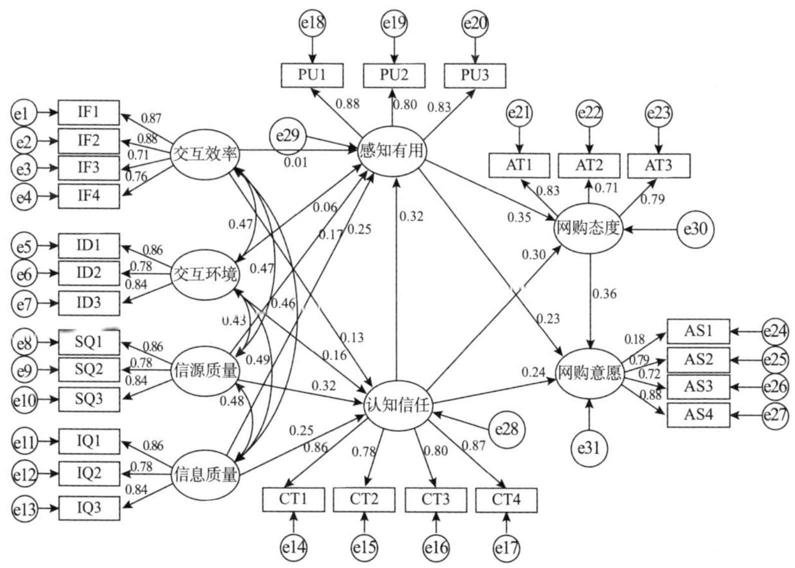

图8－16　初始模型路径检验图

由表 8 - 27 可知初始模型拟合度检验结果，CMIN/DF = 1.744 < 3，RMR = 0.075 < 0.08，GFI = 0.917 > 0.9，AFGI = 0.897 < 0.9，NFI = 0.926 > 0.9，IFI = 0.966 > 0.9，TLI = 0.961 > 0.9，CFI = 0.966 > 0.9，RMSEA = 0.042 < 0.08。通过比较分析，AGFI 模型拟合指标未达到模型拟合标准，故需要对模型进一步修正以达到拟合标准。

由表 8 - 28 可知，大部分研究假设路径均获得了显著性支持，但是交互频率对感知有用性、交互环境对感知有用这两条路径不具有显著性。

2. 结构方程模型修正与检验

在进行模型修正时，一方面是根据 C. R. 值进行模型路径删除来缩减模型以达到拟合标准，另一方面是根据 AMOS 的修正指数（modification index，简称 MI）选择 MI 值中最大的两项，添加路径来扩展模型以达到拟合标准。

首先尝试根据 C. R. 值来进行模型修正。当显著性水平达到 0.05 时，C. R. 值的绝对值应当不小于 1.96。由表 8 - 29 可知，交互频率→感知有用的 C. R. 值为 0.204 < 1.96，交互环境→感知有用的 C. R. 值为 0.958 < 1.96，因此根据 C. R. 值将这两条路径删除。删除后，模型拟合度检验结果如表 8 - 29 所示。

表 8 - 29　根据 C. R. 值修正后的模型拟合度检验结果

模型拟合指标	最优标准值	统计值	模型拟合判断
CMIN	—	540.288	—
DF	—	306	—
CMIN/DF	<3	1.766	是
RMR	<0.08	0.077	是
GFI	>0.9	0.917	是
AGFI	>0.9	0.898	否
NFI	>0.9	0.926	是
IFI	>0.9	0.966	是
TLI	>0.9	0.961	是
CFI	>0.9	0.966	是
RMSEA	<0.08	0.042	是

AGFI 模型拟合指标仍未达到模型拟合标准。故再根据 MI 值进行模型修正。寻找残差项之间 MI 值最大的，点击查看 MI 值发现，残差项 e3 与 e4 之间的 MI 值最大，达到了 36.209，故将两个残差间增加一条相关路径。从理论层面上来说，增加残差项之间的相关关系表明这两个测量问项在某个方面或者问项特性上存在着相关性。将相似的两个残差项设置为共变关系，对模型的假设检验以及路径结果并不影响。修正后，模型拟合度检验结果如表 8－30 所示。

表 8－30　根据 MI 指数修正后的模型拟合度检验结果

模型拟合指标	最优标准值	统计值	模型拟合判断
CMIN	—	499.682	—
DF	—	305	—
CMIN/DF	<3	1.638	是
RMR	<0.08	0.077	是
GFI	>0.9	0.923	是
AGFI	>0.9	0.905	是
NFI	>0.9	0.931	是
IFI	>0.9	0.972	是
TLI	>0.9	0.968	是
CFI	>0.9	0.972	是
RMSEA	<0.08	0.039	是

从表 8－30 可知，CMIN/DF 为 1.638，小于 3，各个拟合指标均符合一般的研究标准，因此可以认为这个模型适配度良好，不需要再次修正。修正后的模型路径系数及统计性检验结果如表 8－31 所示。修正后的模型路径检验图如图8－17 所示。

表 8－31　修正后模型路径系数及统计性检验结果

路径			标准化系数	非标准化系数	S. E.	C. R.	P	假设
认知信任	<---	交互频率	0. 123	0. 125	0. 056	2. 239	0. 025	成立
认知信任	<---	交互环境	0. 164	0. 167	0. 059	2. 824	0. 005	成立
认知信任	<---	信源质量	0. 319	0. 306	0. 054	5. 660	***	成立
认知信任	<---	信息质量	0. 246	0. 249	0. 058	4. 293	***	成立
感知有用	<---	认知信任	0. 334	0. 367	0. 067	5. 441	***	成立
感知有用	<---	信息质量	0. 270	0. 301	0. 064	4. 689	***	成立
感知有用	<---	信源质量	0. 180	0. 190	0. 062	3. 057	0. 002	成立
网购态度	<---	认知信任	0. 302	0. 292	0. 061	4. 770	***	成立
网购态度	<---	感知有用	0. 348	0. 305	0. 056	5. 406	***	成立
网购意愿	<---	认知信任	0. 244	0. 233	0. 055	4. 199	***	成立
网购意愿	<---	感知有用	0. 229	0. 199	0. 052	3. 833	***	成立
网购意愿	<---	网购态度	0. 359	0. 356	0. 059	6. 011	***	成立

注：***表示 P 值 <0.001，该估计系数在 0.1% 水平下显著。

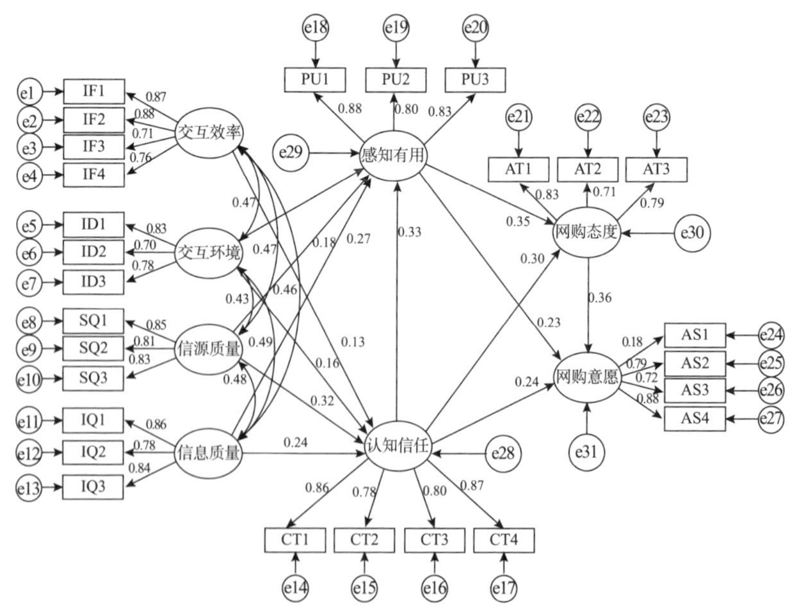

图 8－17　修正后模型路径检验图

3. 模型变量间影响效应分析

在结构方程模型中，变量间的影响效应可以分为直接效应、间接效应与总效应。变量之间的直接效应可以由标准化路径系数直接得出。间接效应可以理解为不具有直接影响路径能力的两个关联变量之间的影响效应，等于间接路径所经过的每一条直接路径的乘积。总效应是直接效应与间接效应作用的总和，表现为直接效应与间接效应相加。现将模型各变量之间直接效应、间接效应与总效应的输出结果及显著性结果整理至表 8－32 中。

表 8－32　模型各变量之间的直接效应、间接效应与总效应

	认知信任	感知有用	网购态度	网购意愿
		总效应		
信息质量	0.246***	0.352***	0.197***	0.211***
信源质量	0.319***	0.286***	0.196***	0.214***
交互环境	0.164**	0.055*	0.069*	0.077*
交互频率	0.123*	0.041*	0.051*	0.058*
认知信任	—	0.334***	0.419***	0.47***
感知有用	—	—	0.348***	0.354***
网购态度	—	—	—	0.359***
		直接效应		
信息质量	0.246***	0.270***	—	—
信源质量	0.319***	0.180**	—	—
交互环境	0.164**	—	—	—
交互频率	0.123*	—	—	—
认知信任	—	0.334***	0.302***	0.244**
感知有用	—	—	0.348***	0.229**
网购态度	—	—	—	0.359***

续表

	认知信任	感知有用	网购态度	网购意愿
		间接效应		
信息质量	—	0.082***	0.197***	0.211***
信源质量	—	0.106***	0.196***	0.214***
交互环境	—	0.055*	0.069*	0.077*
交互频率	—	0.041*	0.051*	0.058*
认知信任	—	—	0.116***	0.227***
感知有用	—	—	—	0.125***
网购态度	—	—	—	—

注：*表示 $p<0.05$；**表示 $p<0.01$；***表示 $p<0.001$。

由表8－32可知，在直接效应方面，除不显著路径交互频率对感知有用和交互环境对感知有用之间不存在直接影响效应外，其余路径的直接效应均为相应的标准化路径系数。

在间接效应方面，交互频率、交互环境、信源质量、信息质量通过认知信任的中介作用对感知有用的间接效应分别为0.041、0.055、0.106、0.082，均达到显著性水平；交互频率、交互环境、信源质量、信息质量通过认知信任、感知有用的中介作用对网购态度的间接效应分别为0.051、0.069、0.196、0.197，均达到显著性水平；交互频率、交互环境、信源质量、信息质量通过认知信任、感知有用、网购态度的中介作用对网购意愿的间接效应分别为0.058、0.077、0.214、0.211，均达到显著性水平；感知有用通过认知信任的中介作用对网购态度的间接效应为0.116，达到显著性水平；认知信任通过感知有用和网购态度的中介作用对网购意愿的间接效应为0.227且达到显著性水平；感知有用通过网购态度的中介作用对网购意愿的间接效应为0.125且达到显著性水平。

在总效应方面，交互频率、交互环境、信源质量、信息质量对认知信任的总效应为0.123、0.164、0.319、0.246且达到显著性水平；交互频率、交互环境、信源质量、信息质量对感知有用的总效应为0.041、0.055、0.286、0.352且达到显著性水平；交互频率、交互环境、信源质量、信息质量对网购态度的总效应为

0.051、0.069、0.196、0.197 且达到显著性水平；交互频率、交互环境、信源质量、信息质量对网购态度的总效应为 0.058、0.077、0.214、0.211 且达到显著性水平；认知信任对感知有用、网购意愿、网购态度的总效应分别为 0.334、0.419、0.470 且均到达显著性水平；感知有用对网购态度、网购意愿的总效应分别为 0.348、0.354 且均达到显著性水平；网购态度对网购意愿的总效应为 0.359 且到达显著性水平。

网络交互维度对于消费者网购意愿的影响排序为：信源质量 > 信息质量 > 交互环境 > 交互频率。在这四个维度中，信源质量对消费者的网购意愿影响最大，但与信息质量相差并不多，而交互频率的影响最小。

4. 性别的调节作用检验

在问卷设计时，加入了对研究对象性别信息的采集，将收集到的样本按照性别分为两组，其中男性 200 人，女性 231 人。利用 AMOS 23.0 软件进行群组比较得到男性模型路径检验图（如图 8－18）、女性模型路径检验图（如图 8－19）、模型路径系数及模型比较结果（如表 8－33）。

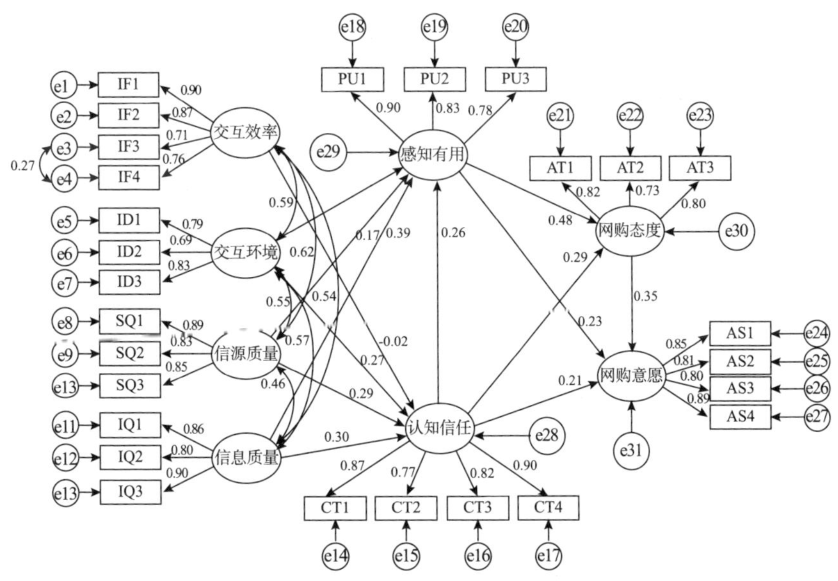

图 8－18　男性模型路径检验图

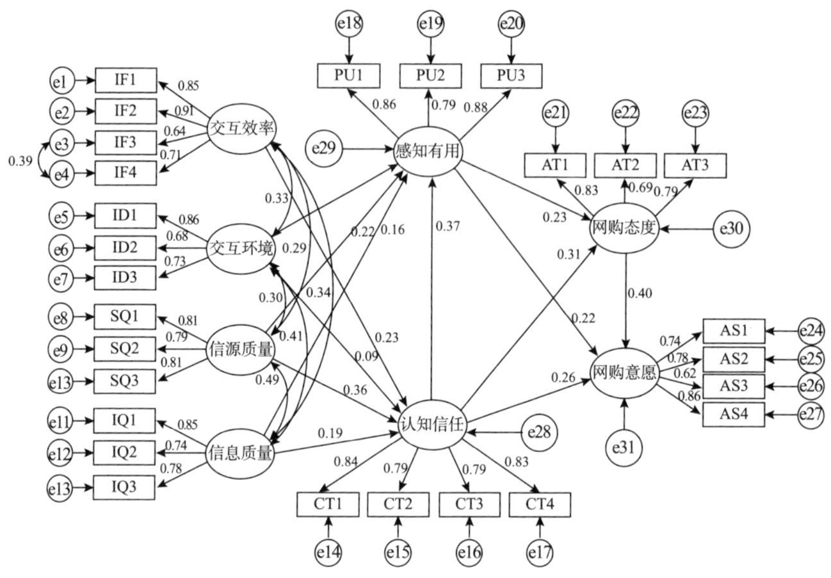

图 8－19　女性模型路径检验图

表 8－33　模型路径系数及模型比较结果

路径	男			女			模型比较	
	β	t	P	β	t	P	CMIN	P
认知信任<---交互频率	-0.023	-0.246	0.805	0.229	3.362	***		
认知信任<---交互环境	0.265	2.756	0.006	0.094	1.294	0.196		
认知信任<---信源质量	0.292	3.352	***	0.364	4.609	***		
认知信任<---信息质量	0.301	3.633	***	0.188	2.295	0.022		
感知有用<---认知信任	0.262	3.013	0.003	0.365	4.324	***		
感知有用<---信息质量	0.394	4.814	***	0.159	1.973	0.049		
感知有用<---信源质量	0.167	2.112	0.035	0.216	2.510	0.012	17.277	0.10
网购态度<---认知信任	0.288	3.365	***	0.312	3.442	***		
网购态度<---感知有用	0.477	5.338	***	0.225	2.507	0.012		
网购意愿<---认知信任	0.209	2.502	0.012	0.256	3.178	0.001		
网购意愿<---感知有用	0.229	2.411	0.016	0.220	2.809	0.005		
网购意愿<---网购态度	0.351	3.536	***	0.398	5.067	***		

注：***表示P值<0.001，该估计系数在0.1%水平下显著。

由表 8－33 可以得到，根据模型比较结果得到 CMIN = 17.277，$p = 0.1 > 0.05$，未达到显著性水平要求，故男组模型与女组模型之间的影响差异不大，性别变量在模型中的调节作用不显著，假设 H9 不成立。

5. 假设检验结果

本章利用结构方程模型，通过对 431 份有效问卷进行分析，对所提出的假设进行了验证，根据实证分析获得了零售平台中虚拟社区交互对网购意愿的影响关系。现将所有假设检验结果汇总至表 8－34 中。

表 8－34　假设检验结果汇总

编号	研究假设	检验结果
H1a	网购态度对消费者的网购意愿有显著的正向影响	成立
H2a	感知有用对消费者的网购意愿有显著的正向影响	成立
H2b	认知信任对消费者的网购意愿有显著的正向影响	成立
H2c	感知有用对消费者的网购态度有显著的正向影响	成立
H2d	认知信任对消费者的网购态度有显著的正向影响	成立
H3a	认知信任对感知有用有显著的正向影响	成立
H4a	交互频率对认知信任有显著的正向影响	成立
H4b	交互环境对认知信任有显著的正向影响	成立
H4c	信源质量对认知信任有显著的正向影响	成立
H4d	信息质量对认知信任有显著的正向影响	成立
H5a	性别差异在网络交互影响消费者网购意愿方面具有调节作用	不成立

第四节　本章小结

目前许多零售平台均融入了虚拟社区板块的功能，使消费者在进行网络购物之前可以进行更加充分的交流互动。本章通过对相关文献的研究与梳理，建立了以技术接受模型为基础的研究模型，利用信息传播模型划分虚拟社区交互维度，进而探讨零售平台中虚拟社区交互对消费者网络购买意愿的影响以及影响方式。本章将对实证分析的结论进行说明，并就实证分析结果提出相关的建议。

一、研究结论

（一）网络交互对认知反应的影响分析

1. 网络交互对感知有用的影响分析

交互频率对感知有用的正向影响并不显著。原因可能在于社区中有一大部分“潜水者”，而“潜水者”们只是被动地浏览社区中的信息，并不会直接参与到信息交互中。所以即使是交互频率低的消费者，在对信息甄别与选择过后，对有用性的感知仍然会增强。在万莉和程慧平的研究中也证实了虚拟社区中“潜水者”的存在。

交互环境对感知有用的正向影响也没有通过显著性检验。原因可能是由于随着互联网技术的发展与成熟，各个零售平台建设已有一定的基础，社区设计与基础功能差异不大，均能为消费者提供一个良好的网络购物环境，所以即使是对网络购物环境满意的客户，在交互过后若对消费者有用的信息不多，仍然会存在虚拟社区对网络购物的有用性感知偏低的情况。

信源质量对感知有用有显著的正向影响。这个结论与朱东红的研究有一定的差异。朱东红以 SNS 社区为背景研究交互对消费者购买意愿的影响，发现社区内信息源头的质量对感知有用的影响并不显著。究其原因，可能是因为社区之间的差异而引起的。SNS 社区以更加单纯的用户交流为目的，而本章所研究的虚拟社区主要是依托零售平台而产生的，社区或者卖家会有意地培养一批意见领袖，对产品或是服务做出自己的评价，逐步建立自己在社区中的威信，不断循环以扩大自己的影响力。在社区中，成员对热度高、影响力大的帖子内容更加深信不疑。信息源头的质量越高，消费者对于社区提升自身购物效率的有用性感知就越强。

信息质量对感知有用有显著的正向影响。在结构方程模型检验中，这一条的路径系数达到 0.249，仅次于认知信任对感知有用的影响。换句话说，消费者收到的信息质量越高，其对于社区提升自身购物效率的有用性感知就越强。反之则会越弱。这与我们的假设一致。

2. 网络交互对认知信任的影响分析

交互频率对认知信任有显著的正向影响。人与人之间的信任是不断积累的，随着交互频率的增加，对于产品以及社区的信任也会不断累积。交互频率越高，对信任的认知感也会越强。若是社区用户之间的交互频率较低，则相应的信任感也会下降。

交互环境对认知信任有显著的正向影响。社区中页面展示、界面美观与功能完备都是交互环境的外部表现，而这些往往也体现着一个零售平台的专业性与能力。社区中交互环境能带给消费者最直观的印象，而良好的印象往往会提升消费者对社区的信任。

信源质量对认知信任有显著的正向影响。在信息传播模型中，信源是消费者接触的直接对象。当信源是消费者所熟悉的或是对产品有专业知识的社区领袖型人物时，就会对消费者的信任感知产生正向的影响，反之亦然。这很好地验证了原假设。

信息质量对认知信任有显著的正向影响。信息作为消费者在虚拟社区中交互后收到的一种产品或是服务知识，其质量的好坏对于消费者来说有着最直接的影响。社区内的信息质量越高，消费者对社区的专业性与能力就会越认可，则他们对于社区的信任感知也会越强。

（二）认知反应对情感反应的影响分析

感知有用对消费者的网购态度有显著的正向影响。这与技术接受模型的结论相吻合，即对于技术的感知越有用，则用户对于新技术的态度也会更加正面。本章在零售平台中的虚拟社区也得到了类似的结论，消费者对于社区的有用性感知越强，消费者对在社区所处的零售平台购物的态度也会越正面。

认知信任对消费者的网购态度有显著的正向影响。这与 Gefen et al. （2003）的研究结果相似，虚拟社区成员对社区的信任会显著地正向影响其对于虚拟社区的整体评价，消费者对于虚拟社区越信任，那么对于在社区所属平台中的购物评价也会更加正面。

认知信任对感知有用有显著的正向影响。李梦莹（2018）在对跨境电商社区的研究中也发现了类似的结论，对于交互行为所产生的信任感，会对交互过后的有用性感知产生影响。即消费者对社区的能力、真诚、善意方面的信赖程度越高，则消费者认为社区对其网络购物所提供的有用性也越强。

（三）情感反应对行为反应的影响分析

研究发现，在零售平台中，虚拟社区成员对社区所处零售平台的购物态度正向影响其购物意愿。这与前文的技术接受模型结论类似。社区成员对于在社区所处平台的购物态度越正面，情感上越肯定，那么他们在社区平台购物的意愿也就越强。

（四）网络交互对消费者网购意愿的影响分析

根据 AMOS 23.0 软件输出的模型各个变量间的总效应，可以得出网络交互这一外部刺激通过认知信任、感知有用、网购态度的中介作用，对网购意愿产生影响。影响效应大小排序为：信源质量 > 信息质量 > 交互环境 > 交互频率。信源质量对消费者网络购买意愿的影响略大于信息质量的影响。这就说明消费者在社区中对于接收到的信息来源比较重视，这与我们平时的了解相符。当社区中的帖子是属于相对专业或者在社区中有一定威望的人发表时，帖子的流量以及回复率也会相应增加；而那些质量不佳或者是影响力弱的帖子则会沉没在众多新帖中，这也很好地解释了信源质量与信息质量对于消费者购买意愿的重要影响。交互环境与交互频率的影响偏弱，但是仍然会对消费者的网购意愿产生一定程度的影响，因此也需要得到重视，继续完善网络交互机制，促进交互频率的增加，以发挥虚拟社区最大的功能，为消费者提供一个可靠的网络交流空间。

（五）性别变量的调节作用

模型按照性别进行分组，通过男性组与女性组的分组检验结果可以看出，两模型分组差异的 $p = 0.1 > 0.05$，分组模型差异较小，未达到显著性水平要求，表明性别变量在模型中不具有显著的调节作用。本章认为可能的原因是本章所选取的样本均为虚拟社区用户，相比网购用户，社区用户范围更窄，他们具有更强的群体特征，更明确的消费习惯。对于社区中不同性别的消费者来说，交互对网购意愿的影响差异不大。李梦莹（2018）在针对跨境电子商务平台的研究中也得到了相似的结论，认为用户在虚拟社区中的交互对其购买意愿的影响程度不存在显著的性别差异。

二、相关建议

本章针对零售平台中两大主体——社区运营与零售企业提出相应的建议，对虚拟社区的运营者以及网络零售企业都具有一定的现实意义。社区运营者如何增加客户黏性以促使消费者选择网络渠道进行购买行为，以及网络零售企业该如何提升消费者的产品购买意愿。此外，建议对推动网络零售的发展与繁荣也有一定的参考价值。结合实证分析所得到的结论，接下来从网络交互的四个维度，按照影响效应的大小排序，针对网络零售企业以及虚拟社区运营者提出以下几点建议，以带动网络零售更好的发展。

（一）重视意见领袖作用

在以交流互动为基础的虚拟社区中会更加注重商品信息的交流与分享，而意见领袖则是相对有影响力的信息源头，他们通过发布与商品相关的帖子来提升信任感知与有用性感知，进而影响消费者的网购意愿，不论是在扩大社区影响力上还是在促进商品网络渠道的流通方面，均具有一定的作用。因此应当重视意见领袖的作用，培育意见领袖，提升信息源头的质量。

对网络零售企业来说，可以与意见领袖们合作，借助他们来传播影响力、促进商品的线上推广能力。作为商品的卖方，对于产品的特性组成、优势功能、特色卖点等都是比较熟悉的，可以利用自身的专业优势对意见领袖们进行培训，从而更加有针对性地推广产品。这样不仅可以让消费者更加全面、深入地了解产品信息，也可以增强意见领袖的专业能力，进而提升消费者对有用性以及信任的认知。除专业培训外，可以利用意见领袖的帖子来发布各类优惠信息。在社区中提供消费相关的优惠信息，不仅可以增强意见领袖的影响力，同时也会提升消费者对于社区交互的有用性感知，在促进商品线上销售的同时，对社区用户黏性的提升也有一定的帮助。

对于社区运营者来说，可以有意识地培养一支具有影响力的意见领袖队伍。有的虚拟社区邀请明星入驻社区，利用明星效应提升社区知名度，扩大社区影响力，但是虚拟社区还是以信息交流为基础活动的，需要大量的帖子支撑社区运营，否则社区会逐渐失活、减低影响力，所以大量依靠明星效应是不切实际的。社区可以从有一定粉丝基础、专业能力的用户中，根据不同领域选择性地培养具有专业特色的意见领袖，在文案策划等信息传播能力提升后，根据消费者在社区中的检索关键词，后台匹配相关的帖子，更加有针对性地对消费者进行信息推送。

（二）提升社区信息质量

社区中的信息是所有社区活动的基础资源，也是消费者参与社区的动力驱动之一。社区中优质、有说服力的信息可以给消费者带来更大的好处，减少他们选择商品的时间，进而对消费者的购买意愿产生提升的作用。因此应当采取有效措施提升社区内的信息质量。

对网络零售企业来说，可以针对不同的产品特性，对社区内的信息提供适当的辅助引导。社区中对于产品的评价是检验产品受欢迎程度的一面镜子，但是大部分消费者都没有接受过专业的训练，对产品的描述评价比较简单，相对不够全面。网络零售企业可以对消费者进行适当的激励引导，比如对信息内容丰富、信息传达准确的帖子分发优惠券，在达到宣传效果的同时，也通过优惠券增加了消费者复购的可能性。通过信息反馈，消费者对于产品的评价同样可以传达到上游的生产企业，生产企业也可以及时根据消费者的反馈意见进行相应的产品调整，以更好地适应消费者的需求。

对社区运营者来说，可以对社区内的信息进行筛选，减少信息冗余。一方面，虚拟社区在进行系统升级时，可以从社区管理与消费者需求角度出发，尽量减少信息的冗余与重复，减少过多硬性广告对社区公共资源的占用，但是可以在社区内新帖子较少时，针对用户需求适当地投入广告，而不是在信息高峰期增加广告投入，造成消费者信息混乱，反而影响其购买决策。另一方面，可以以用户自律为主、运营方共同监督的方式保障社区内的信息质量。保留社区运营者对于不良信息进行纠正、惩罚的权利，对社区全体成员开放不良信息投诉渠道，让所有成员感受到自己在社区中所承担的安全信息责任，从而保障信息质量。

（三）促进社区环境优化

社区环境是所有交流互动的载体，社区环境也影响着成员们交流的效率。由于互联网技术的发展，社区内外部环境随着不同学历背景、不同喜好的成员加入而产生变化，所以社区环境优化是一个持续不断的过程。因此无论什么时候都应该不断对社区环境进行优化，以更好地为成员提供服务，保障社区内的有效交互。

对网络零售企业来说，要自觉遵守社区各项规范，树立诚信的企业形象。一些商品零售商为了促进产品销售，容易走上极端，在社区中发布虚假的产品消息，传达错误的产品信息，对社区环境造成了污染。企业应当端正自己的态度，对于有关产品的评价客观分析，对于负面的评价应该多思考其成因，并及时沟通供应链上游，对产品进行适当的调整，而不是恶意发布虚假信息，为了一时的销量而扰乱社区秩序、影响品牌声誉。

对社区运营者来说，可以从社区文化建设和净化社区环境两方面进行。虚拟社区文化是用户在社区活动中逐步形成的价值观念、精神氛围、道德准则、发展方向等方面的总和，是社区成员所共同认同的、自觉遵守的、带有社区特色的一种文化形式。但是许多不法分子利用社区散布不实传言，恶意商业竞争的行为也时有发生，这无疑扰乱了社区的正常秩序与基本规则，同时也造成了大量的信息污染，让消费者对社区产生了怀疑。而面对这些问题，一方面要通过法律的手段来维护社区安全；另一方面，社区内部也要构建起文明、向上的社区文化。社区可以通过建立良好的信息传播机制、危机预警以及应急处理机制，及时处理信息污染，净化社区环境，构建一个安全、和谐的社区，以实现信息高效、有序传播，增强消费者对社区的信任。

（四）增进用户交互频率

社区内部的用户高频率交互是社区信息产生的助推器。保持社区成员之间的密切联系，可以提升消费者对产品、对社区的信任感知，进而提升消费者的网络购买意愿。为此，应该促进社区成员之间的交流交互的频率，在产生信息的同时，增加购买意愿。

对网络零售商来说，可以在社区内与消费者进行沟通，为消费者答疑解虑。网络零售商应积极参与虚拟社区交互，增加与消费者互动沟通的频率，寻求多方式与消费者进行沟通。例如有针对性地在社区内发布关于产品或是品牌的话题讨论，通过活动发起的方式，扩大品牌影响力，提升消费者对产品的感知能力，以形成对商家的良好印象。同时应该及时对消费者提出的疑问做出耐心的解答，让消费者感受到商家的责任感，从而提升消费者对产品的信任，构建高质量的关系网络。

对社区运营者来说，社区成员之间的频繁交互不仅为社区带来了源源不断的活力，还可以提升社区成员之间的信任感，进而提升成员在网络零售平台购买产品的意愿。社区成员之间交互频率的加强不仅可以加速信息反馈速度，而且也可以为社区成员建立线下联系奠定基础。毕竟虚拟社区不能完全脱离现实世界而孤立存在，社区运营者可以通过线下见面等活动形式为社区成员在社区之外的联系提供帮助，使线上线下交互相互促进，增强社区成员参与活动的主动性。即使虚拟社区具有“虚拟性”，其归根到底也还是“人的集合”，因此社区运营方可以通过制度奖励、活动刺激等方式，提高社区成员之间的有效接触频率，提升其交互的积极性与主动性，为社区提供源源不断的活力。

第九章　结论与展望

第一节　结论

一、基于动态能力理论的模型构建与运用

零售业对经济发展起重要作用，也与人们的生活紧密相关。近年来随着零售业的发展，零售渠道的广度、长度、宽度都发生了变化，渠道间爆发的矛盾和冲突日渐加剧。相比于发达国家，我国的商品流通体系发育不良，零售渠道发展滞后。互联网的发展与流通渠道的组织形式为中国零售业乃至流通业的变革与升级提供了重要契机。在市场环境瞬息万变和高度竞争的今天，动态能力通过动态的观点将企业现有的经营能力扩展延伸、优化改善、整合重构，使企业形成更适合环境的经营能力，让企业在每个阶段都拥有足够的竞争优势。

动态能力理论在经济、管理等领域广泛运用，但其理论框架尚未形成共识，许多术语的定义不够明确清晰，难以区分。各类研究中所构建的模型五花八门，定位不一，导致其在实际运用中的结果与模型中的结果相差巨大。本研究基于先行研究，提出了理论框架，整合汇总后提出了较有综合性的理论框架，并具体描述了各个能力运行路径，为动态能力的实际运用提供了较具统一性的理论框架。其次，通过对先行研究的总结，对各个能力做出了较为清晰明确的阐述。除此之外，本研究还整理了渠道整合的12个影响因素，通过因子分析将其归纳为4个主因子，用解释结构模型探讨了影响因素的内部结构关系，并基于该框架对零售企业渠道行为的管理提出建议。利用动态能力思考零售企业如何开展渠道管理；通过感知能力对国家政策、市场需求、消费者偏好、同行竞争情况等内外部因素进行准确感知；通过学习能力明确政策会为企业在开拓市场、发展自身实力时带来

哪些好处，并且学习进入新市场所需的新知识和新技术；利用整合能力和创新能力为推动零售企业转型升级找寻新机会、探索创新型渠道结果和管理方式。协同能力不仅要发挥使动态能力高效有序进行的作用，更要促进零售企业的渠道间的协作。

二、渠道行为与企业绩效之间的关系

研究表明，零售企业的资源能力，如企业的规模、股权划分、财务分配、研发能力等都是企业的重要基础。想要在动态的环境中培养特定的动态能力来对渠道进行管理，就需要企业的资源能力作为支撑；渠道的反应能力、协作能力、风控能力在资源基础的支持下，可以应对消费者的决策变化或是环境不确定性等各种情况，从而使企业能及时调整渠道整合策略。渠道的反应能力、协作能力、风控能力对企业绩效具有显著正向影响；环境的不确定性起到调节渠道整合与企业绩效关系的作用，其中不确定性较大的环境里，渠道整合对企业绩效的提升价值更大。本研究探讨了动态能力、渠道整合与企业绩效之间的关系，并将环境的不确定性作为调节变量，可以发现渠道的反应能力、协作能力、风控能力通过影响渠道整合影响了企业绩效。其中，渠道整合作为中介作用，环境的不确定性起到调节渠道整合与企业绩效关系的作用，不确定性较大的环境里，渠道整合对企业绩效的提升价值更大。因此，在渠道的内部能力作为基础的前提下，渠道的动态能力越强的企业，越具有竞争优势。如今，零售企业面临着多方面的冲击和挑战，零售渠道如何向着全渠道营销转变也是众多学者讨论的主要方向，这也是未来可以进一步研究的方向之一。

三、零售企业的渠道决策与整合

随着互联网的发展，快速兴起的线上零售瓜分了原有的零售市场，使得线下渠道受到了巨大的冲击。为了占据市场，零售渠道间开启价格战，但价格战带来的只会是零售市场的动荡和企业获利能力的下降。此时，零售企业开始意识到线上和线下零售渠道具备互补优势，并重新思考渠道策略的选择。渠道整合的好坏关乎企业未来的生存与发展。因此，许多零售企业开始对渠道整合进行探究，以此营造企业核心竞争力。

近些年对零售企业渠道管理的探究呈井喷式发展，特别是有关于渠道整合、全渠道等方面的研究更是形成一股火热的风潮。但从交易成本角度建立理论框架的研究较少，且缺乏系统性。因此，第六章的研究视角相对独特且理论的梳理较为系统，具有一定的现实指导意义，为零售企业有方向、有重点地开展渠道行为管理提供了帮助和指引。文章从我国零售的大背景出发，建立了基于交易成本论和消费者渠道选择策略的渠道整合理论框架，从理论的角度强调了零售企业渠道整合选择的重要性。建立理论模型对采取单一渠道竞争策略和渠道整合策略的零售企业分别进行盈利能力和市场需求的分析。渠道竞争时，“橱窗购物”者是否出现取决于线下渠道的定价，但由于渠道处于博弈竞争的关系，所以会对线上线下的零售商的获利能力和整个零售市场的需求造成不良影响。而线上渠道的出现一方面使得消费者剩余增加，零售企业能够通过定价剥夺所有的消费者剩余，从而提升利润；另一方面也会减少但不会消除橱窗购物者的出现，减少出现的橱窗购物者能够降低零售商的流通成本，提高零售商的获利能力，而此时仍会出现的“橱窗购物”者对于零售企业来说具有保留和扩大需求的作用。两方面力量的共同作用能使双渠道策略扩大整个零售市场的零售额。

四、网络口碑对消费者购买意愿的影响

近年来，随着互联网技术的普及，我国在线零售市场份额急速扩张。2018年，我国在线零售份额在零售行业总额的占比超过18%，消费者在线购物需求呈现井喷式增长趋势。生鲜商品是许多家庭不可或缺的必需品，在日常消费中占据着较大的比重。自2013年以来，我国生鲜零售App在市场上崭露头角，截至2018年，我国生鲜电商市场的交易规模突破2000亿元，预计到2022年，生鲜电商行业的市场交易规模将达到7054亿元，生鲜商品在线零售仍有巨大潜力。但生鲜零售App在给消费者带来便利的同时，也存在一定的弊端，因为其网络虚拟性，消费者在选购生鲜商品时常常出现信息不对称的情况，从而使得消费者在网

购生鲜商品时更加谨慎。网络口碑的出现在一定程度上弥补了这种信息不对称情况。相较于商家或平台宣传，消费者通常认为网络口碑更具有客观性和真实性。网络口碑的存在能帮助消费者获得更多有价值的信息，未来网络口碑将成为生鲜零售 App 发展的核心竞争力之一。

本研究在第七章中以具有一定经济能力且使用过生鲜零售 App 的消费群体为研究对象，研究网络口碑对消费者购买意愿的影响机理。对国内外文献进行梳理，基于传播过程理论、技术接受模型、详尽可能性模型，构建了生鲜零售 App 中商品网络口碑对消费者购买意愿的影响模型。引入中介变量感知风险和信任，从发送者特征、网络口碑特征、接收者特征三个角度研究网络口碑对购买意愿的影响效果，并提出了研究假设。采用问卷调查法收集数据，借助 SPSS 23.0 和 AMOS 23.0 进行描述性统计分析、信效度分析以及结构方程模型分析，并检验研究假设，分析网络口碑对购买意愿的影响及影响程度。最终得出以下结论：

（一）专业性、关系强度、口碑数量、口碑视觉线索均对接收者感知风险存在显著正向影响。其中，口碑视觉线索对感知风险的影响最大，其次是关系强度、口碑数量，而专业性对感知风险的影响最小。

（二）口碑数量、口碑视觉线索、产品涉入、信任倾向均对信任存在显著的正向影响。其中，口碑数量对信任的影响最大，其次是口碑视觉线索、信任倾向，而产品涉入对信任的影响最小。

（三）感知风险对信任有显著正向影响；感知风险、信任两者都对购买意愿存在显著正向影响，其中信任的影响程度更大一些。

（四）专业性和关系强度对购买意愿并不存在显著影响，即发送者特征通过中介变量中的感知风险对购买意愿产生间接影响。

（五）产品涉入、信任倾向对购买意愿有显著影响，其中产品涉入的影响程度大于信任倾向，即接收者特征对购买意愿有直接影响。

五、虚拟社区交互对消费者购买意愿的影响

在零售市场需求不断细化、网络零售加速提质升级的背景下，虚拟社区的出

现为网络零售市场的发展提供了新思路。早期的网络零售平台主要借助网购用户的快速增长来带动平台流量。随着网络零售的发展，网购用户数量的增速趋缓，基于平台现有用户的精细化运营将成为推动网络零售市场进一步发展的主要动力，其中包括提高用户平台使用频次和增强购买意愿两方面。而虚拟社区内聚集了有着各种消费需求的用户群体，大量的共享信息成了零售平台的引流利器，同时也有利于平台针对存量用户根据不同需求进行精细化的运营。此外，消费者也可以通过社区内的信息更好地了解商品。交互行为作为社区中信息产生的基础活动，是虚拟社区的核心生命力。其在满足消费者人际交往和休闲娱乐性需求的同时，也传递着商品信息，影响着消费者的购买意愿，并可能诱发新的消费需求。本研究从零售平台中虚拟社区的交互行为的视角出发，分析其对消费者网络购买意愿的影响，以期为网络零售的发展提供更多有益的参考。

在本研究中，第八章以信息传播模型和技术接受模型为理论基础，研究零售平台中虚拟社区对其成员网络购买意愿的影响，将技术接受模型中的“感知有用”替换成为“认知信任”加入模型研究中。借助 SPSS 23.0 和 AMOS23.0 软件，结合结构方程模型，通过对 431 份有效问卷进行分析，对所提出的假设进行了验证，根据实证分析得到了零售平台中虚拟社区交互对网购意愿的影响关系。根据实证分析结果，对实证分析的结论进行解释与说明，并分别从网络零售商和虚拟社区运营方两个角度，研究如何利用零售平台中虚拟社区交互来提升消费者的购买意愿。按照影响程度的大小，从信源质量、信息质量、交互环境、交互频率四个方面依次展开，分别对网络零售商与虚拟社区运营方提出建议。

由此，得出研究结论如下：

（一）划分了零售平台中虚拟社区的交互维度。基于先行研究，本研究结合信息传播模型，从交互环境、交互频率、信息质量、信源质量四个方面划分了零售平台中的虚拟社区交互维度。通过实证分析，可以认为研究所构建的网络交互维度具有良好的信度、效度，能够有效地反映零售平台中虚拟社区的交互行为。

（二）验证了零售平台中虚拟社区交互对网络购买意愿的影响模型。根据模型分析结果，得出以下结论：信源质量、信息质量正向影响消费者对社区的感知有用；交互频率、交互环境、信源质量、信息质量正向影响消费者对社区的信任；消费者对社区的感知有用、认知信任正向影响其网购态度及意愿；认知信任对感知有用有显著的正向影响；消费者在社区中的网购态度正向影响网购意愿。

（三）网络交互四个维度对消费者的网络购买意愿均产生显著的正向影响，但是影响大小存在差异。其中，信源质量的影响最强，信息质量次之，交互频率的影响最弱。

（四）在零售平台虚拟社区交互对网络购买意愿的影响模型中，按照性别对研究对象进行分组，结果显示，从整体模型上看，性别差异在模型中的影响并不显著，因此认为性别差异在网络交互影响消费者网购意愿方面不具有调节作用。

第二节　主要创新点

一、网络口碑对消费者购买意愿的影响

在对相关文献阅读的基础上，本研究在总结和借鉴以往关于网络口碑对消费者购买意愿的研究成果上，展开进一步研究。相比较以往的研究成果，本研究的主要创新点如下：

1. 研究内容创新。本研究以传播过程理论、技术接受模型以及详尽可能性模型为基础，并借鉴了以往关于其他网络平台中网络口碑对购买意愿的影响模型，将其应用于生鲜零售 App 网络口碑的影响研究。将网络口碑对消费者购买意愿的影响路径整合为发送者、口碑信息以及接收者三个维度，并且加入感知风险与信任两个中介变量。研究网络口碑的三个维度是如何影响消费者的生鲜商品网购意愿的，从而构建出网络口碑对购买意愿的影响模型。

2. 研究对象创新。现有的研究大多没有聚焦到生鲜零售上，一般是对各种类型的网络平台一起进行研究。但不同类型的平台有不同的特征，而且网络平台的不同也会给结论带来影响。通过 App 客户端销售生鲜商品作为一个新兴市场，属于近几年才流行壮大的新零售行业。本研究立足生鲜电商行业，对消费者通过生

鲜 App 购买商品时对网络口碑的感知展开相应的研究，使研究更具有针对性。因此既是对前人研究的深入与细化，也是对现有研究结论的补充。

二、虚拟社区交互对消费者购买意愿的影响

在先行研究的基础上，本研究以零售平台中的虚拟社区为研究背景，从网络交互的角度分析其对消费者网络购买意愿的影响机制，并根据研究的结论得出相应的实践启示。相对已有研究而言，本研究的可能创新之处如下：

1. 研究对象创新。在零售平台中的虚拟社区里研究交互对网络购买意愿的影响。研究结合了虚拟社区与网络购物两大研究热点，随着互联网的发展与繁荣，在该领域仍有研究成果亟待完善。本研究以技术接受模型为基础，将其放入零售平台的虚拟社区情境中，扩展了技术接受模型的理论框架，丰富了其运用范围，另一方面也深入了国内学者关于虚拟社区领域的研究。

2. 研究内容创新。从网络交互的角度去分析虚拟社区中网络购买意愿的影响因素。本研究从社区中的网络交互行为出发，借助信息传播模型，确定网络交互的四个维度，分别探讨虚拟社区中的交互频率、交互环境、信源质量、信息质量对消费者网络购买意愿的影响路径以及影响程度，丰富了网络购买意愿的研究方向。另外，考虑到消费者的性别差异所带来的网络交互的影响程度存在差异，进而对消费者在虚拟社区中网络购买意愿的影响程度存在一定的差异。本研究将性别作为调节变量引入模型中，从性别差异角度补充了理论模型的影响程度。

第三节　展望

相较于国外的大量文献，从不同的角度研究渠道整合，其影响因素可能并不同。本研究的第六章对其他方面的因素并没有做出进一步的分析，仅是从动态能力理论方面进行探索。另外，本研究样本容量相对偏小，有一定的局限性。在未来的研究中，可将本研究构建的评价体系应用于实际零售企业渠道整合的过程，进行策略制定、执行；对零售企业渠道整合的结果进行评价，从而获得更有深

度、更全面的认识。根据实证研究结果，对评价体系进行优化。因此在后续研究中，一是要结合具有代表性的企业情况进行分析，二是可以根据地区间经济发展的不平衡情况，分析不同地区间的渠道整合情况，进一步研究其影响机制。

目前我国大部分的生鲜零售 App 并不是纯粹的生鲜电商，其涉猎领域较广，基本是多元化的发展方向，故其口碑的形成不一定全来自于生鲜零售 App，还有可能来自其他业务，甚至是非互联网环境中所产生的口碑信息，都有可能对消费者的购买意愿产生一定程度上的影响。本研究第七章忽略了其他环境中产生的口碑对于消费者购买意愿的影响。此外，本研究的问卷数据收集是根据受访者在半年之内在生鲜零售 App 上看到的网络口碑来填写问卷的，但是记忆终究会与受访者当时的感受存在一定的误差。半年的时间，有些记忆已经变得比较模糊，所以受访者回答问卷时只能凭借回忆到的模糊印象进行填写，有可能出现因记忆不清而随意选择的情况，这会导致本次研究收集到的数据与真实数据存在一定的误差。本研究第八章还可在以下两方面进一步深入研究：其一，考虑其他因素对消费者网络购买意愿的影响。消费者的网络购买行为是一个受到心理、习惯、各种因素影响的综合性行为，具有一定的复杂性。所以消费者的网络购买意愿还受到许多其他因素的影响，比如产品本身的特性、品牌口碑、物流服务、购买经验等。其二，固定研究样本，进行长时间的回访跟踪，以纵向的时间线为变动因素，动态分析零售平台中虚拟社区对消费者网购意愿的影响。

参考文献

[1] 艾媒网. 2019 中国网购市场发展规模与用户行为分析 [EB/OL]. [2019-11-12]. https: //www. iimedia. cn/c1020/66739. html.

[2] 白元龙. 基于动态能力视角的供应链弹性影响因素研究 [D]. 南京师范大学, 2018.

[3] 毕继东. 网络口碑传播理论基础研究 [J]. 当代经济管理, 2010, 32 (10): 9-12.

[4] 蔡继康. 交易型虚拟社区的消费者价值接受模型研究 [D]. 中国海洋大学, 2013.

[5] 曹班石. 从苏宁到苏宁易购看全渠道零售 [J]. 信息与电脑, 2013, (10): 34-36.

[6] 曹维. 基于虚拟社区的关系型互动对网络购物影响的研究 [D]. 浙江大学, 2007.

[7] 曾静. 虚拟社区网络互动对消费者购买意愿的影响研究 [J]. 市场研究, 2019, (4): 14-17.

[8] 常亚平, 刘兴菊, 阎俊, 等. 虚拟社区知识共享之于消费者购买意向的研究 [J]. 管理科学学报, 2011, 14 (4): 86-96.

[9] 常亚平, 朱东红, 李荣华. 感知产品创新对冲动购买的作用机制研究 [J]. 科研管理, 2012, 33 (3): 18-26.

[10] 陈惠. 网络口碑对消费者购买意愿的影响研究 [D]. 天津师范大学, 2016.

[11] 陈洁, 丛芳, 康枫. 基于心流体验视角的在线消费者购买行为影响因素研究 [J]. 南开管理评论, 2009, 12 (21): 132-140.

[12] 陈秋红. 基于交易成本的我国家电营销渠道的整合 [D]. 湖南农业大

学，2006.

［13］陈文轩．电子商务与中国零售变革［D］．浙江大学，2018.

［14］啜岩．正面网络口碑对在校大学生品牌态度的影响研究［D］．吉林大学，2010.

［15］崔睿，马宇驰．网购平台的信用服务机制对消费者购买意愿的影响研究［J］．江苏大学学报（社会科学版），2018，20（3）：74－83.

［16］戴心来，王丽红，崔春阳，等．基于学习分析的虚拟学习社区社会性交互研究［J］．电化教育研究，2015，36（12）：59－64.

［17］单初，鲁耀斌．正面与负面网上评价对 C2C 商家初始信任影响的实证研究［J］．图书情报工作，2010，54（12）：136－140.

［18］德姆塞茨．所有权、控制与企业［M］．北京：经济科学出版社，1999：79.

［19］邓涛．生鲜农产品零售业态变革研究［D］．华中农业大学，2006.

［20］丁宁，刘璐．线上线下融合背景下实体零售商渠道结构选择［J］．辽宁工业大学学报（社会科学版），2018，20（6）：38－42.

［21］丁沛丽．我国居民消费合理性探析——基于传统价值观角度［J］．中国商贸，2012，（4）：241－242.

［22］董大海，李广辉，杨毅．消费者网上购物感知风险构面研究［J］．管理学报，2005，2（1）：55－60.

［23］董京京，许正良，方琦，等．虚拟品牌社区顾客间互动对其产品创新行为的影响［J］．技术经济，2019，38（08）08：48－54.

［24］董俊武，黄江圳，陈震红．动态能力的特征与功能研究［J］．现代管理科学，2006，（08）：42－43＋66.

［25］杜佳，安景文．社会化媒体品牌社群环境下的网络关系结构对品牌认同的影响［J］．武汉理工大学学报（社会科学版），2018，31（1）：36－43.

［26］范公广，吴梦．虚拟品牌社区支持感对顾客契合行为的影响研究［J］．软科学，2019，33（10）：119－125.

［27］范厚明，田也．谈生鲜农产品电子商务物流配送模式的改进［J］．商业经济研究，2015，35：36－38.

［28］范建清．不同流通渠道结构条件下家具产业的零售商定价策略研究［D］．西南交通大学，2012.

［29］范钧，付沙沙，汤锦旦．虚拟品牌社区互动对顾客公民行为的影响［J］．商业研究，2014，（2）：74－81.

［30］范丽先，李昕璐．品牌情感依恋与品牌信任：基于品牌熟悉度的调节作用［J］．工业工程与管理，2018，23（4）：186－193.

［31］范小军，陈宏民．多零售渠道环境下的零售渠道战略发展模式研究［J］．软科学，2008，22（12）.

［32］范小军，陈宏民．零售商差异条件下的渠道价格决策研究［J］．中国管理科学，2008，（02）：97－103.

［33］范晓屏，马庆国．基于虚拟社区的网络互动对网络购买意向的影响研究［J］．浙江大学学报（人文社会科学版），2009，（1）：94－102.

［34］范晓屏．非交易类虚拟社区成员参与动机：实证研究与管理启示［J］．管理工程学报，2009，（1）：5－10.

［35］范晓屏．基于虚拟社区的网络互动对网络购买行为的影响研究［D］．浙江大学，2007.

［36］冯珍，郑乐乐．大学生网购非理性决策中的性别差异研究——基于锚定效应理论［J］．数学的实践与认识，2019，（19）：23－27.

［37］付美菊，程艳霞．在线评论对消费者购买意愿的影响研究［J］．现代商贸工业，2019，40（21）：74－75.

［38］付志强．基于多方博弈的生鲜产品共同配送模式研究［D］．北京交通大学，2017.

［39］耿会君．基于循环箱的生鲜电商“最后一公里”配送模式研究［J］．物流科技，2016，39（02）：31－35.

［40］宫谈飞，张良，毕建平，等．国内外生鲜电商运营模式分析与启示

[J]. 商场现代化，2014，(27)，27-30.

[41] 郭菲. 负面网络口碑对消费者购买意愿的影响研究——基于信息传播过程理论 [D]. 山东大学，2015.

[42] 郭莉，张悦，周冬梅，等. 虚拟社区中的社群交互：研究综述 [J]. 技术经济，2014 (12)：30-38.

[43] 郭燕，周梅华. 基于共赢理念的双渠道冲突管理研究 [J]. 中国流通经济，2012，26 (4)：81-85.

[44] 何奇兵. 基于SEM的网购口碑视角下消费者回购意愿影响机制的实证研究 [J]. 科技和产业，2019，(5)：83-89.

[45] 何清. 多渠道分销模式的渠道整合策略综述 [J]. 江苏商论，2010，(8)：12-14.

[46] 何润清. 企业网络营销与传统营销的渠道协调策略 [J]. 现代管理科学，2004，(9)：77-78.

[47] 何涛志. 基于交易成本理论的A公司分销渠道建议措施 [J]. 企业科技与发展，2018，(12)：301-302.

[48] 洪涛. 李国玉. 中国零售业结构性调整分析——2014年中国零售业关店报告 [J]. 中国流通经济，2015，(3)：1-9.

[49] 胡霄甫，庄雨萌，戴进. "网零同体"零售业态存在的问题及解决对策 [J]. 对外经贸，2018，(01)：69-71.

[50] 黄修权，顾银宽. 基于整体竞争战略的价值链营销及其渠道整合 [J]. 财贸经济，2004，(10)：74-76.

[51] 戢芳. 负面网络口碑对高校学生品牌态度的影响研究 [D]. 华中农业大学，2008.

[52] 姜继娇，吴延栋. 影响异地分布式物流项目团队信任的关键因素分析 [J]. 物流科技，2015，(2)：06-09.

[53] 蒋欢，周发明. 影响网络购物意向因素的性别差异研究 [J]. 企业技术开发，2010，29 (7)：90-91.

［54］蒋侃，徐柳艳．全渠道整合对渠道互惠的作用机制分析［J］．企业经济，2016，(9)：43－48.

［55］蒋玉石．口碑、口碑传播和口碑营销的辨析［J］．特区经济，2006，(11)：340－341.

［56］金立印．网络口碑信息对消费者购买决策的影响：一个实验研究［J］．经济管理，2007，(22)：36－42.

［57］晋盛武，罗海丹．基于消费者渠道偏好的供应链决策模型［J］．合肥工业大学学报（自然科学版），2013，36（6）：755－759.

［58］鞠彦辉，何毅．社会化商务模式研究［J］．现代情报，2012，(11)：8－11.

［59］科斯．社会成本问题［M］．上海：上海三联书店出版社，1994.

［60］冷乾宇，柯德辉．网络口碑对生鲜商品消费者网购意愿影响研究［J］．现代商贸工业，2015，36（18）：54－56.

［61］李春成，李崇光．农产品零售终端绩效评价与比较［J］．农业经济问题，2007，(1)：81－85.

［62］李春发，冯建军．网络口碑影响消费者参与“互联网＋”废旧手机回收意愿研究［J］．生态经济，2019，35（3）：73－78.

［63］李大元，项保华，陈应龙．企业动态能力及其功效：环境不确定性的影响［J］．南开管理评论，2009，12（06）：60－68.

［64］李飞．全渠道零售的含义、成因及对策——再论迎接中国多渠道零售革命风暴［J］．北京工商大学学报（社会科学版），2013，28（02）：1－11.

［65］李怀祖．管理研究方法论［M］．西安：西安交通大学出版社，2004.

［66］李会景．新零售时代全渠道发展路径探析［J］．当代经济，2017，(36)：79－81.

［67］李健．网络口碑对消费者信任影响研究——以淘宝网为例［D］．山东大学，2009.

［68］李楠，李佳洁．我国网购生鲜农产品的发展概况分析［J］．中国食物

与营养，2016，（1）：13－26.

［69］李兴旺，高鸿雁，武斯琴．动态能力理论的演进与发展：回顾及展望［J］．科学管理研究，2011，29（01）：92－96.

［70］李雪欣，郭辰，余婷．虚拟品牌社区互动对消费者品牌推崇的影响［J］．辽宁大学学报（哲学社会科学版），2019，47（04）：47－54.

［71］李珠华．公司全渠道整合营销管理信息化建设研究［D］．华侨大学，2017.

［72］林波．我国生鲜电商发展面临的对策及建议研究［J］．商业研究，2015，（8）：46－46.

［73］林焜，彭灿．知识共享、供应链动态能力与供应链绩效的关系研究［J］．科学学与科学技术管理，2010，31（7）：98－104.

［74］刘播．企业创新性、创新程度、中断严重度和供应链弹性的关系研究［J］．宏观经济研究，2015，（04）：114－122.

［75］刘凡，王明宇．我国生鲜电商的发展机遇与挑战探析［J］．中国商贸，2014，（12）：101－104.

［76］刘佳蓉．SoLoMo 消费驱动的全渠道供应链配送成本控制研究［D］．天津理工大学，2017.

［77］刘家国，施高伟，卢斌，赵金楼．供应链弹性三因素模型研究［J］．中国管理科学，2012，20（S2）：528－535.

［78］刘静．生鲜电商 O2O 模式探讨［J］．现代商业，2013，（36）：84－85.

［79］刘莉．社交网站用户持续使用行为研究——基于信息获取和人际交互的视角［J］．情报理论与实践，2012，35（11）：17－22.

［80］刘铁，李桂华，卢宏亮．线上线下整合营销策略对在线零售品牌体验影响机理［J］．中国流通经济，2014，28（11）：51－57.

［81］刘妍．O2O 模式下生鲜农产品流通渠道分析［D］．首都经济贸易大学，2017.

［82］刘煜，汤定娜，刘遗志．零售企业实现全渠道战略的路径图［J］．商

业经济研究，2015，(3)：20－23.

[83] 刘紫玉，尹丽娟，袁丽娜. 基于结构方程模型的物流服务因素对消费者网购意愿影响研究 [J]. 数学的实践与认识，2019，49 (4)：34－42.

[84] 陆瑾瑜，金宇婷，陈宇轩. 网络口碑对消费者购买决策的影响——以南京市外卖行业为例 [J]. 中国市场，2019，(24)：138－140.

[85] 陆芝青，王方华. 基于交易成本的渠道决策模型 [J]. 商业时代，2005，(8)：49－50.

[86] 罗汉洋，李智妮，林旭东，等. 网络口碑影响机制：信任的中介和性别及涉入度的调节 [J]. 系统管理学报，2019，28 (3)：401－414＋428.

[87] 罗永泰，吴树桐. 企业资源整合过程中动态能力形成的关键路径分析 [J]. 北京工商大学学报（社会科学版），2009，24 (03)：23－30.

[88] 马莉. 电子商务环境下零售商渠道选择与策略研究 [D]. 中国矿业大学，2016.

[89] 马庆国，李艾. 电子商务与企业信息化：组织学习效应实证研究 [J]. 管理工程学报，2004，(02)：11－16.

[90] 孟威. 网络互动：意义诠释与规则探讨 [D]. 中国社会科学院研究生院，2002.

[91] 聂晶晶. 网络促销环境下消费者感知风险维度研究 [J]. 武汉理工大学学报（信息与管理工程版），2015，37 (04)：473－476＋494.

[92] 彭岚，施莉. 基于精细可能性模型的电子口碑对消费者购买意愿影响研究 [J]. 软科学，2018，32 (6)：140－144.

[93] 齐巧月. 21 世纪营销实战的新式武器——整合营销 [J]. 党政干部学刊，2001，(4)：47.

[94] 齐永智，张梦霞. 全渠道零售：演化、过程与实施 [J]. 中国流通经济，2014，(12)：115－121.

[95] 曲霏，侯治平，张慧颖. 关系型虚拟社区用户体验与持续使用行为研究——特殊信任的调节作用 [J]. 图书馆，2019，(11)：71－78.

[96] 沙振权，王建华. 营销渠道整合模型及对我国企业的启示 [J]. 商讯商业经济文荟，2005，(3)：17－19.

[97] 商务部. 关于印发《电子商务“十三五”发展规划》的通知 [EB/OL]. [2016－12－29]. http：//www. mofcom. gov. cn/article/b/d/201612/20161202425267. shtml.

[98] 邵腾伟，吕秀梅. 基于消费者主权的生鲜电商消费体验设置 [J]. 中国管理科学，2018，26 (8)：118－126.

[99] 邵一明，刘梦茹，孔婧杰. 网络口碑方向和来源可信度对消费者购买意向影响研究 [J]. 商业经济研究，2015，(25)：70－72.

[100] 沈鹏熠，范秀成. 在线零售企业社会责任行为与消费者响应——基于中国背景的调节效应模型 [J]. 中国软科学，2016，(03)：96－106.

[101] 石志红. 全渠道零售视角：传统零售企业渠道整合水平研究 [J]. 商业经济研究，2018，(10)：36－39.

[102] 史小娜. 负面网络口碑对大学生购买意愿影响的实证研究 [D]. 重庆大学，2012.

[103] 宋亚非，王秀芹. 负面口碑对购买意愿的影响分析——基于传统口碑与网络口碑的对比 [J]. 财经问题研究，2011，(12)：22－27.

[104] 宋艳. 实体零售商线上线下营销渠道整合的现状、阻碍及突破 [J]. 价格月刊，2018，(6)：87－91.

[105] 孙保营，魏晴. “流动的集合体”：虚拟社群人际交往及其互惠行为研究 [J]. 新闻爱好者，2019，(9)：16－20.

[106] 孙琛，邢华林. 鲜活农产品流通渠道演变与交易成本关系的研究——以鲜活水产品为例 [J]. 广东农业科学，2013，40 (14)：216－219.

[107] 孙春华，刘业政. 网络口碑对消费者信息有用性感知的影响 [J]. 情报杂志，2009，(10)：51－54.

[108] 孙菲. 多渠道零售商线上线下营销协同研究 [J]. 新教育时代：电子杂志，2016，(1)：193－194.

［109］孙建成，高树山. 以增值为核心的渠道变革策略［J］. 成功营销，2003，(1)：64－68.

［110］孙剑. 农户为中心的农产品营销渠道整合研究［D］. 华中农业大学，2009.

［111］孙涛. H 品牌奶粉山东市场营销渠道整合策略研究［D］. 山东大学，2017.

［112］孙永波，李霞，孙娇娇. 消费者购物渠道选择行为述评［J］. 首都经济贸易大学学报，2017，19（6）：95－100.

［113］腾讯营销洞察&Boston Consulting Group. 2020 中国“社交零售”白皮书［EB/OL］.［2020－2－11］. http：//www. 199it. com/archives/1003650. html.

［114］涂剑波. 电子商务平台用户购买意愿的影响因素研究［J］. 管理观察，2015，(2)：169－170.

［115］汪涛，李燕萍. 虚拟社区中推荐者特征对推荐效果的影响［J］. 商业经济与管理，2007，(12)：50－55.

［116］汪旭晖，张其林. 多渠道零售商线上线下营销协同研究——以苏宁为例［J］. 商业经济与管理，2013，(09)：37－47.

［117］王高媛. 山西特色农产品流通渠道运行水平评价研究［D］. 太原科技大学，2017.

［118］王海波. 我国零售业态演化的研究［D］. 北京交通大学，2016.

［119］王虹，孙玉玲，石岿然. 全渠道零售研究述评与展望［J］. 商业经济研究，2018，(24)：10－12.

［120］王建刚. 快速消费品行业分销渠道整合趋势［J］. 企业活力，2002，(2)：36－37.

［121］王俊秀. 虚拟与现实——网络虚拟社区的构成［J］. 青年研究，2008，(01)：37－45.

［122］王可山. 网购食品消费者选择行为的影响因素［J］. 中国流通经济，

2020，(1)：74 –82.

［123］王长军，王葛格，邓欣蕾. 考虑产品体验性和渠道整合的实物型产品O2O 演化仿真研究［J］. 预测，2018，37（3）：75 –80.

［124］王志辉. 网络口碑对农产品网购意愿影响的实证研究——基于多省份调研数据与结构方程模型［J］. 世界农业，2017，(11)：243 –249.

［125］王紫穗，程艳霞. 基于信息传播视角的在线评论有用性影响因素研究［J］. 现代商贸工业，2020，41（05）：80 –82.

［126］魏浩，胡万亮. 国外生鲜农产品电子商务运营模式浅析［J］. 金田，2015，(9)：416 –416.

［127］吴金典. SNS 环境中社区交互对消费者网络团购意愿的影响研究［D］. 中南大学，2012.

［128］吴锦峰，常亚平，侯德林. 多渠道整合对零售商权益的影响：基于线上与线下的视角［J］. 南开管理评论，2016，19（2）：170 –181.

［129］吴梦丽. 网络互动对微信团购社群购买意愿的影响［J］. 合作经济与科技，2020，(01)：78 –82.

［130］吴明隆. SPSS 统计应用实务——问卷分析与应用统计［M］. 北京：科学出版社，2003：40 –58.

［131］吴明隆. 结构方程模型——AMOS 操作与应用［M］. 重庆：重庆大学出版社，2009：31 –63.

［132］吴燮坤. Y 公司生鲜电商物流配送业务优化［J］. 物流工程与管理，2017，39（10）：91 –93.

［133］夏春玉. 现代商品流通：理论与政策［M］. 大连：东北财经大学出版社，1998：102.

［134］徐美燕. 消费者交互对消费者信任及购买意愿的影响研究［D］. 北京交通大学，2018.

［135］徐万里，钱锡红，孙海法. 动态能力、微观能动主体与组织能力提升［J］. 经济管理，2009，31（03）：167 –172.

［136］徐文默．新型城镇化进程中我国零售业态变迁研究［D］．首都经济贸易大学，2015.

［137］薛建儒，郑南宁，钟小品，等．视感知激励——多视觉线索集成的贝叶斯方法与应用［J］．科学通报，2008，53（2）：172－182.

［138］薛小云．网络营销环境下影响顾客忠诚的因素及提升途径和策略［J］．现代商贸工业，2018，（29）：54－55.

［139］阎俊，蒋音波，常亚平．网络口碑动机与口碑行为的关系研究［J］．管理评论，2011，（12）：84－91.

［140］杨丽华，董凌宏，梁含悦．跨境电商企业网络营销渠道整合的影响因素研究——基于 BOSSGOO300 家企业的调查分析［J］．特区经济，2018，（11）：94－98.

［141］杨萌柯，周晓光．“互联网＋”背景下快递末端协同配送模式的构建［J］．北京邮电大学学报（社会科学版），2015，17（06）：45－50＋57.

［142］杨攀．正面网络口碑对消费者行为意愿的影响研究［D］．华南理工大学，2013.

［143］杨瑞．基于关键事件法的虚拟品牌社群顾客间互动行为研究［J］．软科学，2017，31（03）：120－124.

［144］杨晓鹏，艾时钟．信息不对称调节下网站质量对购买意愿影响的实证研究［J］．情报科学，2015，（10）：87－92.

［145］杨宜苗，郭岩．零售企业成长模式研究：一个理论框架——基于苏宁电器、大商集团和百联集团的成长案例分析［J］．财贸经济，2013，（7）：87－94.

［146］姚斌．生鲜农产品 O2O 运作模式的研究［D］．浙江工业大学，2015.

［147］殷红，邵兵家．我国零售业上市公司线上线下渠道整合现状分析［J］．商业时代，2013，（25）：19－20.

［148］殷红．我国零售业上市公司线上线下渠道整合水平及其影响因素研究［D］．重庆大学，2013.

［149］殷红．我国零售业上市公司线上线下渠道整合现状分析［J］．商业时

代，2013，(25)：19 – 20.

[150] 鱼明. 网上零售和传统商业模式的整合战略研究 [J]. 商场现代化，2008，(36)：2 – 3.

[151] 张凤海. 动态能力对新企业绩效的影响机理研究 [D]. 大连理工大学，2013.

[152] 张庚淼，陈宝胜，陈金贤. 营销渠道整合研究 [J]. 西安交通大学学报（社会科学版），2002，(4)：45 – 48.

[153] 张广玲，刘晨晨，王辉等. 制度压力与跨渠道整合程度关系研究：企业能力的调节作用 [J]. 营销科学学报，2017，13 (02)：107 – 126.

[154] 张红宇. 网络口碑对消费者在线行为的影响研究 [J]. 管理世界. 2014，(03)：178 – 179.

[155] 张欢，蒋雅文. 消费者网络购物行为决策影响因素实证分析——基于修正的 TAM 模型 [J]. 商业经济研究，2016 (14)：36 – 38.

[156] 张沛然，黄蕾，卢向华等. 互联网环境下的多渠道管理研究——一个综述 [J]. 经济管理，2017，39 (01)：134 – 146.

[157] 张武康，郭立宏. 多渠道零售研究述评与展望 [J]. 中国流通经济，2014，28 (2)：88 – 96.

[158] 张晓飞，董大海. 网络口碑传播机制研究述评 [J]. 管理评论. 2011，(2)：88 – 92.

[159] 张晓雯，陈岩. 社会化电子商务环境下消费者购买意愿的影响因素研究 [J]. 现代商业，2015，(22)：70 – 75.

[160] 张永清. 从交易成本看连锁经营的发展 [J]. 改革与战略，1996，(3)：45 – 47.

[161] 张振刚，尚钰，李云健，等. 共创体验视角下虚拟社区环境对价值共创行为的影响 [J]. 企业经济，2020，(01)：12 – 18.

[162] 张振宇，管锡展. 企业营销渠道的交易治理分析 [J]. 世界经济情况，2005，(3)：13 – 17.

［163］张中科，王春和．负面口碑信息对消费者品牌转换的影响研究［J］．市场营销导刊，2009，（2）：55－58．

［164］赵昌旭．从交易成本经济学的角度分析钢铁企业营销渠道的构建［J］．中国物流与采购，2004，（9）：32－36．

［165］赵承．基于动态能力竞争战略的学习型组织［J］．现代情报，2004，24（11）：15－17．

［166］赵宏霞，王新海，周宝刚．B2C 网络购物中在线互动及临场感与消费者信任研究［J］．管理评论，2015，27（02）：43－54．

［167］赵景林，赵红．虚拟品牌社区社会资本、品牌关系质量和消费者创新能力的关系研究［J］．科学学与科学技术管理，2019，40（08）：71－86．

［168］郑红明，叶新仪，郑丹薇，等．生鲜电商 020 模式发展研究［J］．合作经济与科技，2018，（10）：96－100．

［169］中国互联网络信息中心．《2015 年中国网络购物市场研究报告》［EB/OL］．［2016－6－22］．http：//www. cnnic. cn/hlwfzyj/hlwxzbg/dzswbg/201606/t20160622_ 54248. htm．

［170］中国互联网络信息中心．第 44 次《中国互联网络发展状况统计报告》［EB/OL］．［2019－8－30］．http：//www. cac. gov. cn/2019－08/30/c_1124938750. htm．

［171］周飞，冉茂刚，沙振权．多渠道整合对跨渠道顾客保留行为的影响机制研究［J］．管理评论，2017，29（3）：176－185．

［172］周飞，郑洁仪，沙振权．基于渠道协同视角的企业多渠道管理研究综述［J］．华侨大学学报（哲学社会科学版），2017，（5）：51－62．

［173］周加来．流通领域的交易成本问题［J］．财贸经济，1996，（5）：51－53．

［174］周军杰．社会化商务背景下的用户黏性：用户互动的间接影响及调节作用［J］．管理评论，2015，27（7）：127－136．

［175］周梅华．在线评论对消费者购买意向的影响——心理距离的中介作用

[J]. 软科学. 2015, 29 (01): 101 – 109.

[176] 周燕, 商平平. B2C 网络平台在线评论对消费者购买决策的影响 [J]. 商业经济研究, 2018 (22): 66 – 68.

[177] 朱东红. 网络社区交互对消费者购买意愿的影响 [D]. 华中科技大学, 2012.

[178] 朱玲梅, 钱晴晴. 虚拟社区中成员参与的影响机制研究 [J]. 科技管理研究, 2015, 35 (06): 107 – 111.

[179] 朱湘晖, 胡雄鹰, 张宗祥. 生鲜电子商务物流配送模式的比较 [J]. 物流技术, 2015, 34 (03): 17 – 19 + 22.

[180] 朱怡怡, 鲁成. 移动购物 App 网络口碑对消费者购买意愿的影响 [J]. 上海工程技术大学学报, 2019, 33 (01): 80 – 85.

[181] 庄贵军, 邓琪, 卢亭宇. 跨渠道整合的研究述评: 内涵、维度与理论框架 [J]. 商业经济与管理, 2019 (12): 30 – 41.

[182] 左文明. 社会化电子商务环境下基于社会资本的网络口碑与购买意向关系 [J]. 南开管理评论, 2014, 36 (03): 151 – 157.

[183] Afuah, A., C. L. Tuccicl. *Internet Business Model and Strategies: Text and Cases* [M]. Washington: MCGRAW – HILL/ IRWIN, 2001.

[184] Akbar, S., P. James. Consumers´Attitude Towards Online Shopping Factors Influencing Employees of Crazy Domains to Shop Online [J]. *Journal of Management and Marketing Research*, 2014, (14).

[185] Akwei, C. A. The Process of Creating Dynamic Capabilities [D]. Loughborough: Loughborough University, 2007.

[186] Arend, R. J., P. Bromiley. Assessing the Dynamic Capabilities View: Spare Change, Everyone [J]. *Strategic Organization*, 2009, 7 (1): 75 – 90.

[187] Arndt, J. Role of Product – Related Conversations in the Diffusion of a New Product [J]. *Journal of Marketing Research*, 1967, 4 (3): 91 – 95.

[188] Augier, M., D. J. Teece. Dynamic Capabilities and Multinational Enter-

prise: Petrosian Insights and Omissions [J]. *Management International Review*, 2007, 47 (2): 175 - 192.

[189] Avery, J., T. J. Steenburgh, J. Deighton, et al. Adding Bricks to Clicks: Predicting the Patterns of Cross - Channel Elasticities over Time [J]. *Social Science Electronic Publishing*, 2013, 76 (3): 96 - 111.

[190] Bagozzi, R. P. Marketing as Exchange [J]. *Journal of Marketing*, 1975, 39 (4): 32 - 39.

[191] Bansal, H. S., P. A. Voyer. Word - of - Mouth Processes Within a Services Purchase Decision Context [J]. *Journal of Service Research*, 2000, 3 (2): 166 - 167.

[192] Barnatt, C. Virtual Communities and Financial Services - on - line Business Potentials and Strategic Choice [J]. *International Journal of Bank Marketing*, 1998, 16 (4): 161 - 169.

[193] Baron, R. A., M. D. Ensley. Opportunity Recognition as the Detection of Meaningful Patterns: Evidence from Comparisons of Novice and Experienced Entrepreneurs [J]. *Management Science*, 2006, 52 (9): 1331 - 1344.

[194] Bernon, M., J. Cullen, J. Gorst. Online Retail Returns Management: Integration Within an Omni - Channel Distribution Context [J]. *International Journal of Physical Distribution & Logs Management*, 2016, 46 (6/7): 584 - 605.

[195] Barreto, I. Dynamic Capabilities: A Review of Past Research and an Agenda for the Future [J]. *Journal of Management*, 2010, 36 (1): 256 - 280.

[196] Beck, N., D. Rygl. Categorization of Multiple Channel Retailing in Multi -, Cross -, and Omni - Channel Retailing for Retailers and Retailing [J]. *Journal of Retailing and Consumer Services*, 2015, 27 (12): 170 - 178.

[197] Bendoly, E., T. Schoenherr. ERP System and Implementation - Process Benefits: Implications for B2B E - Procurement [J]. *International Journal of Operations & Production Management*, 2005, 25 (4): 304 - 319.

[198] Berman, B. , S. Thelen. A Guide to Developing and Managing a Well – Integrated Multi – Channel Retail Strategy [J]. *International Journal of Retail & Distribution Management*, 2004, 32 (3): 147 – 156.

[199] Bernd, S. G. Global Word of Mouth Service Bashing on the Internet is a Thorny Issue [J]. *Marketing Management*, 2015, 59 (2): 56 – 61.

[200] Bhattacherjee, A. , C. Sanford. Influence Processes for Information Technology Acceptance: An Elaboration Likelihood Model [J]. *Mis Quarterly*, 2006, 30 (4): 805 – 825.

[201] Blanchard, A. L. , M. L. Markus. *Sense of Virtual Community – Maintaining the Experience of Belonging* [C]. *Proceedings of the 35th Annual Hawaii International Conference on System Sciences*, 2002: 3566 – 3575.

[202] Bloch, P. H. , D. L. Sherrell. Consumer Search: An Extended Framework [J]. *Journal of Consumer Research*, 1986, 13 (1): 119 – 126.

[203] Borenstein, S. On the Efficiency of Competitive Markets for Operating Licenses [J]. *Quarterly Journal of Economics*, 1988, 103 (2): 357 – 385.

[204] Bosnjak, M. , M. Galesic, T. Tuten. Personality Determinants of Online Shopping: Explaining Online Purchase Intentions Using a Hierarchical Approach [J]. *Journal of Business Research*, 2007, 60 (6): 597 – 605.

[205] Bowman, C. , V. Ambrosini. How the Resource – based and the Dynamic Capability Views of the Firm Inform Corporate – Level Strategy [J]. *British Journal of the Management*, 2014, 50 (3): 55 – 73.

[206] Briel, V. F. The Future of Omnichannel Retail: A Four – stage Delphi Study [J]. *Technological Forecasting & Social Change*, 2018, 132: 217 – 229.

[207] Brooks. Word – of – Month Advertising in Selling New Products [J]. *Journal of Marketing*, 1957, 22 (2): 154 – 161.

[208] Brown, J. , P. H. Reingen. Social Ties and Word – of – mouth Referral Behavior [J]. *Journal of Consumer Research*, 1987, 14 (3): 350 – 362.

[209] Cao, L., L. Li. The Impact of Cross - Channel Integration on Retailers' Sales Growth [J]. *Journal of Retailing*, 2015.

[210] Cao, L., L. Li. Determinants of Retailers'Cross - Channel Integration: An Innovation Diffusion Perspective on Omni - Channel Retailing [J]. *Journal of Interactive Marketing*, 2018, 44: 1 - 16.

[211] Casalo, L. V., C. Flavian, M. Guinaliu. Determinants of the Intention to Participate in Firm - Hosted Online Travel Communities and Effects on Consumer Behavioral Intentions [J]. *Tourism Management*, 2010, 31 (6): 898 - 911.

[212] Chan, T. K. H., X. Zheng, C. M. K. Cheung, et al. Antecedents and Consequences of Customer Engagement in Online Brand Communities [J]. *Journal of Marketing Analytics*, 2014, 2 (2): 81 - 97.

[213] Chang, D. Y. Applications of the Extent Analysis Method on Fuzzy AHP [J]. *European Journal of Operational Research*, 1996, 95 (3): 649 - 655.

[214] Chang, Y. P., D. H. Zhu. Understanding Social Networking Sites Adoption in China: A Comparison of Pre - Adoption and Post - Adoption [J]. *Computers in Human Behavior*, 2011, 27 (5): 1840 - 1848.

[215] Chatteijee, P. Online Reviews: Do Consumers Use Them [J]. *Advances in Consumer Research*, 2001, 28: 129 - 139.

[216] Chen, Y. S., C. L. Lin, C. H. Chang. The Influence of Greenwash on Green Word - of - Mouth (Green WOM): The Mediation Effects of Green Perceived Quality and Green Satisfaction [J]. *Quality Quantity*, 2014, 48 (5): 2411 - 2425.

[217] Cheung, C. M. K., M. K. OLee, N. Rabjohn. The Impact of Electronic Word - of - Mouth: The Adoption of Online in Customer Communities [J]. *Internet Research*, 2008, 18 (3): 229 - 247.

[218] Chevalier, J. A., D. Mayzlin. The Effect of Word - of - Mouth on Sales: Online Book Reviews [J]. *National Bureau of Economic Research*, 2000, 17 (2): 57 - 60.

[219] Chiu, H. C., Y. C. Hsieh, J. Roan, et al. The Challenge for Multichannel Services: Cross - Channel Free - Riding Behavior [J]. *Electronic Commerce Research and Applications*, 2011, 10 (2): 268 - 277.

[220] Choi, K., K. A. Toh, H. Byun. Incremental Face Recognition for Large - scale Social Network Services [J]. *Pattern Recognition*, 2012, 45 (8): 2868 - 2883.

[221] Christiansen, T., S. S. Tax. Measuring Word of Mouth: The Questions of Who and When? [J]. *Journal of Marketing Communication*, 2000, 6 (3): 185 - 199.

[222] Christy, M. K., Cheung. The Impact of Electronic Word - of - Mouth Communication Literature Analysis [J]. *Decision Support Systems*. 2012, 54: 461 - 470.

[223] Coelho, F., C. Easingwood, A. Coelho. Exploratory Evidence of Channel Performance in Single vs Multiple Channel Strategies [J]. *International Journal of Retail and Distribution Management*, 2005, 33 (11), 561 - 703.

[224] Collins, N. Multichannel Retailing: Profiling the Multichannel Shopper [J]. *The International Review of Retail Distribution and Consumer Research*, 2007, (2): 139 - 158.

[225] Cook, G. Customer Experience in the Omni - channel World and the Challenges and Opportunities this Presents [J]. *Journal of Direct, Data and Digital Marketing Practice*, 2014, 15 (4): 262 - 266.

[226] Darrell, R. Marketing: The Future of Shopping [J]. *Harvard Business Review*, 2011, 89 (12).

[227] Davis, A., D. Khazanchi. An Empirical Study of Online Word of Mouth as a Predictor for Multi - Product Category - commerce Sales [J]. *Electronic Marketers*, 2008 (2): 130 - 141.

[228] Davis, F. D., R. P. Bagozzi, P. R. Warshaw. User Acceptance of Computer Technology: A Comparison of Two Theoretical Models [J]. *Management Science*,

1989, 35 (8): 982 - 1003.

[229] Davis, F. D. Perceived Usefulness, Perceived Ease of Use and User Acceptance of Information Technology [J]. *Mis Quarterly*, 1989, 13 (3): 319 - 340.

[230] DeFleur, M. L. *Theories of Mass Communication* [M]. New York: David McKay Company Inc, 1996: 44 - 56.

[231] Dellarocas, C. N. The Digitization of Word - of - mouth: Promise and Challenges of Online Feedback Mechanisms [J]. *Management Science*, 2003, 49 (10): 1407 - 1424.

[232] Dennis, H., B. Jochen, S. Marcus, et al. Integrating Bricks with Clicks: Retailer - Level and Channel - Level Outcomes of Online - Offline Channel Integration [J]. *Journal of Retailing*, 2015, 91 (2).

[233] Dodds, B. William. An Experimental Investigation the Effects of Price, Brand and Store Information on the Subjective Evaluation of Products [D]. Virginia: Virginia Tech University, 1985.

[234] Doh, S. J., J. S. Hwang. How Consumers Evaluate eWOM (Electronic Word - of - mouth) Messages [J]. *Cyberpsychology & Behavior*, 2009, 12 (2): 193 - 197.

[235] Drnevich, P. L., A. P. Kriauciunas. Clarifying the Conditions and Limits of the Contributions of Ordinary and Dynamic Capabilities to Relative Firm Performance [J]. *Strategic Management Journal*, 2011, 32 (3): 254 - 279.

[236] Eisenhardt, K. M., J. A. Martin. Dynamic Capabilities: What are they? [J]. *Strategic Management Journal*, 2000, 21 (10/11): 1105 - 1121.

[237] Fang, X, G. Salvendy. Customer - Centered Rules for Design of E - Commerce Website [J]. *Communications of the ACM*, 2003, 46 (12): 332 - 336.

[238] Fishbein, M., Ajzenl. Belief, Attitude, Intention, and Behavior: An Introduction to Theory and Research [J]. *Addison Wesley Reading*, 1975 (8): 578 - 592.

[239] Flynn, L. R., R. E. Goldsmith. Validation of the Goldsmith and Hofacker Innovation Veness Seale [J]. *Educational and Psychological Measurement*, 1993, 53: 1105 - 1116.

[240] Galunic, D. C., K. M. Eisenhardt. Architectural Innovation and Modular Corporate Forms [J]. *Academy of Mangement Journal*, 2001, 44 (6): 1229 - 1249.

[241] Garbarino, E., M. Strahilevitz. Gender Differences in the Perceived Risk of Buying Online and the Effects of Receiving a Site Recommendation [J]. *Journal of Business Research*, 2004, 57 (7): 768 - 775.

[242] Gefen, D., D. W. Straub. The Relative Importance of Perceived Ease of Use in IS Adoption: A Study of E - Commerce Adoption [J]. *AIS Educator Journal*, 2000, 1 (8): 11 - 30.

[243] Gefen, D., K. D. W. Straub. Trust and TAM in Online Shopping: An Integrated Model [J]. *Mis Quarterly*, 2003, 27 (1): 51 - 90.

[244] Gelb, B., M. Jolmson. Word - of - Mouth Communication: Causes and Consequences [J]. *Journal of health Care Marketing*, 1995, 15 (3): 54 - 58.

[245] Gilly, M. C., J. L. Graham. A Dyadic Study of Interpersonal Information Search [J]. *Journal of the Academy of Marketing Science*, 2010, 26 (2): 83 - 100.

[246] Godes, M. Dousing Online Conversation to Study Word of Mouth Communication [J]. *Marketing Science*, 2004, (4): 545 - 560.

[247] Hagel, J. Net Gain: Expanding Markets Through Virtual Communities [J]. *Journal of Interactive Marketing*, 1999, 13 (1): 55 - 65.

[248] Hanson, W. A. *Principles of Internet Marketing* [M]. Ohio: South Western College Publishing, 2000.

[249] Hasan, B. Exploring Gender Differences in Online Shopping Attitude [J]. *Computers in Human Behavior*, 2010, 26 (4): 597 - 601.

[250] Helfat, C., M. Peteraf. The Dynamic Resource - Based View: Capability Lifecycles [J]. *Strategic Management Journal*, 2003, 24 (10): 997 - 1010.

[251] Henderson, R. M., I. Cockbum. Measuring Competence Exploring Firm Effects in Pharmaceutical Research [J]. *Strategic Management Journal*, 1994, 15 (Winter Special Issue): 63 -84.

[252] Hernandez, B., J. Jimenez, M. J. Martin. Future Use Intentions Versus Intensity of Use: An Analysis of Corporate Technology Acceptance [J]. *Industrial Marketing Management*, 2009, 38 (3): 338 -354.

[253] Hoffman, D. L., T. P. Novak, M. Peralta. Building Consumer Trust Online [J]. *Communications of the ACM*, 1999, 42 (4): 80 -85.

[254] Hong, I. B., H. Cho. The Impact of Consumer Trust on Attitudinal Loyalty and Purchase Intentions in B2C E - Marketplaces: Intermediary Trust vs Seller Trust [J]. *International Journal of Information Management*, 2011, 31 (5): 470 -479.

[255] Hui, T. K., D. Wan. Factors Affecting Internet Shopping Behaviour in Singapore: Gender and Educational Issues [J]. *International Journal of Consumer Studies*, 2007, 31 (3): 310 -316.

[256] Herhausen, D., J. Binder, M. Schoegel, et al. Integrating Bricks with Clicks: Retailer - Level and Channel - Level Outcomes of Online - Offline Channel Integration [J]. *Journal of Retailing*, 2015, 91 (2): 309 -325.

[257] Jacoby, J., L. B. Kaplan. *The Components of Perceived Risk* [M]. Chicago: Venkatesan Proceedings 3rd Annual Conference, Assocaition for Consumer Research, 1973.

[258] Jarvenpaa, S. L., P. A. Todd. Consumer Reactions to Electronic Shopping on the World Wide International [J]. *Journal of Electronic Commerce*, 1997, 1 (2): 59 -85.

[259] Jarvenpaa, Tractinsky. Using Online Conversations to Study Word - of - Mouth Communication [J]. *Marketing Science*, 1999, 23 (4): 67 -72.

[260] Jin, B. K. An Empirical Study on Consumer First Purchase Intention in Online Shopping: Integrating Initial Trust and TAM [J]. *Electronic Commerce Research*,

2012, 12 (2): 125 - 150.

[261] Kakkos, N. P. Trivellas, L. Sdrolias. Identifying Drivers of Purchase Intention for Private Label Brands. Preliminary Evidence from Greek Consumers [J]. *Procedia Social & Behavioral Sciences*, 2015, 175 (12): 522 - 528.

[262] Kristiina, K., J. Parkkinen. Signs of Trust: A Semiotic Study of Trust Formation in the Web [J]. *The Web in*, 2001.

[263] Khalifa, M., V. Liu. Online Consumer Retention: Contingent Effects of Online Shopping Habit and Online Shopping Experience [J]. *European Journal of Information Systems*, 2007, 16 (6): 780 - 792.

[264] Kilbourne, W., S. Weeks. A Socio - economic Perspective on Gender Bias in Technology [J]. *Journal of Socio - Economics*, 1997, 26 (3): 243 - 260.

[265] Kim, S., G. Garrison. Understanding Users´Behaviors Regarding Supply Chain Technology: Determinants Impacting the Adoption and Implementation of RFID Technology in South Korea [J]. *International Journal of Information Management*, 2010, 30 (5): 388 - 398.

[266] King, A. A., C. L. Tucci. Incumbent Entry into New Mark - et Niches: The Role of Experience and Managerial Choice in the Creation of Dynamic Capabilities [J]. *Management Science*, 2002, 48 (2): 171 - 186.

[267] Kogut, B., U. Zander. Knowledge of the Firm, Combinative Capabilities, and Capabilities, the Replication of Technology [J]. *Organization Science*, 1992, 3 (3): 383 - 397.

[268] Kowatsch, T., W. Maass. In - store Consumer Behavior: How Mobile Recommendation Agents Influence Usage Intentions, Product Purchases, and Store Preferences [J]. *Computers in Human Behavior*, 2010, 26 (4): 697 - 704.

[269] Kraatz, M. S., E. J. Zajac. How Organizational Resources Affect Strategic Change and Performance in Turbulent Environments: Theory and Evidence [J]. *Organization Science*, 2001, 12 (5): 632 - 657.

[270] Krugman, H. E. The Impact of Television Advertising: Learning without Involvement [J]. *Public Opinion Quarterly*, 1965, 29 (3): 349 -356.

[271] Laaksonen, O., M. Peltoniemi. The Essence of Dynamic Capabilities and Their Measurement [J]. *Social Science Electronic Publishing*, 2018.

[272] Lacey, R. Relationship Drivers of Customer Commitment [J]. *Journal of Marketing Theory and Practice*, 2007, 15 (4): 315 -333.

[273] Lasswell, H. *The Structure and Function of Communication in Society* [M]. New York: Harper and Row, 1948: 37 -51.

[274] Lazonick, W., A. Prencipe. Dynamic Capabilities and Sustained Innovation: Strategic Control and Financial Commitment at Rolls - Royce Plc [J]. *Industrial & Corporate Change*, 2005, volume 14 (3): 501 -542.

[275] Leat, P., Revoredo - Giha, Cesar. Risk and Resilience in Agri - Food Supply Chains: The Case of the ASDA PorkLink Supply Chain in Scotland [J]. *Supply Chain Management: An International Journal*, 2013, 18 (2): 219 -231.

[276] Lee, H. H., J. Kim. Investigating Dimensionality of Multichannel Retailer ′s Cross - Channel Integration Practices and Effectiveness: Shopping Orientation and Loyalty Intention [J]. *Journal of Marketing Channels*, 2010, 17 (4): 281 -312.

[277] Leonard, D. A. Core Capabilities and Core Rigidities: A Paradox in Managing New Product Development [J]. *Strategic Management Journal*, 1992, 13 (S1): 111 -125.

[278] Levinthal, D., C. Ocasio. Dynamic Capabilities and Adaptation. DRUID Debates [EB/OL]. http: //www. druid. dk/streaming/ds2007/onsdag/msh. htm.

[279] Lin, H. F. An Application of Fuzzy AHP for Evaluating Course Website Quality [J]. *Computers & Education*, 2010, 54 (4): 877 -888.

[280] Liu, Y. Word of Mouth for Movies: Its Dynamics and Impact on Box Office Revenue [J]. *Journal of Marketing*, 2006, 70 (3): 74 -89.

[281] Lopez - Nicolas, C., F. J. Molina - Castillo. Customer Knowledge Man-

agement and E - Commerce: The Role of Customer Perceived Risk [J]. *International Journal of Information Management*, 2008, 28 (2): 102 - 113.

[282] Lurie, N. H., C. Mason. Visual Representation: Implications for Decision Making [J]. *Journal of Marketing*, 2007, (71): 160 - 177.

[283] Malte, B., E. Andreas, M. Thomas. Forward Channel Integration and Performance: An Application of Transaction Cost Economics and the Misalignment Concept [J]. *Journal of Marketing Management*, 2010, 27 (1 - 2).

[284] Manuel, J. Sanchez - Franco. Exploring the Influence of Gender on the Web Usage via Partial Least Squares [J]. *Information Technology*, 2006, 25 (1): 23 - 28.

[285] Marta, F., D. John, C. Haydeé, et al. Integrating Embeddedness with Dynamic Capabilities in the Internationalism of Fashion Retailers [J]. *International Business Review*, 2018.

[286] Mauldin, E., V. Arunachalam. An Experimental Examination of Alternative Forms of Web Assurance for Business - to - Consumer E - Commerce [J]. *Journal of Information Systems*, 2002, 16 (s - 1): 33 - 54.

[287] Mayer, R. C., J. H. Davis, F. D. Schoorman. An Integrative Model of Organizational Trust [J]. *Academy of Management Review*, 1995, 20 (3): 709 - 734.

[288] Mckelvie, A., P. Davidsson. From Resource Base to Dynamic Capabilities: An Investigation of New Firms [J]. *British Journal of Management*, 2009, 20 (s1): 63 - 80.

[289] McKnight, D. H., N. L. Chervany. What Trust Means in E - Commerce Customer Relationships: An Interdisciplinary Conceptual Typology [J]. *International Journal of Electronic Commerce*, 2001, 6 (2): 35 - 59.

[290] McKnight, D. H., V. Choudhury, C. Kacamar. The Impact of Initial Consumer, Trust on Intentions Transact with a Web Site: A trust Building Model [J]. *Journal of Strategic Information systems*, 2002, 11 (3 - 4): 297 - 323.

[291] Mitchell, A., P. A. Dacin. The Assessment of Alternative Measures of Consumer Expertise [J]. *Journal of Consumer Research*, 1996, 23: 219 - 239.

[292] Miyazaki, D. Anthony, Fernandez, et al. Consumer Perceptions of Privacy and Security Risks for Online Shopping [J]. *Journal of Consumer Affairs*, 2001, 35 (1): 2745.

[293] Montoya - Weiss, M., G. B. Voss, D. Grewal. Determinants of Online Channel Use and Overall Satisfaction with a Relational, Multichannel Service Provider [J]. *Journal of the Academy of Marketing Science*, 2003, 31 (4): 448 - 458.

[294] Mudamb, S. M., D. Schuff. What Makes a Helpful On - line Review a Study of Customer Reviews on Amazon [J]. *MIS Quarterly*, 2010, 34 (1): 185 - 200.

[295] Mullet, G. M., Karson. Analysis of Purchase Intent Scales Weighted by Probability of Actual Purchase [J]. *Journal of Marketing Research*, 1985 (2): 35 - 42.

[296] Newman, P. J. An Investigation of Consumer Reactions to Negative Word - of - Mouth Internet [D]. Urbana: University Of Illinois, 2003.

[297] Okhuysen, G. A., K. M. Eisenhardt. Integrating Knowledge in Groups: How Formal Interventions Enable Flexibility [J]. *Organization Science*, 2002, 13 (4): 370 - 386.

[298] Otto, J., Q. Chung. A Framework for Cyber - Enhanced Retailing: Integrating E - Commerce Retailing with Brick and Mortar Retailing [J]. *Electronic Markets*, 2000, 10 (4): 185 - 191.

[299] Park, D. H., I. Lee. The Erect of Online Consumer Reviews on Consumer Purchasing Intention: The Moderating Role of Involvement [J]. *International Journal of Electronic Commerce*, 2007, 11 (4): 125 - 148.

[300] Pavlou, P. A. Consumer Acceptance of Electronic Commerce: Integrating Trust and Risk with the Technology Acceptance Model [J]. *International Journal of E-*

lectronic Commerce, 2003, 7 (3): 101 –134.

[301] Pavlou, P. A., O. A. E. Sawy. Understanding the Elusive Black Box of Dynamic Capabilities [J]. *Decision Sciences*, 2011, 42 (1): 239 –273.

[302] Pentina, I., R. W. Hasty. Effects of Multichannel Coordination and E – Commerce Outsourcing on Online Retail Performance [J]. *Journal of Marketing Channels*, 2009, 16 (4): 359 –374.

[303] Pinho, J. C., C. Prange. The Effect of Social Networks and Dynamic Internationalization Capabilities on International Performance [J]. *Journal of World Business*, 2016, 51 (3): 391 –403.

[304] Piotr, W. Exploring Links between Dynamic Capabilities Perspective and Resource – Based View: A Literature Overview [J]. *International Journal of Management and Economics*, 2015, 45 (1).

[305] Ponis, S., E. Koronis. Supply Chain Resilience: Definition of Concept and Its Formative Elements [J]. *Journal of Applied Business Research*, 2012, 28 (5): 921 –930.

[306] Poole, B. How will Agricultural E – Markets Evolve? [C]. *Washington DC: Paper Presented at the USDA Outlook Forum*, 2011.

[307] Pradhana, F, P. Sastiono. *Gender Differences in Online Shopping: Are Men More Shopaholic Online?* [C]. *The 12th International Conference on Business and Management Research. Sciedu Press*, 2019: 231 –245.

[308] Protogerou, A., Y. Caloghirou, S. Lioukas. Dynamic Capabilities and Their Indirect Impact on Firm Performance [J]. *Druid Working Papers*, 2012, 21 (8 –11): 615 –647.

[309] Quinn, R. W., J. E. Dutton. Coordination as Energy – in – Conversation [J]. *Academy of Management Review*, 2005, 30 (1): 36 –57.

[310] Ramsey, E., Y. Fang, I. Qureshi, et al. *Trust, Satisfaction, and Online Re –purchase Intention: The Role of Perceived Effectiveness of E – Commerce Institutional*

Mechanisms Moderating [M]. MISQuarterly (forthcoming), 2014.

[311] Reitzig, M., B. Maciejovsky. Corporate Hierarchy and Vertical Information Flow Inside the Firm—A Behavioral View [J]. *Strategic Management Journal*, 2015, 36 (13): 1979 - 1999.

[312] Rengkung, L. R. Modelling of Dynamic Capabilities: A System Dynamics Approach [J]. *Academy of Strategic Management Journal*, 2018, 17 (5): 1 - 14.

[313] Repenning, N. P., J. D. Sterman. Capability Traps and Self - confirming Attribution Errors in the Dynamics of Process Improvement [J]. *Administrative Science Quarterly*, 2002, 47 (2): 265 - 295.

[314] Rheingold, H. *The Virtual Community: Homesteading on the Electric Frontier* [M]. Harper Perennial, 1993.

[315] Ridings, C. M., D. Gefen, B. Arinze. Some Antecedents and Effects of Trust in Virtual Communities [J]. *Journal of Strategic Information Systems*, 2002, 11 (3 - 4): 271 - 295.

[316] Rigby, D. The Future of Shopping [J]. *Harvard Business Review*, 2011, 89 (12): 65 - 76.

[317] Schramm - Klein, H., G. Wagner, S. Steinmann, et al. Cross - channel Integration - Is It Valued by Customers? [J]. *The International Review of Retail*, Distribution and Consumer Research, 2011, 21 (5): 501 - 511.

[318] Sehubert, P., D. Selz. *Web Assessment - measuring the Effectiveness of Electronic Commerce Sites Going Beyond Traditional Marketing Paradigms* [C]. Hawaii: Proceedings of the 32nd Hawaii international Conference on System Sciences, 1999.

[319] Sertan, K. Choosing the Right Multiple Channel System to Minimize Transaction Costs [J]. *Industrial Marketing Management*, 2011, 40 (5): 763 - 773.

[320] Shankar, V., A. K. Smith, A. Rangaswamy. Customer Satisfaction and Loyalty in Online and Environments [J]. *International Journal of Research in Marketing*, 2013, 46 (2): 121 - 129.

[321] Shannon, C. E., W. A. Weaver. *Mathematical Model of Communication* [M]. Urbana, University of Illinois Press, 1949: 92 –125.

[322] Shaouf, A., K. Lü., X. Li. The Effect of Web Advertising Visual Design on Online Purchase Intention: An Examination Across Gender [J]. *Computers in Human Behavior*, 2016, 60 (7): 622 –634.

[323] Shih, H. P. An Empirical Study on Predicting User Acceptance of E – Shopping on the Web [J]. *Information & Management*, 2004, 41 (3): 351 –368.

[324] Shy, O. Window Shopping [J]. *Social Science Electronic Publishing*, 2013, 6 (1): 5 –6 (2).

[325] Smith, D. N. Trust Me? Would I Steer You Wrong? The Influence of Peer Recommendations Within Virtual Communities [D]. Chicago: University of Illinois, 2002.

[326] Smith, D., S. Menon, K. Sivakumar. Online Peer and Editorial Recommendations, Trust, and Choice in Virtual Markets [D]. Chicago: University of Illinois, 2002.

[327] Sondergaard, H. A., K. G. Grunert, J. Scholderer. Consumer Attitudes to Enzymes in Food Production [J]. *Trends in Food Science Technology*, 2005 (16): 466 –474.

[328] Sousa. Investigating the Drivers of the Innovation in Channel Integration and Supply Chain Performance: A Strategy Orientated Perspective [J]. *International Journal of Production Economics*, 2010, 127 (2): 320 –332.

[329] Steiber, A., S. Al? nge. The Silicon Valley Model Entrepreneurship: What It Really Is, and Why It Must Be Integrated into Management of the Firm [J]. *The Silicon Valley Model: Management for Entrepreneurship*, 2016, 10.

[330] Louis, W., L. W. Stern, A. I. EI – Ansary. *Marketing Channels*, 5*thed* [M]. Upper Saddle River, N J: Prentice – Hall, 1996.

[331] Straub, G. D. W. Gender Differences in the Perception and Use of E –

Mail: An Extension to the Technology Acceptance Model [J]. *MIS Quarterly*, 1997, 21 (4): 389-400.

[332] Susskind, A. M. Electronic Commerce and World Wide Web Apprehensiveness: An Examination of Consumers' Perceptions of the World Wide Web [J]. *Journal of Computer Mediated Communication*, 2004, 9 (3): 12-24.

[333] Teece, D. J. Explicating Dynamic Capabilities: The Nature and Microfoundations of (Sustainable) Enterprise Performance [J]. *Strategic Management Journal*, 2007, 28 (13): 1319-1350.

[334] Teece, D. J. Business Models and Dynamic Capabilities [J]. *Long Range Planning*, 2017: 40-49.

[335] Teece, D. J., G. Pisano, A. Shuen. Dynamic Capabilities and Strategic Management [J]. *Strategic Management Journal*, 1997, 18 (7): 509-533.

[336] Verhoef, P. C., P. K. Kannan, J. J. Inman. From Multi-Channel Retailing to Omni-Channel Retailing [J]. *Journal of Retailing*, 2015, 91 (2): 174-181.

[337] Verhoef, P. C. Multichannel Customer Management Strategy [J]. *Handbook of marketing strategy*, 2012: 135-150.

[338] Wang, C. L., P. K. Ahmed. Dynamic Capabilities: A Review and Research Agenda [J]. *International Journal of Management Reviews*, 2007, 9 (1): 31-51.

[339] Wang, C. L., P. K. Ahmed. The Development and Validation of the Organizational Innovativeness Construct Using Confirmatory Factor Analysis [J]. *European Journal of Innovation Management*, 2004, 7 (4): 303-313.

[340] Wang, H. C., Doong, H. S. Argument Form and Spokesperson Type: The Recommendation Strategy of Virtual Salespersons [J]. *International Journal of Information Management*, 2010, 30 (6): 493-501.

[341] Webb, K. L., C. J. Lambe. Internal Multi-channel Conflict: An Ex-

ploratory Investigation and Conceptual Framework [J]. *Industrial Marketing Management*, 2007, 36 (1): 29 -43.

[342] Weerawardena, J., G. S. Mort, S. Salunke, et al. The Role of the Market Sub - System and the Socio - Technical Sub - System in Innovation and Firm Performance: A Dynamic Capabilities Approach [J]. *Journal of the Academy of Marketing Science*, 2015, 43 (2): 221 -239.

[343] Wei, H., Y. Ran. Male Versus Female: How the Gender of Apologizers Influences Consumer Forgiveness [J]. *Journal of Business Ethics*, 2019, 154 (2): 371 -387.

[344] Westbrook, R. A. Product Consumption—Based Affective Responses and Post Purchase Processes [J]. *Journal of Marketing Research*, 1987, 24 (3): 258 -270.

[345] Williamson, O. E. Transaction Cost Economics [J]. *New York Free Press*, 1995, (4): 25.

[346] Wu, P. F., V. D. H. Hans, N. Korfiatis. The Influences of Negativity and Review Quality on the Helpfulness of Online Reviews [J]. *Social Science Electronic Publishing*, 2014.

[347] Yan, R. Pricing Strategy for Companies with Mixed Online and Traditional Retailing Distribution Markets [J]. *Journal of Product & Brand Management*, 2008, 17 (1): 48 -56.

[348] Yoo, W. S., Y. Lee, J. K. Park. The Role of Interactivity in E - Tailing: Creating Value and Increasing Satisfaction [J]. *Journal of Retailing and Consumer Services*, 2010, 17 (2): 89 -96.

[349] Zahra, S. A., G. George. Absorptive Capacity: A Review, Reconceptualization, and Extension [J]. *Academy of Management Review*, 2002, 27 (2): 185 -203.

[350] Zaichkowsky, J. L. Measuring the Involvement Constructs [J]. *Journal of*

Consumer Research, 1985, (12): 341 -352.

[351] Zheng, J., N. D. Bos, J. Olson, et al. *Trust Without Touch: Jump - Start Trust with Social Chat* [C]. Washington: CHI 01 Extended Abstracts on Human Factors in Computing Systems, 2001: 293 -294.

[352] Zhou, L., L. Dai, D. Zhang. Online Shopping Acceptance Model—A Critical Survey of Consumer Factors in Online Shopping [J]. *Journal of Electronic Commerce Research*, 2007, 8: 41 -61.

[353] Zollo, M., S. G. Winter. Deliberate Learning and the Evolution of Dynamic Capabilities [J]. *Organization Science*, 2002, 13 (3): 339 -351.

[354] Zott, C. Dynamic Capabilities and the Emergence of Inter - industry Differential Firm Performance: Insights from a Simulation Study [J]. *Strategic Management Journal*, 2003, 24 (2): 97 -125.

附　录

附录一

福建省零售企业名称

永辉超市股份有限公司	虎都（中国）服饰有限公司
福州车友软件科技有限公司	厦门见福连锁管理有限公司
安踏体育用品集团有限公司	卡宾服饰（中国）有限公司
鹭燕医药股份有限公司	福建省大丰收餐饮有限公司
新华都购物广场股份有限公司	漳州市恒晟商贸发展有限公司
沃尔玛（福建）商业零售有限公司	福建兴福兴商贸有限公司
福建苏宁易购商贸有限公司	锦江麦德龙现购自运有限公司
三六一度（中国）有限公司	百胜餐饮（福州）有限公司
福建佳客来食品股份有限公司	家乐福商业有限公司
特步（中国）有限公司	福建令狐冲餐饮管理有限公司
达芙妮投资（集团）有限公司	福建百年万嘉超市管理有限公司
贵人鸟股份有限公司	厦门多美味餐饮管理有限公司
福建七匹狼实业股份有限公司	厦门建发国际酒业集团有限公司
中闽百汇零售集团有限公司	福州姑奶奶餐饮管理有限公司
大润发商业有限公司	福建世纪佳源超市有限公司
九牧王股份有限公司	福建宝岛眼镜（连锁）有限公司
利郎（中国）有限公司	福建八马茶业有限公司
厦门夏商百货集团有限公司	厦门元初食品股份有限公司
厦门市天虹商场有限公司	中国普甜食品控股有限公司
福建冠业投资发展有限公司	华祥苑茶业股份有限公司
福建省华莱士食品股份有限公司	福建省醉得意餐饮管理有限公司
金拱门（中国）有限公司	厦门山国饮艺茶业有限公司
天福（开曼）控股有限公司	福建省易太商业运营管理有限公司
厦门金牌厨柜股份有限公司	福州六意企业管理有限公司
福建东百集团股份有限公司	福建华铺实业集团有限公司

附录二

调查问卷

尊敬的先生/女士：

您好！我们是福州大学经济与管理学院课题组，目前正在承担“新阶段福建省零售企业渠道整合策略研究”课题，恳请您在百忙之中填写这份问卷。请您按自己的了解和实际感受填写，回答没有对错之分。本问卷采用匿名方式填写，您的信息将完全保密，仅做学术研究之用，感谢您的支持与帮助！

第一部分 基本信息

1. 您所在的企业全称				
2. 您所在企业的规模	A. 50 人以内	B. 50～300 人	C. 300～1000 人	D. 1000 人以上
3. 您所在企业的年龄	A. 1～3 年	B. 3～10 年	C. 10～20 年	D. 20 年以上

第二部分 问卷主体调研

题项	完全不同意	不同意	一般	同意	完全同意
企业对内部的职能划分较明确	1	2	3	4	5
企业的研发投入较大	1	2	3	4	5
企业的线上线下门店数目超出同行业的平均水平	1	2	3	4	5
企业所处的产品行业变动性较大	1	2	3	4	5
企业某产品的核心技术发展较快	1	2	3	4	5
渠道整合后出现问题的次数较少	1	2	3	4	5

续表

题项	完全不同意	不同意	一般	同意	完全同意
用于渠道规划方面的成本一直都是企业的重要部分之一	1	2	3	4	5
企业的学习创新能力较强	1	2	3	4	5
企业的管理系统、经销网络系统等较完善	1	2	3	4	5
企业与其他企业间的渠道能够保持长期的合作关系	1	2	3	4	5
企业管理层近三年都有良好的渠道规划方案	1	2	3	4	5
企业的整合渠道利用率占总经销渠道的比重较高	1	2	3	4	5
企业有较全面的应对竞争关系时的策略方案	1	2	3	4	5
企业有对渠道整体的方案判断	1	2	3	4	5
企业的市场部门有完善的预测市场变化的方案	1	2	3	4	5
企业可以及时获取消费者的偏好并推出新策略	1	2	3	4	5
企业近三年盈利水平在零售业平均水平之上	1	2	3	4	5
企业近三年消费者满意度在零售业平均水平之上	1	2	3	4	5

再次感谢您的支持!

附录三

生鲜零售 App 中商品网络口碑对消费者购买意愿调查

尊敬的女士/先生：

您好！非常感谢您抽出宝贵时间来填写这份调查问卷，本次调查希望了解生鲜零售 App 用户在网购时，生鲜商品网络口碑对购买意愿的影响情况，问卷仅供学术研究使用，绝不做任何其他用途。谢谢您的支持！

生鲜零售 App：叮咚买菜、美菜、盒马鲜生等。

网络口碑：传统口碑在网络环境下的延伸与拓展。

感知风险：口碑信息接收者对于网络口碑所提及产品的所感到的不确定性以及不利后果的可能。

信任：消费者对传播者善意、可靠性和传播内容的确信程度。

第一部分：基本信息（请在符合您的选项前打“√”）

1．您是否有在生鲜零售 App 中购买过商品的经历：

A. 有　B. 没有（结束问卷）

2．您的性别：

A. 男　B. 女

3．您的年龄：

A. 18 岁以下　B. 18～25 岁　C. 26～35 岁　D. 36～45 岁　E. 45 岁以上

4．您的学历：

A. 高中及以下　B. 专科　C. 大学本科　D. 硕士以上

5．您的月收入（元）：

A. 2000 元以下　B. 2000～3999 元　C. 4000～5999 元

D. 6000～7999 元　E. 8000 以上

6．您近期平均每天花多少时间上网：

A. 3 小时以下　B. 3～6 小时　C. 6～9 小时　D. 9 小时以上

7. 您网购生鲜商品次数：

A. 每周 4 次及以上　B. 每周 2～3 次　C. 每周 1 次

D. 每月 2～3 次　E. 每月 1 次　F. 每年 1～5 次

第二部分：根据您在生鲜零售 App 上所接触到的商品网络口碑，请您在下面标出您最认同的数字，相应的数字表示您的认可程度：1. 表示完全不同意；2. 表示比较不同意；3. 表示不能确定；4. 表示比较同意；5. 表示完全同意。

专业性		完全不同意——→完全同意				
A1	我认为网络口碑发布者了解此商品领域的相关知识	1	2	3	4	5
A2	我认为网络口碑发布者经常购买类似产品，具有评论的能力	1	2	3	4	5
A3	我认为网络口碑发布者是生鲜零售 App 的使用者拥有丰富的经验	1	2	3	4	5
关系强度		完全不同意——→完全同意				
B1	我会向网络口碑发布者提出相关问题，并期待回复	1	2	3	4	5
B2	我与该网络口碑发送者有着相似之处	1	2	3	4	5
B3	我会积极响应网络口碑发布者的话题，尽力帮助他	1	2	3	4	5
数量		完全不同意——→完全同意				
C1	生鲜零售 App 上，对该商品发表的口碑信息很多	1	2	3	4	5
C2	该商品在网络上受到了较高的关注度	1	2	3	4	5
C3	对我决策而言，这些口碑数量应该足够了	1	2	3	4	5
视觉线索		完全不同意——→完全同意				
D1	该网络口碑信息文字表述与排版规范、工整	1	2	3	4	5
D2	该网络口碑信息配有图片或视频	1	2	3	4	5
D3	该网络口碑的文字、图片清晰	1	2	3	4	5
D4	该网络口碑视频很形象真实	1	2	3	4	5

续表

产品涉入		完全不同意——→完全同意				
E1	该网络口碑所讨论产品是我关注的	1	2	3	4	5
E2	该网络口碑所讨论产品对我而言是有需要	1	2	3	4	5
E3	该网络口碑所讨论产品对我而言是有意义的	1	2	3	4	5
信息倾向		完全不同意——→完全同意				
F1	我觉得人是可以信赖的	1	2	3	4	5
F2	我通常会相信他人	1	2	3	4	5
F3	我认为拿到的商品与生鲜零售 App 描述的应一致	1	2	3	4	5
F4	我认为生鲜零售 App 提供的物流能很好的保护商品（不损坏、不变质）	1	2	3	4	5
产品涉入		完全不同意——→完全同意				
G1	网上不能真实接触商品，这可能会使我买到不合适的商品	1	2	3	4	5
G2	网上购买的商品，质量可能打不到我预期的效果	1	2	3	4	5
G3	我比较在意网上购买的商品、对我可能造成财务风险	1	2	3	4	5
信任		完全不同意——→完全同意				
H1	我对网络口碑发布者在该商品上的知识能力有信心	1	2	3	4	5
H2	我觉得网络口碑发布者在发布网络口碑时是诚实的	1	2	3	4	5
H3	我觉得网络口碑发布者发布信息是出于帮助他人的想法	1	2	3	4	5
H4	我认为网络口碑信息总体是真实可靠的	1	2	3	4	5
消费者购买意愿		完全不同意——→完全同意				
I1	网络口碑会改变我对商品原有的态度和想法	1	2	3	4	5
I2	网络口碑为我的购买决策提供了有用的信息	1	2	3	4	5
I3	如果该商品没有相关网络口碑我有可能会终止购买意向	1	2	3	4	5
I4	网络口碑会影响我对该商品的最终购买决策	1	2	3	4	5

附录四

调查问卷

尊敬的先生/女士：

您好！感谢您在百忙之中抽空参与本次问卷调查！本问卷主要是用于研究零售平台中虚拟社区交互对网络购买意愿的影响。本调查不记名、无正误之分，您的意见对我们的研究非常重要，您所提供的所有数据仅用于学术研究，不涉及任何商业用途，请您根据实际情况进行填写，再次感谢您的支持，祝您事事顺意！

第一部分　甄别问项

您是否为零售平台中虚拟社区的用户。虚拟社区是一种网络交流空间，提供着不同的话题供使用者参与，并进行互动沟通与信息分享，比如淘宝社区（洋淘）、小红书社区、蘑菇街社区、得物社区、识货社区等。

A. 是　　B. 否

第二部分　您的基本资料

1. 您的性别是

A. 男　　B. 女

2. 您的年龄是

A. 18 岁及以下　　B. 19 ~ 25 岁　　C. 26 ~ 30 岁　　D. 31 ~ 40 岁

E. 41 ~ 50 岁　　F. 51 岁及以上

3. 您的学历是

A. 高中及以下　　B. 专科　　C. 本科　　D. 硕士及以上

4. 您最经常访问的零售平台中的虚拟社区是

A. 淘宝社区　　B. 小红书社区　　C. 蘑菇街社区　　D. 得物社区

E. 识货社区　　F. 其他社区

5. 您平均每周访问社区的次数是

A. 1 次及以下　　B. 2 ~ 3 次　　C. 4 ~ 5 次　　D. 6 次及以上

6. 您每次在社区停留的时间大约为

A. 不到 30 分钟　　B. 30 分钟 ~1 小时　　C. 1 ~2 小时　　D. 2 小时以上

第三部分　请结合您在社区中的实际情况回答下列问题

题号	题目内容	完全不同意	基本不同意	中立立场	基本同意	完全同意
1	在社区中我经常浏览我所需要的信息	1	2	3	4	5
2	在社区中我经常会发表主题帖	1	2	3	4	5
3	在社区中我经常会回复他人的主题帖	1	2	3	4	5
4	我与社区中的其他用户交流频繁	1	2	3	4	5
5	社区具有明确的管理规范与制度	1	2	3	4	5
6	社区经常会推出主题活动与交互奖励机制	1	2	3	4	5
7	社区主题板块较多，页面美观大方	1	2	3	4	5
8	在社区内成员之间可以便捷地进行有效沟通	1	2	3	4	5
9	对产品知识丰富的人对我提供了商品的正面评价	1	2	3	4	5
10	对产品使用经验丰富的人对我提供了商品的正面评价	1	2	3	4	5
11	我信赖的人对我提供了商品的正面评价	1	2	3	4	5
12	社区成员提到的信息是对我有帮助的	1	2	3	4	5
13	社区成员提到的信息是有说服力的	1	2	3	4	5
14	社区成员提到的信息是有价值的	1	2	3	4	5
15	在社区中减少了我了解相关信息的时间	1	2	3	4	5
16	该社区提高了我的网络购物效率	1	2	3	4	5
17	该社区对我网络购物是有用的	1	2	3	4	5
18	我认为该社区能够提供成员所需要的服务	1	2	3	4	5

续表

题号	题目内容	完全不同意	基本不同意	中立立场	基本同意	完全同意
19	我认为该社区会履行自己的承诺	1	2	3	4	5
20	我认为该社区会优先考虑社区用户利益	1	2	3	4	5
21	我认为该社区是值得我信任的	1	2	3	4	5
22	我对在社区所属平台购物感兴趣	1	2	3	4	5
23	我喜欢在社区所属平台购物	1	2	3	4	5
24	总之，我对于在社区所属平台购物的评价是正面的	1	2	3	4	5
25	我会考虑在社区所属平台上购买商品	1	2	3	4	5
26	我愿意在社区所属平台上购买商品	1	2	3	4	5
27	我最可能在社区所属平台上购买商品	1	2	3	4	5
28	我愿意推荐朋友在社区所属平台上购买商品	1	2	3	4	5